O GEN | Grupo Editorial Nacional – maior plataforma editorial brasileira no segmento científico, técnico e profissional – publica conteúdos nas áreas de concursos, ciências jurídicas, humanas, exatas, da saúde e sociais aplicadas, além de prover serviços direcionados à educação continuada.

As editoras que integram o GEN, das mais respeitadas no mercado editorial, construíram catálogos inigualáveis, com obras decisivas para a formação acadêmica e o aperfeiçoamento de várias gerações de profissionais e estudantes, tendo se tornado sinônimo de qualidade e seriedade.

A missão do GEN e dos núcleos de conteúdo que o compõem é prover a melhor informação científica e distribuí-la de maneira flexível e conveniente, a preços justos, gerando benefícios e servindo a autores, docentes, livreiros, funcionários, colaboradores e acionistas.

Nosso comportamento ético incondicional e nossa responsabilidade social e ambiental são reforçados pela natureza educacional de nossa atividade e dão sustentabilidade ao crescimento contínuo e à rentabilidade do grupo.

MANUAL PRÁTICO DE DIREITO DO TRABALHO

ALINE LEPORACI & BIANCA MEROLA

- As autoras deste livro e a editora empenharam seus melhores esforços para assegurar que as informações e os procedimentos apresentados no texto estejam em acordo com os padrões aceitos à época da publicação, e todos os dados foram atualizados pelas autoras até a data de fechamento do livro. Entretanto, tendo em conta a evolução das ciências, as atualizações legislativas, as mudanças regulamentares governamentais e o constante fluxo de novas informações sobre os temas que constam do livro, recomendamos enfaticamente que os leitores consultem sempre outras fontes fidedignas, de modo a se certificarem de que as informações contidas no texto estão corretas e de que não houve alterações nas recomendações ou na legislação regulamentadora.

- Fechamento desta edição: *04.03.2023*

- As autoras e a editora se empenharam para citar adequadamente e dar o devido crédito a todos os detentores de direitos autorais de qualquer material utilizado neste livro, dispondo-se a possíveis acertos posteriores caso, inadvertida e involuntariamente, a identificação de algum deles tenha sido omitida.

- **Atendimento ao cliente: (11) 5080-0751 | faleconosco@grupogen.com.br**

- Direitos exclusivos para a língua portuguesa
  Copyright © 2023 by
  Editora Forense Ltda.
  Uma editora integrante do GEN | Grupo Editorial Nacional
  Travessa do Ouvidor, 11 – Térreo e 6º andar
  Rio de Janeiro – RJ – 20040-040
  www.grupogen.com.br

- Reservados todos os direitos. É proibida a duplicação ou reprodução deste volume, no todo ou em parte, em quaisquer formas ou por quaisquer meios (eletrônico, mecânico, gravação, fotocópia, distribuição pela Internet ou outros), sem permissão, por escrito, da Editora Forense Ltda.

- Capa: Bruno Sales Zorzetto

- Colaboração: Adriana Leandro de Sousa Freitas

- **CIP – BRASIL. CATALOGAÇÃO NA FONTE.
  SINDICATO NACIONAL DOS EDITORES DE LIVROS, RJ.**

L618m

Leporaci, Aline
Manual prático de direito do trabalho / Aline Leporaci, Bianca Merola da Silva ; colaboração Adriana Leandro de Sousa Freitas. - Rio de Janeiro : Método, 2023.

Inclui bibliografia
ISBN 978-65-5964-798-9

1. Direito do trabalho - Brasil. 2. Justiça do trabalho. 3. Serviço público - Brasil - Concursos. I. Silva, Bianca Merola da. II. Freitas, Adriana Leandro de Sousa. III. Título.

23-82883   CDU: 342.9(81)

Meri Gleice Rodrigues de Souza – Bibliotecária – CRB-7/6439

AGRADECIMENTOS

Como todo livro, esta é uma grande realização e motivo de muito orgulho. Assim, agradeço inicialmente à minha família, que tanto me apoia e entende minhas ausências. Meu muito obrigada ao meu marido, Paulo, ao meu filho, Bernardo, e à minha sogra, Maria Emília. Eu amo vocês além do que qualquer palavra possa dizer.

Agradeço ainda aos meus alunos, que são fonte de inspiração para cada uma destas linhas.

Dedico este livro especialmente à minha mãe, Marlene Leporaci, que, mesmo com a saúde tão fragilizada, preocupa-se comigo e me enche de amor. A você devo minha vida. Obrigada por tudo.

Aline Leporaci

Agradeço à minha família, minha mãe, meu pai e meu irmão, que sempre me apoiaram e acreditaram em mim, sendo minhas inspirações de determinação e persistência; à minha avó e tia-avó, que me criaram com todo o amor; e, em especial, às minhas estrelinhas: Almir Merola, que sempre me ensinou os valores do trabalho, e ao Fiuk, a quem sou grata por me dar todo o amor e carinho nos momentos em que mais precisei entender o que tal sentimento significava, estando ao meu lado em qualquer circunstância.

Bianca Merola

APRESENTAÇÃO

Durante anos ministrando aulas de Direito do Trabalho para cursos preparatórios para concurso, em especial o da Magistratura do Trabalho, e também corrigindo questões discursivas dos alunos e futuros candidatos, pude perceber a dificuldade em se condensar uma resposta e verificar os pontos cruciais que devem ser abordados para o examinador.

E a dificuldade está efetivamente na quantidade de material que se tem à disposição. Assim, quando os materiais estão dispersos em vários locais, maior é a dificuldade do candidato de focar no que e em como responder.

Pensando nisso, com a parceria da juíza, professora e colega Bianca Merola, e com apoio da Editora Método, resolvi colocar em um só livro tudo o que o candidato precisa saber para responder questões dissertativas em Direito do Trabalho.

Na presente obra, temos a parte teórica de todo o Direito do Trabalho resumida com conceitos, posicionamentos e definições. Em seguida, trazemos no mesmo capítulo diversas decisões do TST sobre o tema estudado e, para arrematar, uma questão nos moldes das dissertativas da Magistratura do Trabalho com a sugestão de resposta.

Trata-se de uma obra completa com doutrina, jurisprudência e aplicação prática para o concurso, feita com muito carinho, capricho e critério para ajudar a todos que almejam a Magistratura Trabalhista.

Aline Leporaci

SUMÁRIO

TÍTULO 1 – DIREITO INDIVIDUAL DO TRABALHO

CAPÍTULO 1 – FONTES DO DIREITO DO TRABALHO 3

    1 – Fontes materiais e fontes formais – Noção e conceitos 3

    2 – Fontes autônomas e heterônomas – Espécies 4

    3 – Decisões dos tribunais acerca do tema 8

    4 – Questão de segunda fase acerca do tema 10

CAPÍTULO 2 – PRINCÍPIOS DO DIREITO DO TRABALHO 13

    1 – Princípios específicos do direito do trabalho 13

    2 – Decisões dos tribunais acerca do tema 21

    3 – Questão de segunda fase acerca do tema 26

CAPÍTULO 3 – PRESCRIÇÃO E DECADÊNCIA 27

    1 – Conceitos 27

    2 – Espécies – prescrição bienal, prescrição total e prescrição quinquenal 31

    3 – Prescrição intercorrente 32

    4 – Momento da arguição da prescrição 33

    5 – Decisões dos tribunais acerca do tema 34

    6 – Questão de segunda fase acerca do tema 39

CAPÍTULO 4 – RELAÇÃO DE EMPREGO 41

    1 – Requisitos configuradores da relação de emprego 41

    2 – Decisões dos tribunais acerca do tema 48

    3 – Questão de segunda fase acerca do tema 62

CAPÍTULO 5 – ESPÉCIES DE EMPREGADOS 63

    1 – Empregado de confiança 63

    2 – Empregado hipersuficiente 64

    3 – Empregado doméstico – Principais características 64

    4 – Decisões dos tribunais acerca do tema 77

    5 – Questão de segunda fase acerca do tema 81

CAPÍTULO 6 – EMPREGADOR ... 83

1 – Caracterização do empregador ... 83

2 – Grupo econômico ... 85

3 – Sucessão de empregadores ... 88

4 – Decisões dos tribunais acerca do tema ... 91

5 – Questão de segunda fase acerca do tema ... 97

CAPÍTULO 7 – TERCEIRIZAÇÃO ... 99

1 – Caracterização e a Lei 6.019/1974 ... 99

2 – Terceirização lícita e ilícita – Caracterização e consequências ... 102

3 – Responsabilidade – Regra geral ... 103

4 – Responsabilidade – Tomador membro da administração pública ... 104

5 – Decisões dos tribunais acerca do tema ... 107

6 – Questão de segunda fase acerca do tema ... 111

CAPÍTULO 8 – NULIDADES ... 113

1 – Caracterização no direito do trabalho ... 113

2 – Efeitos nos contratos de trabalho ... 116

3 – Decisões dos tribunais acerca do tema ... 117

4 – Questão de segunda fase acerca do tema ... 121

CAPÍTULO 9 – CONTRATOS A PRAZO DETERMINADO ... 123

1 – Hipóteses de pactuação ... 123

2 – Prazos legais ... 125

3 – Prorrogação e sucessividade nos contratos a termo ... 126

4 – Efeitos rescisórios ... 127

5 – Efeitos pelo não cumprimento dos requisitos legais ... 129

6 – Decisões dos tribunais acerca do tema ... 130

7 – Questão de segunda fase acerca do tema ... 134

CAPÍTULO 10 – REMUNERAÇÃO E SALÁRIO ... 135

1 – Composição do salário ... 135

2 – Salário utilidade ... 135

3 – Abonos, adicionais, prêmios e gratificações ... 137

4 – Ajuda de custo e diárias de viagem ... 147

5 – Equiparação salarial e requisitos ... 147

6 – Desvio de função e acúmulo de função ... 150

7 – Decisões dos tribunais acerca do tema ... 150

8 – Questão de segunda fase acerca do tema ... 153

SUMÁRIO | **XI**

CAPÍTULO 11 – DURAÇÃO DO TRABALHO.. 155

1 – Tempo de prontidão e tempo de sobreaviso.................................... 155

2 – Horas extras... 158

3 – Banco de horas e acordo de compensação.................................... 159

4 – Jornada 12 x 36.. 160

5 – Turnos ininterruptos de revezamento... 161

6 – Jornada noturna.. 161

7 – Trabalhador externo... 162

8 – Teletrabalho... 163

9 – Repouso semanal remunerado... 166

10 – Férias.. 166

11 – Decisões dos tribunais acerca do tema...................................... 167

12 – Questão de segunda fase acerca do tema.................................... 170

CAPÍTULO 12 – ALTERAÇÃO DO CONTRATO DE TRABALHO.......................... 173

1 – Alteração contratual – *Jus variandi* e direito de resistência............. 173

2 – Alteração de local de trabalho: transferência................................ 174

3 – Alteração de função.. 176

4 – Alteração de horário de trabalho... 178

5 – Decisões do TST acerca do tema.. 179

6 – Questão de segunda fase acerca do tema..................................... 185

CAPÍTULO 13 – INTERRUPÇÃO E SUSPENSÃO DO CONTRATO DE TRABALHO .. 187

1 – Conceitos e diferenças.. 187

2 – Consequências contratuais... 188

3 – Decisões dos tribunais acerca do tema.. 193

4 – Questão de segunda fase acerca do tema..................................... 199

CAPÍTULO 14 – EXTINÇÃO DO CONTRATO DE TRABALHO............................ 201

1 – Extinção nos contratos a termo... 201

2 – Extinção nos contratos a prazo indeterminado – Dispensa sem justa causa...... 203

3 – Extinção nos contratos a prazo indeterminado – Dispensa por justa causa de empregado e empregador.. 206

4 – Extinção nos contratos a prazo indeterminado – Pedido de demissão............. 208

5 – Multas dos arts. 467 e 477 da CLT... 209

6 – Decisões dos tribunais acerca do tema.. 210

7 – Questão de segunda fase acerca do tema..................................... 217

CAPÍTULO 15 – GARANTIA DE EMPREGO.. 219

1 – Conceito e consequência contratual.. 219

MANUAL PRÁTICO DE DIREITO DO TRABAHO – *Aline Leporaci e Bianca Merola da Silva*

2 – Hipóteses e prazos legais 220
3 – Consequência pela dispensa no curso da garantia de emprego 229
4 – Decisões dos tribunais acerca do tema 230
5 – Questão de segunda fase acerca do tema 234

TÍTULO 2 – DIREITO COLETIVO DO TRABALHO

CAPÍTULO 16 – SINDICATO 239
1 – Garantias sindicais 239
2 – Enquadramento sindical e categoria profissional diferenciada 240
3 – Pirâmide de organização sindical 241
4 – Decisões dos tribunais acerca do tema 245
5 – Questão de segunda fase acerca do tema 246

CAPÍTULO 17 – NEGOCIAÇÃO COLETIVA 249
1 – Convenção coletiva e acordo coletivo – Diferenças 249
2 – Prazo de vigência e aderência ao contrato de trabalho 250
3 – Negociado *x* legislado/adequação setorial negociada 251
4 – Reforma trabalhista – Arts. 611-A e 611-B da CLT 253
5 – Decisões dos tribunais acerca do tema 256
6 – Questão de segunda fase acerca do tema 260

CAPÍTULO 18 – GREVE 263
1 – Natureza jurídica e caracterização 263
2 – Requisitos para não abusividade no movimento grevista 266
3 – Direitos dos grevistas e efeitos nos contratos de trabalho 268
4 – Decisões dos tribunais acerca do tema 269
5 – Questão de segunda fase acerca do tema 272

REFERÊNCIAS 275

TÍTULO 1
DIREITO INDIVIDUAL DO TRABALHO

TÍTULO I

CAPÍTULO

1

FONTES DO DIREITO DO TRABALHO

1 – FONTES MATERIAIS E FONTES FORMAIS – NOÇÃO E CONCEITOS

As fontes podem ser classificadas de acordo com a origem e de acordo com sua forma de exteriorização. Na primeira classificação temos as fontes materiais, que são os fatos ou fenômenos sociais, políticos e econômicos que dão origem à norma, e as fontes formais, que são como as fontes podem ser exteriorizadas, ou seja, como elas aparecem para o intérprete.

As fontes formais se dividem na Teoria Monista, em que o Estado seria a única fonte produtora de normas, e na Teoria Pluralista, em que fica reconhecida a existência de diversas fontes produtoras de normas (sendo certo que o Estado é a principal delas, mas não a única, como veremos a seguir).

No estudo do Direito do Trabalho, e mais especialmente para os concursos, temos que analisar as fontes formais, e suas subdivisões.

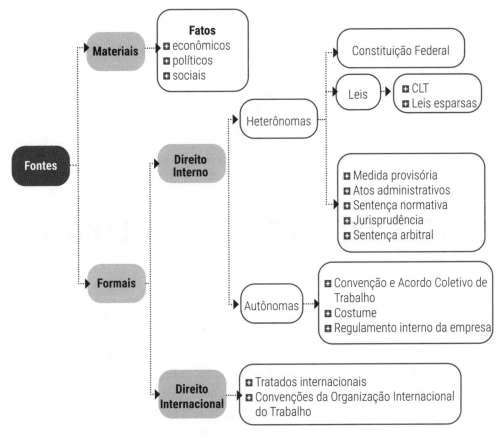

Fonte: Adaptado de: ROMAR, Carla Teresa Martins. *Direito do Trabalho esquematizado*. 5. ed. São Paulo: Saraiva Jur, 2018.

2 – FONTES AUTÔNOMAS E HETERÔNOMAS – ESPÉCIES

As fontes formais dividem-se em heterônomas e autônomas.

As **fontes heterônomas são aquelas não criadas pelos próprios destinatários das normas, mas sim com a ajuda ou efetiva intervenção de um terceiro. Em verdade, são regras que não se caracterizam pela imediata participação de seus destinatários, e, em geral, são de origem estatal.**

Temos as seguintes espécies, que merecem nossa análise:

a) **Constituição Federal** – é a principal fonte do direito, sendo núcleo de validade de todas as demais. Apesar de a Constituição se encontrar no ápice da pirâmide hierárquica das normas, no Direito do

Trabalho temos, em regra, a aplicação da norma mais favorável ao trabalhador.

b) **Leis** – regra jurídica abstrata, impessoal, obrigatória, oriunda do Poder Legislativo, sancionada e promulgada pelo Poder Executivo. A lei é a principal fonte normativa, e nela podemos incluir leis complementares, leis ordinárias e decretos.

c) **Tratados e Convenções Internacionais** – a Organização Internacional do Trabalho (OIT) é composta de países-membros que dela participam por meio de comissões tripartites, com representantes de empregados, empregadores e do respectivo Estado, cada um assegurando os respectivos interesses.

A OIT promulga tratados e convenções que não são de adesão obrigatória. No entanto, temos as chamadas *core obligations*, as quais todos os países-membros devem respeitar, ainda que não signatários da norma a que se referem.

As convenções são espécies de tratados, e são documentos obrigacionais, normativos e programáticos aprovados por entidade internacional, a que aderem voluntariamente os seus membros. Podem também ser subscritas apenas por Estados.

Os Tratados e Convenções, uma vez ratificados pelo Brasil, passam a ser fonte formal heterônoma do Direito do Trabalho, tendo o STF já decidido que possuem *status* de norma supralegal.

Os tratados sobre direitos humanos aprovados com quórum qualificado, na forma do art. 5º, § 3º, da CF/1988, equivalem a emenda constitucional. Outros tratados internacionais de direitos humanos possuem natureza supralegal, e os tratados internacionais que não tratam das matérias citadas possuem natureza de lei ordinária.

d) **Sentença Normativa** – decorrente do Poder Normativo da Justiça do Trabalho (art. 114 da CF/1988), é o resultado do Dissídio Coletivo. A sentença normativa estabelece uma regra impessoal, geral e abstrata que será aplicada a toda uma categoria específica em decorrência do ajuizamento do dissídio coletivo.

e) **Jurisprudência** – entendimento reiterado dos tribunais acerca de determinada matéria (como os tribunais interpretam as normas jurídicas).

Nem todos enquadram a jurisprudência como fonte do direito, mas os que assim entendem consideram como fonte desde que se converta em costume.

f) **Sentença Arbitral** – solução de conflitos coletivos quando de sua submissão ao Tribunal Arbitral. Dentro da arbitragem temos a cláusula compromissória e o compromisso arbitral, sendo a primeira obrigatória, pois as partes se comprometeram a dirimir qualquer conflito decorrente de sua relação no juízo arbitral. O compromisso arbitral é de natureza facultativa, pois mesmo sem qualquer obrigatoriedade as partes ajustam e resolvem solucionar o conflito perante a arbitragem.

g) **Doutrina** – entendimentos dos juristas e estudiosos do Direito do Trabalho acerca da matéria. De forma majoritária não é incluída como fonte do direito, pois é apenas conjunto de ideias básicas que surge do estudo do Direito, servindo para sua melhor compreensão.

Já as **fontes autônomas** são aquelas produzidas e criadas pelos próprios destinatários das normas, ou seja, possuem imediata participação de seus destinatários, sem intervenção ou influência de terceiros.

São espécies de fontes autônomas:

a) **Acordos e Convenções Coletivos de Trabalho** – são os maiores exemplos de fonte autônoma, pois são produzidos pelos próprios destinatários da norma, na forma do art. 611, caput e § 1º, da CLT. Neles, empregados devidamente assistidos do respectivo sindicato de classe, e o empregador (que estará também assistido do sindicato no caso de convenção coletiva, ou estará sozinho na negociação, na hipótese de acordo coletivo), negociam cláusulas de aplicação e observância obrigatórias aos contratos de trabalho durante seu prazo de vigência, que será de no máximo dois anos, conforme o art. 614, § 3º, da CLT.

Atualmente temos uma grande autonomia das normas coletivas, especialmente a partir da reforma trabalhista, em razão da prevalência do negociado sobre o legislado, na forma dos arts. 611-A e 611-B da CLT, que serão objeto de estudo mais específico no capítulo de direito coletivo do trabalho.

b) **Usos e Costumes** – os usos são prática adotada em determinada relação jurídica. No que diz respeito aos contratos de trabalho, a prática reiterada, se mais benéfica ao trabalhador, integra o referido contrato e tem natureza de cláusula em decorrência da repetição.

Já os costumes são prática reiterada dentro de um vínculo social, e têm natureza de regra não escrita, tal como acontece com a fila.

c) **Regulamento de Empresa** – ato jurídico interno da empresa que cria regras para a organização interna do trabalho e que, por ter natureza de cláusula contratual, acaba por integrar o contrato dos empregados para todos os fins. Quanto à sua qualidade de fonte do Direito, duas são as correntes: a primeira o admite como tal, mas apenas se feito de forma impessoal e genérica pelo empregador, ou quando os empregados participaram de sua elaboração; a segunda não admite, uma vez que se trata de ato unilateral do empregador sem qualquer participação dos empregados.

Como já ressaltado acima, a hierarquia das fontes no Direito do Trabalho não tem a forma engessada do Direito Comum, no qual a Constituição Federal por certo é o fundamento de validade de toda e qualquer norma, mas que não terá sua utilização absoluta sobre as demais. Isso porque vigora no Direito do Trabalho a norma mais favorável, ou seja, na comparação entre duas normas ou fontes, teremos a aplicação não daquela hierarquicamente superior, mas sim daquela que seja mais favorável ao trabalhador, parte hipossuficiente da relação.

Temos que alertar, no entanto, que a reforma trabalhista alterou um pouco essa sistemática, especialmente em possível embate entre acordo e convenção coletiva, em que o primeiro terá aplicação obrigatória, independentemente de o conteúdo ser mais benéfico ou não, conforme o art. 620 da CLT.

Da mesma forma, em possível conflito entre normas coletivas e as demais, como há prevalência do negociado sobre o legislado, basta que o acordo coletivo ou convenção coletiva respeite o art. 611-A da CLT, e não transgrida o art. 611-B da CLT, que terá aplicação obrigatória independentemente da análise de seu conteúdo ser ou não mais benéfica ao trabalhador.

3 - DECISÕES DOS TRIBUNAIS ACERCA DO TEMA

Intervalo fracionado para café não pode ser computado na jornada de trabalho rural

O intervalo intrajornada para descanso e alimentação do trabalhador rural concedido além do período estabelecido pela Lei 5.889/1973 (Estatuto do Trabalhador Rural), não deve ser computado na jornada de trabalho e, consequentemente, no cálculo das horas extras e reflexos legais. Com base neste entendimento, a Subseção 1 Especializada em Dissídios Individuais (SDI-1) do Tribunal Superior do Trabalho absolveu a Usina de Açúcar Santa Terezinha Ltda., do Paraná, de pagar como extra um intervalo de 30 minutos para o café concedido a um trabalhador rural.

A decisão, em julgamento de embargos, reformou entendimento da Oitava Turma do TST, que havia condenado a usina a integrar os 30 minutos da pausa para o café à jornada de trabalho, com os consequentes reflexos. Para a Turma, a concessão de um segundo intervalo, sem previsão legal, foi um ato discricionário do empregador e caracterizava tempo à sua disposição.

Segundo a **Lei 5.889/1973**, em qualquer trabalho rural contínuo de duração superior a seis horas será obrigatória a concessão de intervalo para repouso ou alimentação "observados os usos e costumes da região, não se computando este intervalo na duração do trabalho". Entre duas jornadas de trabalho deve haver um período mínimo de onze horas consecutivas para descanso.

Ao analisar os embargos na SDI-1, o relator, ministro Renato de Lacerda Paiva, observou que ficou comprovado que o trabalhador usufruía de dois intervalos intrajornada – o primeiro para o almoço, e o segundo, de 30 minutos, para o café, e que não há qualquer vedação para a concessão do intervalo de forma fracionada. O relator lembrou que, segundo o artigo 5º da **Lei 5.889/1973**, os empregadores devem observar os usos e costumes da região ao estabelecer os períodos de repouso e alimentação dos trabalhadores rurais. "No meio rural, o costume é a concessão de mais de um intervalo para alimentação, e o segundo intervalo é condição mais benéfica ao trabalhador, por se tratar de trabalho braçal que causa enorme desgaste físico", assinalou.

Para Renato Paiva, a intenção da lei foi garantir que os períodos destinados ao repouso e alimentação do trabalhador rural não fossem inferiores a uma hora, mas não de "vedar a possibilidade de fracionar esse intervalo em duas vezes ou mais".

(Dirceu Arcoverde/CF)

Processo: RR-932-60.2010.5.09.0325.[1]

---

[1] Disponível em: https://tst.jus.br/web/guest/institucional?p_p_id=com_liferay_portal_search_web_portlet_SearchPortlet&p_p_lifecycle=0&p_p_state=maximized&p_p_mode=view&_com_liferay_portal_search_web_portlet_SearchPortlet_mvcPath=%2Fview_content.

STF decide que norma coletiva que restringe direito trabalhista é constitucional

O Tribunal observou, contudo, que a redução de direitos por acordos coletivos deve respeitar as garantias constitucionalmente asseguradas aos trabalhadores.

O Supremo Tribunal Federal (STF) decidiu que acordos ou convenções coletivas de trabalho que limitam ou suprimem direitos trabalhistas são válidas, desde que seja assegurado um patamar civilizatório mínimo ao trabalhador. Por maioria de votos, o colegiado deu provimento ao Recurso Extraordinário com Agravo (ARE) 1.121.633, com repercussão geral reconhecida (Tema 1.046).

No caso concreto, questionava-se decisão do Tribunal Superior do Trabalho (TST) que havia afastado a aplicação de norma coletiva que previa o fornecimento, pela Mineração Serra Grande S.A., de Goiás, de transporte para deslocamento dos empregados ao trabalho e a supressão do pagamento do tempo de percurso. O fundamento da decisão foi o fato de a mineradora estar situada em local de difícil acesso e de o horário do transporte público ser incompatível com a jornada de trabalho.

No recurso, a mineradora sustentava que, ao negar validade à cláusula, o TST teria ultrapassado o princípio constitucional da prevalência da negociação coletiva.

Direitos indisponíveis

Prevaleceu, no julgamento, o voto do ministro Gilmar Mendes (relator) pela procedência do recurso. Ele afirmou que a jurisprudência do STF reconhece a validade de acordo ou convenção coletiva de trabalho que disponha sobre a redução de direitos trabalhistas.

O ministro ponderou, no entanto, que essa supressão ou redução deve, em qualquer caso, respeitar os direitos indisponíveis, assegurados constitucionalmente. Em regra, as cláusulas não podem ferir um patamar civilizatório mínimo, composto, em linhas gerais, pelas normas constitucionais, pelas normas de tratados e convenções internacionais incorporados ao direito brasileiro e pelas normas que, mesmo infraconstitucionais, asseguram garantias mínimas de cidadania aos trabalhadores.

A respeito das horas *in itinere*, tema do caso concreto, o ministro afirmou que, de acordo com a jurisprudência do STF, a questão se vincula diretamente ao salário e à jornada de trabalho, temáticas em relação às

---

jsp&_com_liferay_portal_search_web_portlet_SearchPortlet_assetEntryId=24310557&_com_liferay_portal_search_web_portlet_SearchPortlet_type=content. Acesso em: 3 mar. 2023.

quais a Constituição autoriza a elaboração de normas coletivas de trabalho (incisos XIII e XIV do artigo 7º da Constituição Federal).

Ele foi acompanhado pelos ministros André Mendonça, Nunes Marques, Alexandre de Moraes, Luís Roberto Barroso e Dias Toffoli e pela ministra Cármen Lúcia.

Padrão protetivo

Ficaram vencidos o ministro Edson Fachin e a ministra Rosa Weber, que votaram pelo desprovimento do recurso. Na avaliação de Fachin, considerando-se que a discussão dos autos envolve o direito a horas extras (*in itinere*), previsto no artigo 7º, incisos XIII e XVI, da Constituição, é inadmissível que a negociação coletiva se sobreponha à vontade do legislador constituinte.

Tese

A tese fixada foi a seguinte: "São constitucionais os acordos e as convenções coletivas que, ao considerarem a adequação setorial negociada, pactuam limitações ou afastamentos de direitos trabalhistas, independentemente da explicitação especificada de vantagens compensatórias, desde que respeitados os direitos absolutamente indisponíveis".[2]

4 – QUESTÃO DE SEGUNDA FASE ACERCA DO TEMA

A norma coletiva de determinada categoria possui cláusula prevendo que empregador que não concede o intervalo intrajornada completo não será condenado ao pagamento do período não usufruído, pois tal procedimento importaria em mera infração administrativa. Caso a cláusula fosse questionada judicialmente, como você decidiria, levando em conta o conflito de fontes entre os arts. 611-A e 611-B da CLT?

- **ASPECTOS IMPORTANTES PARA A RESPOSTA**

A reforma trabalhista nos trouxe os arts. 611-A e 611-B na CLT, em que o primeiro trata de direitos que podem ser flexibilizados ou alterados por norma coletiva, enquanto o segundo nos traz o patamar civilizatório que não pode ser objeto de norma coletiva para redução ou alteração prejudicial ao trabalhador.

---

[2] Disponível em: https://portal.stf.jus.br/noticias/verNoticiaDetalhe.asp?idConteudo=488269&ori=1#:~:-text=O%20Supremo%20Tribunal%20Federal%20(STF,patamar%20civilizat%C3%B3rio%20m%C3%Ad-nimo%20ao%20trabalhador. Acesso em: 3 mar. 2023.

O intervalo intrajornada pode ser objeto de flexibilização apenas para sua redução para no mínimo 30 minutos, conforme prevê o art. 611-A, III, da CLT, mas em nenhum momento há autorização para que a norma coletiva retire do trabalhador o direito ao pagamento de período não usufruído.

Pensar assim seria ultrapassar o art. 611-B, X, da CLT, que traz a previsão de pagamento do serviço extra com acréscimo de no mínimo 50%.

Desta forma, e seguindo a doutrina e a jurisprudência majoritárias sobre o tema de conflito de fontes, em havendo divergência e conflito entre a aplicação do art. 611-A e do art. 611-B da CLT, esse último deve prevalecer em razão do Princípio da Condição mais benéfica. Por conseguinte, como juiz, entenderia pela nulidade da norma coletiva pela aplicação preferencial da condição mais benéfica prevista no art. 611-B, X, da CLT.

CAPÍTULO

2

PRINCÍPIOS DO DIREITO DO TRABALHO

1 – PRINCÍPIOS ESPECÍFICOS DO DIREITO DO TRABALHO

Princípio, segundo Mauricio Godinho Delgado,[1] traduz, de maneira geral, a noção de proposições fundamentais que se formam na consciência das pessoas e grupos sociais, a partir de certa realidade, e que, após formadas, direcionam-se à compreensão, à reprodução ou à recriação dessa realidade.

Portanto, princípio serve de base, de arcabouço, de orientação acerca de uma interpretação, seja de uma norma posta ou de *mens legis*.

Num possível conflito entre princípios não há exclusão de qualquer deles do ordenamento jurídico, mas sim a sobreposição do que prevalece sobre o outro no caso concreto. Assim, verifica-se no caso concreto qual princípio prevalecerá.

Diferencia-se o princípio das regras, pois as **regras** são normas cujos conflitos se resolvem com a exclusão de uma em detrimento de outra (antinomias jurídicas – como exemplo, uma norma anterior substituída pela norma posterior que trata do mesmo assunto).

---

[1] DELGADO, Mauricio Godinho. *Curso de Direito do Trabalho*. 18. ed. São Paulo: LTr, 2019. p. 220.

FUNÇÕES DOS PRINCÍPIOS

Os princípios têm funções no ordenamento jurídico, servindo como fontes materiais no direito do trabalho. Muitos dizem, inclusive, que o princípio possui uma função espiral (ajuda no momento de elaboração da norma e, posteriormente, na sua interpretação).

a) **interpretativa** – direciona à interpretação de regras de direito; há quem também aponte a função informativa que corresponderia à inspiração do legislador para criação da norma jurídica;

b) **supletiva** – papel destacado no processo de integração jurídica (hipótese de lacuna na lei);

c) **normativa** – atua em casos concretos não regidos por regras jurídicas propriamente ditas (quando os princípios são descritos em normas jurídicas).

Os princípios de Direito do Trabalho em sua grande maioria são específicos, sendo o supedâneo de toda a construção doutrinária e normativa para a sua essência os seus principais fundamentos, mas há princípios constitucionais que se destinam ao Direito do Trabalho e outros que são gerais, sem destinação específica para determinada área do direito.

No direito do trabalho podemos verificar princípios específicos e princípios constitucionais, tais como: dignidade da pessoa humana, valores sociais do trabalho (art. 193 da CF/1988); ordem social e princípios gerais da atividade econômica pela valorização do trabalho humano, justiça social, função social da propriedade e busca do pleno emprego (arts. 170 e 5º, XXIII, da CF/1988); princípio da isonomia (art. 5º, I, da CF/1988); inviolabilidade da intimidade e da vida privada (art. 5º, X, da CF); liberdade de trabalho (art. 5º, XIII, da CF/1988); liberdade de associação (art. 5º, XVII a XX, da CF/1988); não discriminação (art. 5º, XLI e XLII, da CF/1988 c/c o art. 7º, XXX, XXXI e XXXII, da CF/1988, que proíbem a diferença de salários, de exercício de funções e de critério de admissão por motivo de sexo, idade, cor ou estado civil, vedam qualquer discriminação no tocante a salário e critérios de admissão do trabalhador com deficiência e proíbem a distinção entre trabalho manual, técnico e intelectual ou entre os profissionais respectivos).

PRINCÍPIOS ESPECÍFICOS DO DIREITO DO TRABALHO

Princípio protetivo

A relação de trabalho é baseada principalmente na atuação de dois sujeitos, empregado e empregador, o que já traz certa desigualdade, pois de um lado encontra-se o sujeito premido da necessidade da subsistência e, de outro, o detentor do capital.

Com o objetivo de atenuar a desigualdade entre os atores da relação de emprego, o princípio protetivo é utilizado como intermediação e na tentativa de corrigir desigualdades.

Pela formação histórica do Direito do Trabalho, não poderia prevalecer uma desigualdade econômica, já que se traduziria na exploração do mais fraco pelo mais forte. A relação de emprego é naturalmente desigual. Assim, para compensar essa desigualdade econômica temos a proteção do trabalhador, parte hipossuficiente na relação trabalhista.

É válido lembrar que o princípio tutelar se estende em outros princípios, tais como: **in dubio pro operario** ou **in dubio pro misero, norma mais favorável e condição mais benéfica.**

Princípio do *in dubio pro misero*

O princípio acima visa proteger o empregado no caso de uma norma ter uma interpretação dúbia.

É uma regra de interpretação e não de julgamento, e em havendo dúvida na interpretação da norma, aplica-se a interpretação mais favorável ao empregado.

Tal princípio não se aplica na área processual, pois aqui a resolução se dá com a distribuição do ônus da prova, em que verificará qual parte tem a maior capacidade técnica de provar suas alegações.

Assim, quando o intérprete estiver diante de uma norma que comporte mais de uma interpretação, deve optar por aquela mais favorável ao trabalhador.

Alguns requisitos devem estar presentes para a sua aplicação: existência de mais de uma interpretação para a norma; e que ambas não estejam em desacordo com a vontade do legislador (o que propiciará a análise de ambas e consequente escolha do intérprete).

Princípio da norma mais favorável

O princípio da norma mais favorável pressupõe a existência de duas ou mais normas em conflito e, nesse caso, deve-se optar pela mais favorável ao empregado.

Havendo incidência simultânea de mais de uma norma ao empregado, aplica-se a mais favorável – não há aplicação rígida da pirâmide hierárquica das leis na sua forma tradicional.

A regra geral do direito nos ensina que, em havendo conflito, deve-se aplicar a norma hierarquicamente superior, o que não ocorre no direito do trabalho. No ramo especializado não há um respeito à hierarquia formal da norma, e sim análise de cada norma no caso concreto, verificando-se qual é mais benéfica ao trabalhador.

Princípio da condição mais benéfica

Segundo Américo Plá Rodriguez, "A regra da condição mais benéfica pressupõe a existência de uma situação concreta, anteriormente reconhecida, e determina que ela deve ser respeitada, na medida em que seja mais favorável ao trabalhador que a nova norma aplicável".[2]

Portanto, toda situação mais vantajosa em que o empregado se encontrar deverá prevalecer, independentemente da origem dessa vantagem. Todo tratamento benéfico concedido ao empregado, de forma tácita ou expressa, incorpora ao contrato de trabalho.

Alguns requisitos devem estar presentes:

a) a existência de uma condição concreta anterior;

b) tal condição ser mais benéfica;

c) habitualidade na condição de trabalho;

d) inexistência de lei proibindo a incorporação da benesse;

e) alteração da condição que não prejudique o trabalhador.

Exemplos: Súmulas 51, I, e 288 do TST; situações fáticas concedidas espontaneamente pelo empregador ao empregado no curso do contrato de trabalho.

Princípio da indisponibilidade dos direitos trabalhistas

Traduz-se num dos princípios basilares do Direito do Trabalho, pois não se pode dispor dos direitos trabalhistas mínimos (direitos de ordem

---

[2] RODRIGUEZ, Américo Plá. *Princípios de Direito do Trabalho*. São Paulo: LTr, 2015.

pública – interesse público), devendo-se respeitar o "patamar civilizatório mínimo" previsto no art. 7º da CF/1988.

Da mesma forma, não pode haver renúncia ou transação de forma prejudicial.

Renúncia – ato unilateral pelo qual o titular de um direito se despoja da sua condição jurídica de vantagem em favor de outrem.

Transação – ato bilateral em que as partes fazem concessões recíprocas a fim de prevenir ou extinguir litígios. Pressupõe a existência de *res dubia* (dúvida sobre a quem compete tal coisa).

Tal princípio deve ser observado em todas as fases do contrato de trabalho, ou seja, quando de sua formação, no desenvolvimento e também após a extinção.

A irrenunciabilidade de direitos tem fundamento na natureza das normas trabalhistas, pois elas são de ordem pública, cogentes e imperativas, e, portanto, irrenunciáveis.

O princípio da indisponibilidade dos direitos trabalhistas é facilmente verificado nos arts. 9º, 444 e 468 da CLT:

> Art. 9º: "Serão nulos de pleno direito os atos praticados com o objetivo de desvirtuar, impedir ou fraudar a aplicação dos preceitos contidos na presente Consolidação."

> Art. 444: "As relações contratuais de trabalho podem ser objeto de livre estipulação das partes interessadas em tudo quanto não contravenha às disposições de proteção ao trabalho, aos contratos coletivos que lhes sejam aplicáveis e às decisões das autoridades competentes."

> Art. 468: "Nos contratos individuais de trabalho só é lícita a alteração das respectivas condições por mútuo consentimento, e ainda assim desde que não resultem, direta ou indiretamente, prejuízos ao empregado, sob pena de nulidade da cláusula infringente desta garantia."

Princípio da continuidade da relação de emprego

O art. 7º, I, da CF estipula que a relação de emprego será protegida contra a despedida arbitrária. Assim, a regra é que os contratos de trabalho sejam firmados por tempo indeterminado.

O trabalho é a principal fonte de sustento do trabalhador. Logo, o ideal é que o contrato de trabalho dure de forma indeterminada com aderência do trabalhador ao emprego.

A relação de emprego é de trato sucessivo, em que há prestações e contraprestações equivalentes que se sucedem no tempo, razão pela qual se presume como contínua.

Assim, temos a primazia do contrato de trabalho por prazo indeterminado com afirmação social do indivíduo e permanência do vínculo de emprego (integração do trabalhador na estrutura da empresa).

Portanto, caso uma empresa alegue que o empregado foi dispensado por justa causa ou porque pediu demissão, deverá arcar com o ônus da alegação, pois prevalece o princípio de que o contrato de trabalho é contínuo, e não se desfez por culpa ou iniciativa do trabalhador. Caso o empregador não se desincumba de seu encargo probatório, surge a presunção favorável ao trabalhador na forma da Súmula 212 do TST.

O princípio da continuidade da relação de empregado presume que o vínculo trabalhista entre empregador e empregado permanece. Em decorrência, os contratos com prazo determinado representam exceção.

Princípio da inalterabilidade contratual lesiva

Representa a permissão de alteração contratual benéfica ao trabalhador. Para que haja alteração nas condições de trabalho deve, em regra, haver mútuo consentimento (entre empregado e empregador) e a alteração não pode acarretar prejuízo direto ou indireto ao empregado.

É valido ressaltar que tal princípio está exposto no art. 468 da CLT:

> Art. 468: "Nos contratos individuais de trabalho só é lícita a alteração das respectivas condições por mútuo consentimento, e ainda assim desde que não resultem, direta ou indiretamente, prejuízos ao empregado, sob pena de nulidade da cláusula infringente desta garantia."

O próprio artigo citado expõe uma exceção em seus parágrafos, que seria o caso de o empregado ser revertido ao cargo anterior:

> "§ 1º Não se considera alteração unilateral a determinação do empregador para que o respectivo empregado reverta ao cargo efetivo, anteriormente ocupado, deixando o exercício de função de confiança.

§ 2º A alteração de que trata o § 1º deste artigo, com ou sem justo motivo, não assegura ao empregado o direito à manutenção do pagamento da gratificação correspondente, que não será incorporada, independentemente do tempo de exercício da respectiva função."

A alteração exposta nos parágrafos, que foram incluídos com a reforma trabalhista, confronta o exposto na Súmula 372, I, do TST. De acordo com o verbete citado, se o empregador, sem justo motivo, reverter o empregado a seu cargo efetivo após mais de dez anos de exercício na função, não poderá retirar-lhe a gratificação, tendo em vista o princípio da estabilidade financeira.

Desta forma, temos que verificar quando o empregado completou os dez ou mais anos na função de confiança. Se antes da reforma trabalhista, ainda que haja a reversão, se esta se der sem justo motivo, temos a aplicação da Súmula, com o empregador mantendo o pagamento da gratificação. No entanto, se o empregado completar o período de tempo após o advento da reforma, temos a possibilidade de reversão e imediata cessação de pagamento da gratificação, independentemente de quanto tempo o empregado tenha ficado no exercício da função de confiança.

Uma análise importante: jus variandi *do empregador* **x** *direito de resistência do empregado*

Uma questão que suscita dúvida seria acerca de possível conflito entre as noções de *jus variandi* do empregador e o direito de resistência do empregado. Assim, uma vez que o empregador corre os riscos do empreendimento, poderia ele estabelecer e alterar normas que visem a melhor estrutura do empreendimento, de forma unilateral? Em contraposição, até que ponto o empregado poderia resistir a essas alterações?

Inicialmente devemos lembrar alguns pontos importantes:

- temos expresso no Direito Civil o conhecido *pacta sunt servanda*, que no Direito do Trabalho possui adaptações próprias;
- o Direito do Trabalho incentiva as alterações contratuais favoráveis ao empregado, naturalmente permitidas (art. 468 da CLT);
- a noção de inalterabilidade torna-se rigorosa no tocante a alterações desfavoráveis ao trabalhador (que tendem a ser vedadas pela legislação trabalhista – arts. 444 e 468 da CLT);

– a atenuante *rebus sic stantibus* tende a ser rejeitada pelo Direito do Trabalho, pois o empregador possui o encargo de suportar os riscos do empreendimento (art. 2º da CLT).

Assim, não é absoluta a vedação às alterações do contrato de trabalho, pois temos as chamadas alterações contratuais irrelevantes (englobam mudanças de menor importância, que não atingem as efetivas cláusulas do pacto entre as partes), que podem ser realizadas unilateralmente pelo empregador, pois decorrentes do *jus variandi*.

Além disso, muito se tem discutido sobre o dever de colaboração do empregado, que decorre do princípio da boa-fé contratual.

Portanto, poderia um empregado recusar uma alteração de horário? Uma alteração de férias? São questionamentos que devemos analisar no caso concreto, verificando o quanto tais alterações impactariam na vida do trabalhador e na vida financeira da própria empresa.

Princípio da intangibilidade salarial

Em uma relação de trabalho é cediço que o empregado fornece a sua força de trabalho, e, em contrapartida, o empregador fornece o salário.

Por ser a principal obrigação do empregador, o salário tem uma proteção própria e especial dentro do ordenamento jurídico.

Assim, o princípio da intangibilidade salarial estabelece que esta parcela merece garantias diversificadas da ordem jurídica, de modo a assegurar seu valor, montante e disponibilidade em benefício do empregado.

Isso porque o salário tem caráter alimentar, atendendo, pois, a necessidades essenciais do ser humano. Primeiro, temos o princípio da dignidade da pessoa humana, segundo o qual o trabalho é importante meio de realização e afirmação do ser humano, sendo o salário a contrapartida econômica dessa afirmação e realização.

Em segundo lugar temos garantias a observar: a do valor do salário, garantias contra mudanças contratuais e normativas que provoquem a redução do salário, garantias contra práticas que prejudiquem seu efetivo montante (aplicação do princípio da intangibilidade salarial); e, finalmente, garantias contra interesses contrapostos de credores diversos, sejam do empregador, sejam do próprio empregado (proteção contra constrições externas, como a penhora, mas que possui exceções como a prevista no art. 649 do CPC).

Uma grande questão é o conflito entre o princípio da intangibilidade salarial e a manutenção do emprego. Há possibilidade de redução dos salários em detrimento da saúde financeira da empresa e da manutenção do emprego? Em regra, não, pois o salário é o meio de subsistência do empregado. No entanto, diante de certas situações, algumas leis excepcionam a redução salarial e primam pela manutenção dos empregos, como aconteceu com o Programa Emergencial de Manutenção do Emprego e da Renda (**Lei 14.437/2022**), e também o que pode ser ajustado por norma coletiva (art. 7º, VI, da CF/1988).

2 - DECISÕES DOS TRIBUNAIS ACERCA DO TEMA

Notícia do TST de 24 de setembro de 2020: "A Quarta Turma do Tribunal Superior do Trabalho julgou improcedente o pedido de um empregado da Empresa Brasileira de Correios e Telégrafos (ECT) de incorporação da gratificação de função exercida por mais de dez anos. O colegiado entendeu que, após a Reforma Trabalhista (Lei 13.467/2017), não há direito adquirido à incorporação da gratificação de função, ainda que exercida por mais de 10 anos. De acordo com a Súmula 372 do TST, se o empregador, sem justo motivo, reverter o empregado a seu cargo efetivo após mais de dez anos de exercício na função, não poderá retirar-lhe a gratificação, tendo em vista o princípio da estabilidade financeira. A Reforma Trabalhista, por sua vez, acrescentou o parágrafo 2º ao artigo 468 da CLT, que prevê que a reversão ao cargo efetivo, com ou sem justo motivo, não assegura ao empregado o direito à manutenção do pagamento da gratificação correspondente, 'que não será incorporada, independentemente do tempo de exercício da respectiva função'. Com fundamento na Súmula 372, o Tribunal Regional do Trabalho da 9ª Região (PR) considerou ilegal a supressão da gratificação de função e deferiu ao empregado as diferenças salariais decorrentes. O relator do recurso de revista da ECT, ministro Ives Gandra Filho, assinalou que a súmula do TST que previa o direito à incorporação não tinha base na lei, mas nos princípios da habitualidade, da irredutibilidade salarial, da analogia com o direito dos servidores e da continuidade da jurisprudência. Segundo ele, no entanto, a Reforma Trabalhista proibiu explicitamente a redução ou criação de direitos por súmula e deixou claro que a reversão ao cargo efetivo não dá ao trabalhador comissionado o direito à manutenção da gratificação de função, independentemente do tempo em que a tenha recebido. 'Como a base da incorporação da gratificação de função era apenas jurisprudencial, não há que se falar em direito adquirido frente à lei da reforma trabalhista de 2017, pois o direito adquirido se caracteriza como um conflito de direito intertemporal entre lei antiga e lei nova, e não entre a lei nova e fonte inidônea para criar direito novo', afirmou. Processo: RR-377-71.2017.5.09.0010".[3]

Notícia do TST de abril de 2022: "Embora a reforma trabalhista tenha afastado o direito à incorporação de gratificação ao salário, a regra não pode ser aplicada nos casos que se passaram antes da sua entrada em vigor. Com esse entendimento, a Subseção 1 Especializada em Dissídios Individuais (SDI-1) do Tribunal Superior do Trabalho (TST) considerou ilegal a supressão do pagamento da função gratificada exercida durante 30 anos por um técnico da Empresa Brasileira de Correios e Telégrafos. (...) Para o relator dos embargos, ministro José Roberto Pimenta, o técnico tem direito à incorporação da função ao salário, conforme estabelece a Súmula 372, uma vez que a função foi exercida por 30 anos e o afastamento do cargo de confiança ocorreu sem justo motivo, em período anterior à vigência da reforma trabalhista. O ministro explicou que em setembro de 2021, ao julgar processo semelhante, a SDI-1 firmou o entendimento de que a alteração na lei não impede a incorporação da função ao salário das pessoas que, antes da entrada em vigor da norma, haviam completado o requisito do recebimento da gratificação por mais de dez anos. Isso significa, continuou o relator, que a reforma não pode retroagir para alcançar situações pretéritas, pois se trata de aplicação do princípio do direito adquirido, protegido pela Constituição. Com informações da assessoria do TST. E-RR-377-71.2017.5.09.0010".[4]

Cartão "e-CPF". Instrumento necessário ao desempenho das funções laborais. Imposição de encargo financeiro ao trabalhador. Impossibilidade. Nos termos da Portaria Detran/SP nº 31/2010, os instrutores de Auto Moto Escolas e Centros de Formação de Condutores necessitam do certificado digital (cartão e-CPF) para cadastro e acesso aos sistemas do Detran. O TRT da 15ª Região, ao julgar dissídio coletivo de natureza econômica ajuizado pelo sindicato obreiro, deferiu cláusula que determinava o custeio do cartão, em partes iguais, por empregado e empregador, ao entendimento de

---

[3] Disponível em: https://www.tst.jus.br/-/empregado-dos-correios-n%C3%A3o-incorporar%C3%A-1-gratifica%C3%A7%C3%A3o-de-fun%C3%A7%C3%A3o-exercida-por-mais-de-dez-anos. Acesso em: 3 mar. 2023.

[4] Disponível em: https://www.conjur.com.br/2022-abr-22/tst-garante-pagamento-gratificacao-empregado-correios#:~:text=TST%20garante%20pagamento%20de%20gratifica%C3%A7%C3%A3o%20a%20empregado%20dos%20Correios,-22%20de%20abril&text=Embora%20a%20reforma%20trabalhista%20tenha,da%20sua%20entrada%20em%20vigor. Acesso em: 3 mar. 2023.

que o cartão, embora instrumento de trabalho necessário às atividades do trabalhador em favor de sua empregadora, também é utilizado pelo obreiro em sua vida privada. Recurso ordinário do sindicato patronal pretendia que o custo do cartão e-CPF fosse custeado exclusivamente pelo empregado. A SDC entendeu que se cada instrutor for obrigado a custear a aquisição do referido cartão para possibilitar a realização do trabalho para sua empregadora, isso se traduziria em transferência do custo da atividade econômica para o empregado. Outrossim, consignou não ser juridicamente possível, a partir de uma interpretação teleológica do art. 114, § 2º, da CF, que a sentença normativa crie norma dessa natureza, imputando exclusivamente ao empregado – como pretende o sindicato patronal – o encargo financeiro da aquisição de um instrumento necessário ao desempenho das funções laborais, invertendo a lógica da assunção dos riscos do empreendimento (art. 2º da CLT) e desrespeitando o princípio da intangibilidade salarial. Sob esses fundamentos, a SDC, por unanimidade, conheceu do recurso ordinário e, no mérito, por maioria, negou-lhe provimento, mantendo a cláusula nos termos delimitados pelo Tribunal de origem (ou seja, divisão dos custos do "Cartão e-CPF" entre empregador e empregado). Vencidos os Ministros Ives Gandra da Silva Martins Filho, relator, Maria Cristina Irigoyen Peduzzi e Emmanoel Pereira, que davam provimento ao recurso do sindicato patronal, por não se tratar de norma preexistente ou conquista histórica da categoria. (TST-RO-7430-05.2016.5.15.0000, SDC, red. p/ acórdão Min. Mauricio Godinho Delgado, 19.10.2020 – Informativo 227 do TST)

Incidente de Recursos Repetitivos. Tema nº 11. Empresa WMS Supermercados do Brasil Ltda. Validade da dispensa de empregado em face de norma interna. Política de orientação para melhoria. Procedimentos específicos que deveriam ser seguidos antes da dispensa. A SBDI-I, em sua composição plena, analisando a questão relativa à validade de dispensa de empregado da WMS Supermercados do Brasil Ltda., em virtude da Política de Orientação de Melhoria, instituída pela referida empresa, decidiu: I – por maioria, aprovar as seguintes teses jurídicas para o Tema Repetitivo nº 11: "1) A Política de Orientação para Melhoria, com vigência de 16/08/2006 a 28/06/2012, instituída pela empresa por regulamento interno, é aplicável a toda e qualquer dispensa, com ou sem justa causa, e a todos os empregados, independente do nível hierárquico, inclusive os que laboram em período de experiência, e os procedimentos prévios para a sua dispensa variam a depender da causa justificadora da deflagração do respectivo processo, tal como previsto em suas cláusulas, sendo que a prova da ocorrência do motivo determinante ensejador da ruptura contratual e do integral cumprimento dessa norma interna, em caso de controvérsia, constituem ônus da empregadora, nos termos dos artigos 818, inciso II, da CLT e 373, inciso II, do CPC; 2) Os procedimentos previstos na norma regulamentar com vigência de 16/08/2006 a 28/06/2012 devem ser cumpridos em todas as hipóteses de dispensa com ou sem justa causa e apenas em casos excepcionais (de prática de conduta não abrangida por aquelas arroladas no item IV do programa, que implique quebra de fidúcia nele não descritas que gerem a impossibilidade total de manutenção do vínculo, ou de dispensa por motivos diversos, que não relacionados à conduta do empregado – fatores técnicos, econômicos ou financeiros) é que poderá ser superada. Nessas situações excepcionais, caberá à empresa o ônus de provar a existência da real justificativa para o desligamento do empregado sem a observância das diferentes fases do Processo de Orientação para Melhoria e a submissão da questão ao exame dos setores e órgãos competentes e indicados pela norma, inclusive sua Diretoria, para decisão final e específica a respeito, nos termos do item IV.10 do programa; 3) Esse programa, unilateralmente instituído pela empregadora, constitui regulamento empresarial com natureza jurídica de cláusula contratual, que adere em definitivo ao contrato de trabalho dos empregados admitidos antes ou durante o seu período de vigência, por se tratar de condição mais benéfica que se incorpora ao seu patrimônio jurídico, nos termos e para os efeitos do artigo 7º, *caput*, da CF, dos artigos 444 e 468 da CLT e da Súmula nº 51, item I, do Tribunal Superior do Trabalho e, portanto, não pode ser alterada *in pejus*, suprimida ou descumprida; 4) A inobservância dos procedimentos previstos no referido regulamento interno da empresa viola o direito fundamental do empregado ao direito adquirido (artigo 5º, inciso XXXVI, da CF), o dever de boa-fé objetiva (artigos 113 e 422 do Código Civil e 3º, inciso I, da Constituição Federal), o princípio da proteção da confiança ou da confiança legítima (artigo 5º, inciso XXXVI, da Constituição Federal) e os princípios da isonomia e da não discriminação (artigos 3º, incisos I e IV, e 5º, *caput*, da Lei Maior e 3º, parágrafo único, da CLT e Convenção nº 111 da Organização Internacional do Trabalho); 5) O descumprimento da Política de Orientação para Melhoria pela empregadora que a instituiu, ao dispensar qualquer de seus empregados sem a completa observância dos procedimentos e requisitos nela previstos, tem como efeitos a declaração de nulidade da sua dispensa e, por conseguinte, seu direito à reintegração ao serviço, na mesma função e com o pagamento dos salários e demais vantagens correspondentes (inclusive com aplicação do disposto no artigo 471 da CLT) como se na ativa estivesse, desde a data da sua dispensa até sua efetiva reintegração (artigos 7º, inciso I, da Constituição Federal e 468 da CLT e Súmula nº 77 do TST); 6) A Política Corporativa, com vigência de 29/06/2012 a 13/11/2014, instituída pela empresa por novo regulamento interno, não alcança os pactos laborais daqueles trabalhadores admitidos na empresa anteriormente à sua entrada em vigor, ou seja, até 28/06/2012, cujos contratos continuam regidos pela Política de Orientação para Melhoria

Cap. 2 – PRINCÍPIOS DO DIREITO DO TRABALHO | 25

precedente, que vigorou de 16/08/2006 a 28/06/2012 e que se incorporou ao seu patrimônio jurídico; 7) Esse novo programa, unilateralmente instituído pela empregadora em 29/06/2012, também constitui regulamento empresarial com natureza jurídica de cláusula contratual, que adere em definitivo ao contrato de trabalho dos empregados admitidos durante o seu período de vigência, de 29/06/2012 a 13/11/2014, por se tratar de condição mais benéfica que se incorpora ao seu patrimônio jurídico, nos termos e para os efeitos do artigo 7º, *caput*, da CF, dos artigos 444 e 468 da CLT e da Súmula nº 51, item I, do Tribunal Superior do Trabalho e, portanto, não pode ser alterada *in pejus*, suprimida ou descumprida; 8) A facultatividade da aplicação do Programa prevista de forma expressa na referida Política Corporativa que vigorou de 29/06/2012 a 13/11/2014 para a parte dos empregados por ela alcançados por livre deliberação da empresa, sem nenhum critério prévio, claro, objetivo, fundamentado e legítimo que justifique o *discrimen*, constitui ilícita e coibida condição puramente potestativa, nos termos do artigo 122 do Código Civil, e viola os princípios da isonomia e da não discriminação (artigos 3º, incisos I e IV, e 5º, *caput*, da Lei Maior e 3º, parágrafo único, da CLT e Convenção nº 111 da Organização Internacional do Trabalho); 9) O descumprimento da Política Corporativa que vigorou de 29/06/2012 a 13/11/2014 pela empregadora que a instituiu, ao dispensar qualquer de seus empregados por ela alcançados sem a completa observância dos procedimentos e requisitos nela previstos, tem como efeitos a declaração de nulidade da sua dispensa e, por conseguinte, seu direito à reintegração ao serviço, na mesma função e com o pagamento dos salários e demais vantagens correspondentes (inclusive com aplicação do disposto no artigo 471 da CLT) como se na ativa estivesse, desde a data da sua dispensa até sua efetiva reintegração (artigos 7º, inciso I, da Constituição Federal e 468 da CLT e Súmula nº 77 do TST); 10) Os acordos coletivos de trabalho firmados por alguns entes sindicais com a empregadora no âmbito de sua representação em decorrência da mediação promovida pela Vice-Presidência do Tribunal Superior do Trabalho em 05/02/2020 não resolvem e nem tornam prejudicado o objeto deste incidente, sobretudo em virtude da limitação temporal, territorial e subjetiva inerente às referidas normas coletivas, cuja aplicabilidade, portanto, deve ser aferida pelo juízo da causa para cada caso concreto submetido à sua jurisdição, inclusive para a aferição dos requisitos de validade e da amplitude dos efeitos da respectiva norma coletiva", vencidos os Ministros Breno Medeiros, Emmanoel Pereira, Alexandre Luiz Ramos, Aloysio Corrêa da Veiga, Guilherme Augusto Caputo Bastos e a Ministra Dora Maria da Costa; II – por maioria, não modular os efeitos desta decisão, vencidos os Ministros Aloysio Corrêa da Veiga, Guilherme Augusto Caputo Bastos, Alexandre Luiz Ramos e a Ministra Dora Maria da Costa. (TST-IRR-872-26.2012.5.04.0012, SBDI-I, Rel. Min. José Roberto Freire Pimenta, 25.08.2022 – Informativo 259 do TST)

3 – QUESTÃO DE SEGUNDA FASE ACERCA DO TEMA

Quais os limites do empregador quando da elaboração de regulamento de empresa? É possível prever a perda de algum benefício pelo fato de o empregado apresentar determinado número de atestados médicos por mês? Fundamente, utilizando os princípios do direito do trabalho.

- **ASPECTOS IMPORTANTES PARA A RESPOSTA**

Podemos conceituar o regulamento de empresa como um conjunto de regras estabelecidas pelo empregador (normalmente de maneira unilateral) sobre questões técnicas, disciplinares ou organizacionais a serem obedecidas e seguidas por empregados no curso da prestação de serviços.

O estabelecimento de regulamento de empresa não é obrigatório ao empregador, derivando de seu poder diretivo, mais especificamente do poder regulamentar.

As cláusulas constantes do regulamento de empresa, e denominadas de regulamentares, têm natureza de cláusula contratual, integrando o contrato de trabalho para todos os fins.

Desta forma, como regra, possíveis mudanças que retirem ou reduzam direitos apenas serão aplicadas a empregados admitidos após a respectiva alteração, na forma da Súmula 51, I, *c*, do TST.

No entanto, num possível conflito entre princípios, há que se observar de forma precípua o princípio protetivo, especialmente no viés da condição mais benéfica ao trabalhador, ainda que isso possa ir de encontro ao poder diretivo quando da elaboração do regulamento.

Desta forma, o empregador precisa ter atenção ao dispor de regras nos regulamentos, pois há limites a serem observados e dever de obediência à lei, normas coletivas e princípios do direito do trabalho, em especial o protetivo e o da irrenunciabilidade dos direitos trabalhistas.

Portanto, deve ser considerada irregular qualquer cláusula de supressão de direitos por atestados médicos apresentados, pois afronta a presunção de veracidade do documento (atestado médico), e também porque o direito à saúde e à segurança do trabalhador e o possível afastamento por doença são garantias legais.

Em decorrência da conduta abusiva do empregador o TST tem entendido que tal comportamento gera direito à indenização por dano/assédio moral.

CAPÍTULO

3

PRESCRIÇÃO E DECADÊNCIA

1 – CONCEITOS

A prescrição surgiu no direito romano para evitar que as dívidas ficassem eternas, se perpetuando no tempo, e gerando uma insegurança tanto para credor, que ficava na expectativa de um dia receber seu crédito, quanto para o devedor. Assim, a prescrição e a decadência têm como finalidades a estabilidade e a segurança nas relações jurídicas.

Tanto a prescrição quanto a decadência produzem efeitos nas relações jurídicas materiais pelo decurso do tempo, sendo que a decadência corresponde a uma única modalidade, e a prescrição pode ser extintiva ou aquisitiva.

Prescrição **aquisitiva** é o meio de aquisição de propriedade mobiliária ou imobiliária em decorrência de seu prolongado uso pacífico (usucapião). Já a prescrição **extintiva** constrói-se sob a perspectiva do titular do direito atingido.

Podemos conceituar prescrição como a extinção da pretensão correspondente a certo direito violado em decorrência de o titular não a ter exercitado no prazo legalmente estabelecido.

Mauricio Godinho Delgado[1] conceitua prescrição "como a perda da ação (no sentido material) de um direito em virtude do esgotamento do

---

[1] *Curso de Direito do Trabalho*. 18. ed. São Paulo: LTr, 2019, p. 292.

prazo para seu exercício, ou a perda da exigibilidade judicial de um direito em consequência de não ter sido exigido pelo credor ao devedor durante certo lapso de tempo".

A prescrição corre tanto contra pessoas físicas quanto jurídicas, e o art. 196 do CC menciona que a prescrição iniciada contra uma pessoa continua a correr contra o seu sucessor. Na sucessão do empregado falecido, a prescrição iniciada contra o sucedido continua a correr contra os sucessores quanto aos créditos resultantes da extinta relação de emprego.

O art. 11 da CLT dispõe que a pretensão quanto a créditos resultantes das relações de trabalho prescreve em cinco anos para os trabalhadores urbanos e rurais, com limite de até dois anos após a extinção do contrato de trabalho. Note que o § 1º disposto neste artigo não se aplica às ações que tenham por objeto anotações para fins de prova junto à Previdência Social, ou seja, ações declaratórias.

Não se pode confundir, ainda, perempção com prescrição. A perempção corresponde à perda da possibilidade de propositura de ação judicial com respeito à mesma contraparte e objeto, em virtude de o autor já ter provocado, anteriormente, por três vezes, por sua omissão, a extinção de idênticos processos. Constitui penalidade processual tipificada no Código de Processo Civil (art. 486, § 3º, c/c o art. 485, V, do CPC), e pode ser reconhecida de ofício pelo juiz.

No processo do trabalho há a perempção *trabalhista*. Trata-se da perda provisória (seis meses) da possibilidade jurídica de propositura de ação em face de ter o autor, anteriormente, por duas vezes, com respeito ao mesmo empregador e ação, provocado a extinção do processo sem resolução do mérito em face de sua ausência à respectiva audiência – ensejando o denominado *arquivamento da reclamação*. Previsão na CLT, nos arts. 731, 732 e 844.

Diferencia-se, também, a *prescrição da preclusão*, que consiste na perda de uma faculdade processual, podendo ocorrer em função do decurso do tempo (preclusão temporal), pela prática anterior do ato processual (preclusão consumativa) ou da prática de ato (ou omissão) incompatível com a faculdade processual que se pretende posteriormente exercer (preclusão lógica).

A decadência é a perda da possibilidade de obter uma vantagem jurídica e garanti-la judicialmente, em face do não exercício oportuno da correspondente faculdade de obtenção. Assim, o sujeito tem a faculdade de se tornar titular de um direito, deixando de consumar sua aquisição em decorrência do não exercício da faculdade no prazo fixado.

Exemplo mais comum é a propositura de inquérito judicial para apuração de falta grave de empregado estável (art. 853 da CLT), consagrada na Súmula 403 do Supremo Tribunal Federal: "é de decadência o prazo de trinta dias para instauração do inquérito judicial, a contar da suspensão, por falta grave, de empregado estável".

O Tribunal Superior do Trabalho editou também súmula convergente a essa hipótese de caducidade: "o prazo de decadência do direito do empregador de ajuizar inquérito em face do empregado que incorre em abandono de emprego é contado a partir do momento em que o empregado pretendeu seu retorno ao serviço" (Súmula 62 do TST).

Temos as seguintes diferenças entre *prescrição* e *decadência*:

1) a decadência extingue o próprio direito, ao passo que a prescrição atinge a pretensão vinculada ao direito, tornando-o impotente (extinção da ação, em sentido material);

2) a decadência corresponde, normalmente, a direitos potestativos; já a prescrição corresponde a direitos reais e pessoais, que envolvem, assim, uma prestação e, em consequência, uma obrigação da contraparte;

3) na decadência são simultâneos o nascimento do direito e da pretensão e da mesma forma se verifica quanto à própria extinção; na prescrição a pretensão (ação em sentido material) nasce depois do direito, após sua violação;

4) o prazo decadencial advém tanto da norma jurídica heterônoma ou autônoma (lei, em sentido material), como de instrumentos contratuais. Advém, inclusive, de declarações unilaterais de vontade (como no regulamento de empresa). O prazo prescricional surge essencialmente da lei (em sentido material e formal), e não de outros diplomas;

5) a prescrição pode ser interrompida ou suspensa nos casos legalmente especificados, o que não ocorre com a decadência (ao menos de uma forma geral, pois temos exceção da suspensão prevista na Lei 14.010/2020, art. 3º);

6) a decadência pode ser decretada em face de alegação da parte, do Ministério Público (quando couber sua atuação no processo) e até mesmo de ofício pelo juiz, neste caso, se fixada por lei (art. 210 do CCB). A prescrição concernente a direitos patrimoniais, por sua vez, tradicionalmente apenas podia ser pronunciada pelo juiz caso tivesse sido arguida pela parte.

Na atual redação do CPC temos que verificar o art. 487, II e parágrafo único, sabendo-se, no entanto, que o TST não vem entendendo pela utilização desse dispositivo ao Direito do Trabalho por entender que é incompatível com a hipossuficiência do trabalhador. Assim, não cabe na Justiça do Trabalho suscitar a prescrição de ofício, cabendo a arguição pela parte interessada;

7) o prazo prescricional tem previsão legal e não pode ser alterado por acordo das partes (art. 192 do CCB).

Assim, temos:

Prescrição	Decadência
Atinge a pretensão	Extingue o próprio direito
Direitos reais e pessoais	Direitos potestativos
Pretensão nasce após a violação do direito	Nascimento e extinção simultâneos do direito e da pretensão
Surge da lei	Surge de normas autônomas ou heterônomas
Pode ser interrompida ou suspensa, conforme previsão legal	Como regra, não está sujeita a hipóteses de interrupção e suspensão
Decretada após alegação da parte interessada	Decretada por alegação da parte, do MP e até de ofício pelo juiz

Outra questão importante é verificar quais são os fatores impeditivos ou suspensivos, tipificados pela legislação, que atuam de modo direto sobre o efeito prescricional: ora inviabilizam, juridicamente, o início da contagem da prescrição (causas impeditivas – a prescrição sequer inicia sua contagem), ora sustam a contagem prescricional já iniciada (causas suspensivas – verificada a causa suspensiva, cessa a contagem do prazo já transcorrido, que será, contudo, reiniciado após o desaparecimento da causa de suspensão. Isso quer dizer que o prazo já transcorrido será considerado, não reiniciando a contagem do zero, mas sim de onde parou).

As causas impeditivas e suspensivas em geral consubstanciam em fatos ocorridos independentemente da explícita vontade da parte beneficiada pelo impedimento ou suspensão prescricionais. São fatores, pois, externos à vontade do titular do direito, mas que inviabilizam ou restringem a defesa de seus interesses jurídicos.

Já as causas interruptivas ocorrem por iniciativa da parte interessada e, no processo do trabalho, temos a previsão do art. 11, § 3º, da CLT, que diz respeito ao ajuizamento de ação. Em havendo a interrupção, o prazo é zerado e, no encerramento da causa interruptiva, o prazo retorna à contagem desde o início.

Em relação à suspensão da prescrição, é valido lembrar que no período em que o mundo foi assolado pela pandemia, o Brasil editou a MP 927/2020, que menciona que estaria suspensa a contagem do prazo prescricional relativo às cobranças de FGTS.

Em junho de 2020 foi editada a Lei 14.010/2020, que em seu art. 3º determina a suspensão dos prazos prescricionais de 12 de junho de 2020 até 30 de outubro de 2020.

2 – ESPÉCIES – PRESCRIÇÃO BIENAL, PRESCRIÇÃO TOTAL E PRESCRIÇÃO QUINQUENAL

No direito do trabalho existem alguns tipos de prescrição: prescrição bienal, prescrição parcial (ou quinquenal) e prescrição total.

A **prescrição bienal** é aquela descrita no art. 7º, XXIX, da CF/1988 para a propositura da ação. Assim, o empregado tem até dois anos após o término do contrato para ajuizar a reclamação trabalhista.

A **prescrição parcial** (**ou quinquenal**), que também está prevista no artigo acima citado, tem prazo de cinco anos. Ela tem como marco o ajuizamento da ação e retroage cinco anos a partir de então. Portanto, um trabalhador pode cobrar direitos trabalhistas dos últimos cinco anos antes do ajuizamento da ação. Além disso, a prescrição parcial renova-se mês a mês, e tem incidência em parcelas asseguradas por lei.

A **prescrição total** também tem o prazo de cinco anos, no entanto, seu marco é o ato único do empregador que retira alguma parcela ou direito, e a partir dele o empregado tem cinco anos para cobrar o direito ali suprimido por meio do ajuizamento da ação. A prescrição total tem incidência em parcelas tão somente previstas, mas não asseguradas por lei, e pode ser explicitada na Súmula 294 do TST.

> "A distinção jurisprudencial produz-se em função do título jurídico a conferir fundamento e validade à parcela pretendida (preceito de lei ou não). Entende o verbete de súmula que, conforme o título jurídico da parcela, a *actio nata* firma-se em momento distinto. Assim, irá se firmar no instante da lesão – e do surgimento consequente da pretensão –, caso não assegurada a parcela especificamente por preceito de lei (derivando, por exemplo, de regulamento empresarial ou contrato). Dá-se, aqui, a prescrição total, que corre desde a lesão e se consuma no prazo quinquenal subsequente (se o contrato estiver em andamento, é claro). Consistindo, entretanto, o título jurídico da parcela em preceito de lei, a *actio nata* incidiria em cada parcela especificamente lesionada. Torna-se, desse modo, parcial a prescrição, contando-se do vencimento de cada prestação periódica resultante do direito protegido por lei. São exemplos de parcelas sujeitas à prescrição total, segundo a jurisprudência: gratificações ajustadas, salário-prêmio, etc. É que não são derivadas de expressa criação de preceito de lei, mas dispositivo regulamentar ou contratual".[2]

3 – PRESCRIÇÃO INTERCORRENTE

Prescrição intercorrente é aquela que corre no curso de um processo. O marco inicial de sua fluência é a prática ou a inércia da prática de um ato que, sem justificativa, paralisa o processo.

A previsão encontra-se no art. 11-A da CLT, incluído em 2017, pela reforma trabalhista:

> "Art. 11-A. Ocorre a prescrição intercorrente no processo do trabalho no prazo de dois anos.
>
> § 1º A fluência do prazo prescricional intercorrente inicia-se quando o exequente deixa de cumprir determinação judicial no curso da execução.
>
> § 2º A declaração da prescrição intercorrente pode ser requerida ou declarada de ofício em qualquer grau de jurisdição."

A prescrição intercorrente ocorrerá na fase executiva e durante o curso processual. O termo inicial se dá no imediato dia após o trânsito em

---

[2]   DELGADO, Mauricio Godinho. *Curso de Direito do Trabalho*. 18. ed. São Paulo: LTr, 2019.

julgado da sentença líquida ou, na hipótese de sentença ilíquida, do trânsito em julgado da decisão de liquidação, a partir de quando possa ocorrer a inércia do exequente.

Diversamente das demais hipóteses de prescrição, a intercorrente pode ser declarada de ofício, conforme previsão legal.

4 – MOMENTO DA ARGUIÇÃO DA PRESCRIÇÃO

Em que pese a prescrição não possa ser reconhecida de ofício pelos juízes, conforme entendimento majoritário do TST, a prescrição é considerada matéria de ordem pública, e por isso pode ser arguida em qualquer instância de primeiro e segundo grau, inclusive em sede de contrarrazões de Recurso Ordinário. Tudo com base na Súmula 153 do TST.

> "Recurso ordinário em ação rescisória proposta na vigência do CPC de 2015. Art. 966, V, do CPC/2015. Prescrição. Violação dos arts. 7º, XXIX, da CF, 193 do Código Civil e 11 da CLT. Configuração. Prescrição arguida em recurso ordinário. Instância ordinária. Possibilidade. Trata-se de ação rescisória em que se pretende desconstituir acórdão que rejeitou a prejudicial de prescrição arguida em razões de recurso ordinário. A recorrente, então reclamada, ausente na audiência, foi considerada revel e confessa, razão pela qual a prescrição quinquenal não foi analisada na sentença. Em sede de recurso ordinário, arguida a prejudicial pela reclamada, o Tribunal Regional limitou-se a manifestar sobre a impossibilidade de aplicação da prescrição de ofício, não acolhendo a arguição de prescrição quinquenal. Nos termos do art. 193 do Código Civil, a prescrição pode ser alegada em qualquer grau de jurisdição, pela parte a quem aproveita. No mesmo sentido, a Súmula 153 do TST preconiza que não se conhece de prescrição não arguida na instância ordinária. O entendimento do TST é, portanto, no sentido de que a prescrição pode ser arguida até o recurso ordinário, ainda que não levantada em contestação. Precedentes. Não obstante a inaplicabilidade, na Justiça do Trabalho, da prescrição de ofício, como previsto no art. 487, II, do CPC/2015, observa-se que a prescrição foi arguida na última oportunidade para a parte fazê-la na instância ordinária, qual seja nas razões em recurso ordinário. Assim, é rescindível a decisão prolatada sem a pronúncia da prescrição quinquenal invocada pelo réu, em inobservância do disposto nos art. 193 do Código Civil. Ademais, não há que se falar no óbice da Súmula 83 do TST, uma vez que a questão já se encontra pacificada desde 2003 nos termos da Súmula 153 do TST. Recurso

ordinário conhecido e provido." (TST/RO: 1001604-07.2017.5.02.0000, Rel. Maria Helena Mallmann, julgado em 25.05.2021, Subseção II Especializada em Dissídios Individuais, publicado em 28.05.2021)

5 - DECISÕES DOS TRIBUNAIS ACERCA DO TEMA

Prescrição do acessório – Súmula 206 do C. TST. Decisão proferida pelo STF nos autos do ARE 709.212/DF, em 13 de novembro de 2014 e que tem efeito vinculante. Houve modulação dos seus efeitos da prescrição do FGTS. Segue a notícia do STF: "Prazo prescricional para cobrança de valores referentes ao FGTS é de cinco anos. O Plenário do Supremo Tribunal Federal (STF) atualizou sua jurisprudência para modificar de 30 anos para cinco anos o prazo de prescrição aplicável à cobrança de valores não depositados no Fundo de Garantia do Tempo de Serviço (FGTS). A decisão majoritária foi tomada na sessão desta quinta-feira (13) no julgamento do Recurso Extraordinário com Agravo (ARE) 709.212, com repercussão geral reconhecida. Ao analisar o caso, o Supremo declarou a inconstitucionalidade das normas que previam a prescrição trintenária. No caso dos autos, o recurso foi interposto pelo Banco do Brasil contra acórdão do Tribunal Superior do Trabalho (TST) que reconheceu ser de 30 anos o prazo prescricional relativo à cobrança de valores não depositados do FGTS, em conformidade com a Súmula 362 daquela corte. Relator. O ministro Gilmar Mendes, relator do RE, explicou que o artigo 7º, inciso III, da Constituição Federal prevê expressamente o FGTS como um direito dos trabalhadores urbanos e rurais e destacou que o prazo de cinco anos aplicável aos créditos resultantes das relações de trabalho está previsto no inciso XXIX do mesmo dispositivo. Assim, de acordo com o relator, se a Constituição regula a matéria, não poderia a lei ordinária tratar o tema de outra forma 'Desse modo, não mais subsistem, a meu ver, as razões anteriormente invocadas para a adoção do prazo trintenário', sustentou. De acordo com o ministro, o prazo prescricional do artigo 23 da Lei 8.036/1990 e do artigo 55 do Decreto 99.684/1990 não é razoável. 'A previsão de prazo tão dilatado para reclamar o não recolhimento do FGTS, além de se revelar em descompasso com a literalidade do texto constitucional, atenta contra a necessidade de certeza e estabilidade nas relações jurídicas', ressaltou. Desse modo, o ministro votou no sentido de que o STF deve revisar sua jurisprudência 'para consignar, à luz da diretriz constitucional encartada no inciso XXIX, do artigo 7º, da Constituição, que o prazo prescricional aplicável à cobrança de valores não depositados no FGTS é quinquenal, devendo ser observado o limite de dois anos após a extinção do contrato de trabalho'. O relator propôs a modulação dos efeitos da decisão. Para aqueles casos cujo termo inicial da prescrição – ou seja, a ausência de depósito no FGTS – ocorra após a data do julgamento, aplica-se, desde logo, o prazo de cinco

Cap. 3 – PRESCRIÇÃO E DECADÊNCIA | 35

anos. Por outro lado, para os casos em que o prazo prescricional já esteja em curso, aplica-se o que ocorrer primeiro: 30 anos, contados do termo inicial, ou cinco anos, a partir deste julgamento. Os ministros Luís Roberto Barroso, Luiz Fux, Dias Toffoli, Cármen Lúcia, Celso de Mello e Ricardo Lewandowski seguiram o voto do relator, negando provimento ao recurso. O ministro Marco Aurélio reconheceu o prazo prescricional de cinco anos, mas votou no sentido de dar provimento ao recurso, no caso concreto, sem aderir à proposta de modulação. Ficaram vencidos os ministros Teori Zavascki e Rosa Weber, que votaram pela validade da prescrição trintenária."[3]

Tese de Repercussão Geral 608 do STF

Prazo prescricional aplicável à cobrança de valores não depositados no Fundo de Garantia por Tempo de Serviço – FGTS[4]

Agravo. Recurso Ordinário. Ação Rescisória regida pelo CPC/2015. Decadência. Incapacidade absoluta (art. 3º do Código Civil) da autora no momento do trânsito em julgado da ação matriz. Impedimento da fluência do prazo decadencial até o alcance da capacidade relativa (art. 4º do Código Civil). O impedimento da fluência do prazo decadencial somente se aplica aos absolutamente incapazes, não se estendendo aos relativamente incapazes, conforme interpretação sistêmica dos arts. 3º, inc. I, 4º, *caput*, 198, inc. I, 207 e 208, todos do Código Civil. Nos termos do art. 975 do CPC, o prazo para ajuizamento da ação rescisória é decadencial e flui a partir do trânsito em julgado da ação matriz, o que, na hipótese, ocorreu em 30/6/2016. Todavia, em razão da incapacidade absoluta da autora (art. 3º, *caput*, do Código Civil), nascida em 10/08/2001, o termo inicial do prazo decadencial foi protraído para 10/08/2017, data em que completou dezesseis anos e alcançou a maioridade relativa prevista no art. 4º, inc. I, do Código Civil. Assim, iniciado o prazo decadencial na data em que finda a causa de impedimento prevista no art. 198, inc. I, do Código Civil, em 10/8/2017, a autora poderia ingressar com a ação rescisória até 10/8/2019. Contudo, o ajuizamento da ação somente ocorreu em 4/8/2021, de modo que se afigura forçoso reconhecer a decadência do direito de ação. Sob esses fundamentos, a SDI-II, à unanimidade, conheceu do agravo interposto pela autora e, no mérito, negou-lhe provimento. (TST-Ag-ED-ROT-769-02.2021.5.09.0000, SDI-II, Rel. Min. Alberto Bastos Balazeiro, julgado em 13.09.2022 – Informativo 261 do TST)

---

[3] Disponível em: https://stf.jusbrasil.com.br/noticias/151574981/prazo-prescricional-para-cobranca-de--valores-referentes-ao-fgts-e-de-cinco-anos. Acesso em: 3 mar. 2023.

[4] Disponível em: https://portal.stf.jus.br/jurisprudenciaRepercussao/verAndamentoProcesso.asp?incidente=4294417&numeroProcesso=709212&classeProcesso=ARE&numeroTema=608. Acesso em: 3 mar. 2023.

Recurso de revista. Fase de execução. Lei nº 13.467/2017. Exequente. Prescrição intercorrente. Descumprimento pelo exequente de determinação judicial efetuada em data posterior à vigência da Lei nº 13.467/2017. Execução em curso antes vigência da referida lei. Inaplicabilidade. 1 – A controvérsia dos autos diz respeito à possibilidade de se aplicar a prescrição intercorrente no Processo do Trabalho na hipótese de descumprimento de determinação judicial efetuada após a vigência da Lei nº 13.467/2017 no caso de execução em curso antes da vigência da referida lei. 2 – A tese adotada no acórdão recorrido (trecho transcrito) é a de que "a fluência do prazo prescricional intercorrente inicia apenas quando a determinação judicial para o exequente indicar meios de prosseguir a execução for feita após 11.11.2017, data em que passou a viger a Lei nº 13.467/17 acrescendo o art. 11-A à CLT. Nesse cenário, no caso em concreto, está configurada a prescrição intercorrente, tendo em vista que a intimação para o exequente dar prosseguimento à execução ocorreu em 03.4.2019. Assim, houve a fluência do prazo a que alude o art. 11-A da CLT, pois a determinação ocorreu após a vigência das alterações promovidas no diploma celetista, já tendo transcorrido o prazo de 02 (dois) anos, sem que o exequente tenha indicado quaisquer meios efetivos para o prosseguimento da execução. No aspecto, observo que a decisão que pronunciou a prescrição intercorrente foi proferida em 26.4.2021". 3 – Fixadas essas premissas, cumpre salientar que esta Corte, por meio da Súmula nº 114 do TST, consolidou o posicionamento de que "É inaplicável na Justiça do Trabalho a prescrição intercorrente". 4 – Contudo, a partir da Lei nº 13.467/2017, a CLT passou a prever que "Ocorre a prescrição intercorrente no processo do trabalho no prazo de dois anos". 5 – A fim de orientar a aplicação das normas inseridas pela Reforma Trabalhista, foi editada a Instrução Normativa nº 41 do TST, a qual, em seu artigo 2º, preconiza que "O fluxo da prescrição intercorrente conta-se a partir do descumprimento da determinação judicial a que alude o § 1º do art. 11-A da CLT, desde que feita após 11 de novembro de 2017 (Lei nº 13.467/2017)". 6 – Como se vê, embora em princípio os termos da Instrução Normativa nº 41 do TST possam induzir à interpretação de que – mesmo em se tratando de execução em curso antes do advento da Reforma Trabalhista – o fluxo da prescrição intercorrente seria deflagrado a partir da data da determinação judicial efetuada na vigência da Lei nº 13.467/2017 (11/11/2017), subsiste a necessidade de compatibilizar a referida disposição normativa com a jurisprudência pacífica desta Corte Superior, consolidada no sentido da inaplicabilidade retroativa das normas de direito material inseridas pela Reforma Trabalhista (a exemplo do artigo 11-A da CLT, que introduziu a aplicabilidade da prescrição intercorrente no Processo do Trabalho). 7 – Adota-se, portanto, a corrente jurisprudencial segundo a qual – mesmo em havendo determinação judicial após 11/11/2017 – é inaplicável a prescrição intercorrente no processo do trabalho quanto aos

Cap. 3 – PRESCRIÇÃO E DECADÊNCIA | **37**

títulos executivos constituídos antes da vigência da Lei nº 13.467/2017. Julgados citados. 8 – Nesse contexto, ao manter a sentença que pronunciou a prescrição intercorrente, o TRT incorreu em ofensa à coisa julgada (artigo 5º, inciso XXXVI, da CF/88). 9 – Recurso de revista a que se dá provimento. (TST-RR-3119-05.2015.5.12.0027, 6ª Turma, Rel. Min. Kátia Magalhães Arruda, julgado em 14.09.2022 – Informativo 261 do TST)

Prescrição. Marco inicial. Pedido de diferenças de adicional de horas extras. Trânsito em julgado de sentença declaratória e condenatória em reclamação trabalhista anterior. Impossibilidade. Orientação Jurisprudencial nº 401 da SBDI-I do TST. Má aplicação. Não atrai a incidência, por interpretação extensiva, da Orientação Jurisprudencial nº 401 da SBDI-I, a hipótese em que a pretensão do direito material de nova reclamação trabalhista não depende de resolução de relação jurídica examinada sob a ótica de ação ajuizada anteriormente. No caso, o sindicato-autor ajuizou primeira reclamação trabalhista, onde obteve o reconhecimento da jornada de trabalho de seis horas para empregados substitutos, maquinistas e auxiliares submetidos a turnos ininterruptos de revezamento. Posteriormente, ajuizou nova reclamação, alegando que, nos termos da norma coletiva da categoria, quando prestadas mais de três horas extraordinárias, o adicional de horas extras a ser pago deveria corresponder a 70%. A Turma do TST ratificou a decisão proferida pelo Tribunal Regional, no sentido de afastar a arguição de prescrição bienal veiculada, por não divisar afronta à norma do art. 7º, XXIX, da Constituição da República, aplicando extensivamente a diretriz sufragada na Orientação Jurisprudencial nº 401 da SBDI-I do TST. Todavia, quando ajuizada a primeira ação, já se encontrava em pleno vigor a norma coletiva invocada, ou seja, era viável que o sindicato cumulasse os pedidos de reconhecimento das horas extras vindicadas com o adicional que entendia correto. Sob esses fundamentos, a SBDI-I, por unanimidade, conheceu dos embargos, por contrariedade à Orientação Jurisprudencial nº 401 da SBDI-1, em face de sua má aplicação e, no mérito, deu-lhes provimento para pronunciar a incidência da prescrição total da pretensão deduzida em juízo em relação aos substituídos com contratos de trabalho findos há mais de dois anos do ajuizamento da segunda reclamação trabalhista. (TST-E-ED-RR-91500-61.2009.5.03.0055, SBDI-I, Rel. Min. Lelio Bentes Corrêa, 23.09.2021 – Informativo 244 do TST)

Prescrição quinquenal. Menor herdeiro. Ex-empregado falecido. A suspensão da prescrição em benefício do menor, prevista no art. 198, I, do CCB/2002, não elimina a prescrição parcial quinquenal das parcelas trabalhistas em relação ao próprio titular do direito, considerada a extinção do contrato de trabalho do ex-empregado, em face da regra constitucional do art. 7º, XXIX. Isso porque, na qualidade de herdeiro, o menor não pleiteia verbas próprias, agindo na posição de sucessor civil do pai, empregado falecido; inviabilizando-se, assim, a exigência de créditos já prescritos quando do óbito do empregado. Recurso de revista conhecido e provido no aspecto. Diante do provimento do recurso de revista, tem-se por confirmada a decisão que deferiu a tutela provisória de urgência para o fim de restringir os atos executórios de oneração/bloqueio dos bens das Recorrentes, em relação às verbas devidas às herdeiras menores, aos valores apurados referentes a direitos situados no lapso temporal definido nesta decisão (07.03.2006 a 07.03.2011). (TST-RR-2011-93.2011.5.12.0054, 3ª Turma, Rel. Min. Mauricio Godinho Delgado, julgado em 11.12.2019 – Informativo 214 do TST)

A Terceira Turma do Tribunal Regional do Trabalho da 11ª Região – Amazonas e Roraima (TRT-11), apreciando recurso ordinário, decidiu pela suspensão da contagem do prazo prescricional durante o período da pandemia da covid-19. O acórdão foi relatado pelo desembargador Jorge Alvaro Marques Guedes, em sessão ordinária virtual realizada no período de 22 a 25 de novembro de 2021.

As medidas preventivas e restritivas de circulação de pessoas, para evitar a disseminação da pandemia do coronavírus, trouxeram impactos em diversos setores, dentre eles na Justiça do Trabalho. Com a decretação de isolamento e quarentena, o contato dos reclamantes com seus advogados também foi impactado, pois o exercício da atividade da advocacia, não considerada serviço essencial, gerou diversas dificuldades para o ajuizamento de ações judiciais.

Neste sentido, o desembargador Jorge Alvaro Marques Guedes votou pelo afastamento da prescrição declarada para assegurar ao cidadão a prestação jurisdicional: "Anteriormente à publicação da Lei 14.010/2020, o enfrentamento da covid-19 era muito mais restritivo e caótico, o isolamento social foi imposto quase que de forma obrigatória, constituindo assim um empecilho para qualquer tipo de contato físico entre as pessoas. A partir da premissa de que a inércia voluntária da parte é condição para o acolhimento da prescrição, têm situações em que a parte é impedida de exercer o direito de ação, seja por situações previstas em lei ou diante de circunstâncias fáticas excepcionais, poderá se falar em impedimento à fluência dos prazos prescricionais". Para o desembargador, o reconhecimento da inocorrência da prescrição em tal situação irá assegurar o acesso à justiça do jurisdicionado e repercutirá em outras situações similares. Foi determinado o retorno do processo ao Juízo de origem para instruir e julgar o mérito propriamente dito dos pedidos inaugurais.

Participaram do julgamento a desembargadora do Trabalho Ruth Barbosa Sampaio, presidente da Terceira Turma; a desembargadora Maria de Fátima Neves Lopes, o desembargador Jorge Alvaro Marques Guedes,

> relator. Também estava presente a procuradora do trabalho da 11ª Região, Marcela Guimarães Santana. Processo 0000434-15.2020.5.11.0015 (ROT)[5]

6 - QUESTÃO DE SEGUNDA FASE ACERCA DO TEMA

É possível, em uma sentença, o Juízo suscitar de ofício a suspensão da prescrição com base na Lei 14.010/2020? Essa suspensão se aplica a todos os prazos prescricionais aplicáveis ao Direito do Trabalho? Discorra.

- **ASPECTOS IMPORTANTES PARA A RESPOSTA**

Prescrição constitui a perda da exigibilidade da pretensão deduzida em juízo pelo decurso do prazo previsto em lei. Apesar da previsão da legislação processual civil (art. 332, § 1º, do CPC), o TST já firmou entendimento de que não há que se suscitar a prescrição de ofício, ante a incompatibilidade com regras e princípios trabalhistas, especialmente a hipossuficiência do trabalhador.

A Lei 14.010/2020 estabeleceu regime jurídico transitório e emergencial nas relações jurídicas de direito privado em decorrência do estado de calamidade pública, e para enfrentamento das problemáticas oriundas da Covid-19.

Assim, no art. 3º previu a suspensão do prazo prescricional dos dias 12 de junho a 30 de outubro de 2020, num total de 141 dias, quando iniciou-se a discussão de aplicação para o Direito do Trabalho, e se poderia ser aplicado de ofício pelo Magistrado.

A aplicação no Direito do Trabalho é adequada, tendo em vista ser ramo do direito privado, justamente o alvo da Lei 14.010/2020, na forma de seu art. 1º.

Quanto à possibilidade de aplicação de ofício pelo Magistrado, cabe ressaltar que as normas de direito comum são fonte subsidiária do Direito do Trabalho (art. 8º da CLT), desde que com esse compatíveis, o que entendo ser justamente o caso.

E para tanto basta que façamos uma interpretação *contrario sensu*, ou seja, se não cabe aplicação de prescrição de ofício, pois contrário à vertente

---

[5] Disponível em: https://portal.trt11.jus.br/index.php/noticias-da-corregedoria/6728-afastada-prescricao-durante-a-pandemia-em-processo-julgado-pela-terceira-turma-do-trt-11. Acesso em: 3 mar. 2023.

protetiva do Direito do Trabalho, tendo em vista que estamos falando de prazo de suspensão da prescrição, alinhados estamos à tal veia protetiva.

Assim, tendo a Reclamada suscitado a prescrição, não havendo qualquer vedação legal, e sendo a suspensão prevista na Lei 14.010/2020 norma protetiva ao trabalhador, entende-se por sua plena aplicação de ofício para as relações contratuais em curso no período de 12 de junho a 30 de outubro de 2020. Como a Reclamada suscitou a prescrição, não há que falar em decisão surpresa pela aplicação da suspensão do prazo da referida prejudicial de mérito.

Por fim, ressalto que tal suspensão se aplica a todos os prazos prescricionais, quais sejam o bienal, o quinquenal, e até mesmo a prescrição intercorrente.

CAPÍTULO

4

RELAÇÃO DE EMPREGO

1 – REQUISITOS CONFIGURADORES DA RELAÇÃO DE EMPREGO

Inicialmente cabe distinguir relação de trabalho de relação de emprego.

A **relação de trabalho** tem caráter genérico, referindo-se a todas as relações jurídicas caracterizadas em uma prestação essencial centrada na obrigação de fazer consubstanciada em labor humano (lícita e modernamente admissível, claro), em troca de um valor pecuniário ou não.

Já a **relação de emprego** é espécie de relação de trabalho. Compõe-se da reunião de cinco elementos fático-jurídicos: (a) prestação de trabalho por pessoa física; (b) trabalho realizado com pessoalidade pelo trabalhador; (c) prestação realizada com não eventualidade; (d) existência de subordinação ao tomador de serviços; (e) trabalho realizado com onerosidade, em que há perspectiva de contraprestação pecuniária. Assim, na relação de emprego temos a presença dos requisitos constantes dos arts. 2º e 3º da CLT.

A relação jurídica de trabalho resulta de um contrato de trabalho autônomo ou subordinado, enquanto a relação jurídica de emprego sempre resulta de um contrato de subordinação. Neste sentido, o mestre Mauricio Godinho Delgado informa:

> "A ciência do Direito enxerga clara distinção entre relação de trabalho e relação de emprego. A primeira expressão tem caráter genérico: refere-se a todas as relações jurídicas caracterizadas por terem sua prestação essencial

centrada em uma obrigação de fazer consubstanciada em um labor humano. Refere-se, pois, a toda modalidade de contratação de trabalho humano modernamente admissível. A expressão relação de trabalho englobaria, desse modo, a relação de emprego, a relação de trabalho autônomo, a relação de trabalho eventual, de trabalho avulso e outras modalidades de pactuação de prestação de labor (como trabalho de estagiário, etc.). Traduz, portanto, o gênero a que se acomodam todas as formas de pactuação de prestação de trabalho existentes no mundo jurídico atual."[1]

Segundo a CLT, arts. 2º e 3º, a relação de emprego é trabalho não eventual, prestado *intuito personae* (pessoalidade) por pessoa física, em situação de subordinação e com onerosidade.

Portanto, temos que são elementos cumulativos da relação empregatícia, segundo os arts. 2º e 3º da CLT: (a) trabalho por pessoa física com pessoalidade; (b) onerosidade; (c) não eventualidade ou duração contínua; (d) alteridade (o empregado não corre o risco do empreendimento); e (e) subordinação.

a) Trabalho por pessoa física

Os bens jurídicos tutelados pelo Direito do Trabalho são afetos à pessoa física, não podendo ser usufruídos por pessoas jurídicas (apenas o empregador é que poderá ser pessoa física ou jurídica, como regra).

Aqui temos muitos casos de fraude em que o empregador determina que o trabalhador constitua uma empresa (MEI), e preste serviços. Verificada a fraude, bem como a presença dos demais requisitos do vínculo de emprego, deve o juiz reconhecer a nulidade do contrato entre as empresas e o vínculo de emprego.

b) Pessoalidade

A prestação do trabalho na relação de emprego deve ter caráter de infungibilidade no que tange ao trabalhador (*intuitu personae*). Poderá se dar a substituição eventual, desde que aceita pelo empregador ou no caso de ser a substituição normativamente autorizada (como em férias, licença-gestante etc.).

Assim, quando um empregado se faz substituir por outro sem a consulta ao empregador, estamos diante da ausência da pessoalidade.

---

[1] DELGADO, Mauricio Godinho. *Curso de Direito do Trabalho*. 18. ed. São Paulo: LTr, 2019.

c) Não eventualidade

Temos que é necessário que o trabalho prestado na relação de emprego tenha caráter e ânimo de permanência (ainda que por curto período determinado), não devendo se qualificar como trabalho esporádico.

O trabalho eventual pode ser definido pela reunião simultânea dos seguintes caracteres: (a) descontinuidade da prestação do trabalho; (b) não fixação jurídica a uma única fonte de trabalho, com pluralidade variável de tomadores de serviços; (c) curta duração do trabalho prestado; (d) trabalho ligado a evento certo, determinado e episódico; e (e) natureza do trabalho não corresponde à atividade-fim do empreendimento.

Para que o trabalho seja considerado não eventual não é necessário que os serviços sejam prestados diariamente, mas sim que a prestação seja contínua e habitual, para que se incuta no trabalhador a ideia de que aquele serviço será sempre realizado.

Para que haja relação empregatícia, é necessário que o trabalho prestado tenha caráter de permanência (ainda que por um curto período determinado), não se qualificando como trabalho esporádico.

Teorias para análise da não eventualidade:

Teoria da descontinuidade – eventual seria o trabalho descontínuo e interrupto com relação ao tomador; o trabalho eventual tem caráter fragmentado, com rupturas e espaçamentos temporais significativos com respeito ao tomador de serviços.

Essa teoria foi enfaticamente rejeitada pela CLT, pois um trabalhador que preste serviços ao tomador, por diversos meses seguidos, mas apenas em domingos ou fins de semana (por exemplo – e aqui não falamos dos intermitentes), não se poderia configurar como trabalhador eventual, em face do não acolhimento, pela CLT, da teoria da descontinuidade.

Teoria do evento – é eventual o trabalhador admitido na empresa em virtude de um determinado e específico fato, acontecimento ou evento, ensejador de certa obra ou serviço. Seu trabalho para o tomador terá a duração do evento esporádico ocorrido. Já o empregado executa todas as atividades inerentes à função para a qual foi contratado, e não apenas um serviço específico, delimitado no tempo.

O trabalhador eventual, por sua vez, seria contratado para prestar serviços num evento específico e determinado, e tão somente enquanto ele durar. O trabalho é causal, fortuito, incerto. Tal teoria é muito utilizada.

Teoria da fixação jurídica ao tomador dos serviços – é eventual o trabalhador que não se fixa a uma fonte de trabalho, enquanto empregado é o trabalhador que se fixa numa fonte de trabalho. A fixação é jurídica. Haverá relação de emprego sempre que o prestador estiver fixado ao tomador de serviços. Será eventual quando não houver tal fixação. É uma teoria muito utilizada pela doutrina.

Teoria dos fins do empreendimento (ou fins da empresa) – é a mais prestigiada entre as demais aqui enfocadas. Assim, eventual será o trabalhador chamado a realizar tarefa não inserida na atividade principal da empresa. E por essa razão as atividades realizadas serão esporádicas e de estreita duração.

Conclui-se, assim, que o trabalho de natureza eventual deve ser verificado quando: (a) há descontinuidade da prestação do trabalho; (b) não há fixação jurídica a uma única fonte de trabalho, com pluralidade variável de tomadores de serviço; (c) há curta duração do trabalho prestado; (d) a natureza do trabalho tende a ser relacionada a evento certo, determinado e episódico no tocante à regular dinâmica do empreendimento. Assim, a natureza do trabalho prestado tenderá a não corresponder, também, ao padrão dos fins normais do empreendimento.

A figura do eventual, por outro lado, não se confunde com a do trabalhador sazonal ou adventício. Apesar de realizá-lo de modo descontínuo, apenas em determinadas épocas do ano (safras, plantio, período de veraneio), a descontinuidade da prestação de serviços não é fator decisivo à sua caracterização como trabalhador eventual, pois a sua atividade não é de duração tão curta (dias, por exemplo), prolongando-se, ao contrário, por semanas ou meses em função da safra ou período de veraneio.

Assim, seu trabalho diz respeito à atividade integrada à dinâmica do empreendimento do tomador de serviços. Em consequência, desde que reunidos os demais elementos fáticos jurídicos da relação empregatícia, esses trabalhadores surgirão como típicos empregados (o safrista, inclusive, é objeto de legislação própria: art. 14 da Lei 5.889/1973).

d) Subordinação

Conceito e caracterização – a subordinação corresponde a situação em que o empregado se encontra obrigado a trabalhar na forma como determinado pelo empregador, e decorrente da limitação contratual da autonomia de sua vontade. Assim, ao empregador resta transferido o direcionamento da atividade que será desempenhada pelo trabalhador, desde que as ordens sejam lícitas e legítimas.

Como se percebe, no Direito do Trabalho a subordinação é encarada sob um prisma objetivo, pois atua sob o modo de realização da prestação e não sobre a pessoa do trabalhador. Não é correta, do ponto de vista jurídico, a visão subjetiva do fenômeno, em que se criaria ao empregado um estado ou situação de sujeição.

A subordinação no direito do trabalho tem um conceito jurídico, é hipótese que decorre do próprio contrato de trabalho. Não se trata, assim, de uma subordinação econômica, uma vez que o direito admite a existência de subordinação até mesmo quando o empregado possui condições financeiras melhores que o empregador.

Natureza da subordinação – o debate sobre a natureza (posicionamento classificatório) do fenômeno da subordinação já se pacificou, hoje, na teoria justrabalhista. A subordinação classifica-se, inquestionavelmente, como um fenômeno jurídico, derivado do contrato estabelecido entre trabalhador e tomador de serviços, pelo qual o primeiro acolhe o direcionamento objetivo do segundo sobre a forma de efetuação da prestação do trabalho.

A *subordinação jurídica* é o polo reflexo e combinado do poder de direção empresarial, também de matriz jurídica.

A teoria justrabalhista registra, contudo, antigas posições doutrinárias que não enxergavam, ainda, esse caráter eminentemente jurídico do fenômeno da subordinação. Acentuando a ideia de *dependência* (que tem matiz *pessoal* e não *objetiva*) já se considerou a subordinação como sendo *econômica*, e depois como sendo *técnica* (ou tecnológica).

No primeiro caso (*dependência econômica*), a concepção fundava-se na hierarquia rígida e simétrica de qualquer organização empresarial. Assim, seria empregado aquele que dependesse economicamente do empregador, como se fosse única fonte de sustento.

Há problemas, entretanto, nessa formulação teórica, especialmente porque a antinomia econômico-social maior ou menor entre os dois sujeitos da relação de emprego não necessariamente altera o feixe jurídico de prerrogativas e deveres inerente ao poder empregatício. Uma pessoa pode não depender economicamente de uma empresa, e ainda assim ser seu empregado.

A subordinação já foi considerada como fenômeno de natureza e fundamentação técnica (*dependência técnica*): o empregador monopolizaria, naturalmente, o conhecimento necessário ao processo de produção em que estava inserido o empregado, possuindo por tal razão um poder específico sobre o trabalhador. A assimetria no conhecimento técnico daria fundamento à assimetria na relação jurídica de emprego.

Por certo que não havia como se manter esse raciocínio, pois o empregador contrata o saber (e seus agentes) *exatamente por não possuir controle individual sobre ele*; como organizador dos meios de produção capta e contrata a tecnologia por intermédio de empregados especializados. Assim, há a hierarquia de empregador com relação aos empregados, mas sem qualquer pretensão de absorver, individualmente, seus conhecimentos.

Dimensões da subordinação: clássica, objetiva, estrutural – a subordinação vem sofrendo ajustes e adequações ao longo dos dois últimos séculos em decorrência de alterações na realidade do mundo do trabalho, e também em virtude de novas percepções da relação empregatícia.

Temos três dimensões principais na subordinação:

- **Clássica (ou tradicional)** é a subordinação consistente na situação jurídica derivada do contrato de trabalho, pela qual o trabalhador compromete-se a acolher o poder de direção empresarial no tocante ao modo de realização de sua prestação laborativa. Manifesta-se pela intensidade de ordens do tomador de serviços sobre o respectivo trabalhador. Continua sendo modalidade mais comum de subordinação, ainda bastante destacada nas relações socioeconômicas empregatícias.

- **Objetiva** é a subordinação que se manifesta pela integração do trabalhador nos fins e objetivos do empreendimento do tomador de serviços, ainda que flexibilizada. Lançada na doutrina pátria pelo jurista *Paulo Emílio Ribeiro de Vilhena* (*Relação de emprego* – estrutura legal e pressupostos. São Paulo: Saraiva, 1975, p. 235), esta noção "... vincula a subordinação a um critério exclusivamente objetivo: poder jurídico sobre atividade e atividade que se integra em atividade". Conforme exposto pelo jurista, a subordinação pode traduzir uma "relação de coordenação ou de participação integrativa ou colaborativa, através da qual a atividade do trabalhador como que segue, em linhas harmônicas, a atividade da empresa, dela recebendo o influxo próximo ou remoto de seus movimentos...". Assim, a integração do trabalhador e seu labor aos objetivos empresariais é pedra de toque decisiva a essa dimensão do fenômeno sociojurídico subordinativo.

- **Estrutural** é a subordinação que se caracteriza pela inserção do trabalhador na dinâmica do tomador de seus serviços, recebendo ou não ordens diretas, mas acolhendo de forma estrutural sua dinâmica de organização e funcionamento.

Nesta dimensão da subordinação o fundamental é que o trabalhador esteja estruturalmente vinculado à dinâmica operativa da atividade do tomador de serviços.

Assim, podemos considerar como trabalhador subordinado tanto aquele que faz tarefas tradicionalmente mecânicas e braçais e que sofre a subordinação direta e a ingerência constantes do empregador, como aquele que trabalha de forma intelectual e pode não ter essas ordens diretas, estando inserido, de forma estrutural, na organização e na dinâmica operacional da empresa tomadora.

Os avanços tecnológicos têm alterado substancialmente a rotina de muitos empregados, permitindo que executem suas tarefas fora das dependências do empregador, como, por exemplo, na sua própria casa (*home office*). E o fato de o trabalho se desenvolver na residência do empregado não afeta diretamente a subordinação, pois há possibilidade de controle e supervisão de forma remota – art. 6º, parágrafo único, da CLT.

Regulamentando o trabalho à distância, denominado teletrabalho, a reforma trabalhista, introduzida pela Lei 13.467/2017, acrescentou à CLT os arts. 75-A a 75-E. Nesse sentido, considera-se teletrabalho ou trabalho remoto a prestação de serviços fora das dependências do empregador, de maneira preponderante ou não, com a utilização de tecnologias de informação e de comunicação, que, por sua natureza, não configure trabalho externo – art. 75-B da CLT.

Segundo Mauricio Godinho Delgado, a equiparação do trabalho exercido nas dependências do empregador e dos executados à distância, por meio da utilização de tecnologias feita por referido dispositivo legal, "se dá em face das dimensões objetiva e também estrutural que caracterizam a subordinação, já que a dimensão tradicional (ou clássica) usualmente não comparece nessas relações de trabalho à distância".

Por derradeiro, precisamos fazer uma análise da parassubordinação, que é caracterizada como um "modelo intermediário entre o trabalho subordinado e o trabalho autônomo".

O trabalhador parassubordinado é aquele que não é empregado, pois lhe falta a subordinação jurídica, mas também não é autônomo, porque mantém uma certa dependência em relação ao tomador dos serviços.

Assim, a doutrina estrangeira nos diz que o parassubordinado não teria todos os direitos trabalhistas assegurados aos empregados, mas a ele deveriam ser garantidos alguns direitos, especialmente os considerados fundamentais para o trabalho decente.

Atualmente ainda paira uma grande discussão sobre novas modalidades de contrato de trabalho, e, portanto, de subordinação, como é o caso da subordinação algorítmica, em que se discute se trabalhadores de plataforma digitais deveriam ter vínculo reconhecido ou não, em razão dessa subordinação.

e) Onerosidade

A relação empregatícia tem essencial fundo econômico. Assim, a força do trabalhador é colocada à disposição do empregador, mas com expectativa de uma contrapartida econômica, correspondente ao conjunto remuneratório (complexo de verbas contraprestativas pagas pelo empregador ao empregado em virtude da relação empregatícia pactuada).

É caracterizada pelo ajuste da troca do trabalho pelo salário, não importando o *quantum* pago, e possui dois ângulos, que são: (a) objetivo, que é o pagamento em si; (b) subjetivo, que é a expectativa de receber pelo trabalho prestado.

2 – DECISÕES DOS TRIBUNAIS ACERCA DO TEMA

Em 11/04/22 a Terceira Turma do Tribunal Superior do Trabalho reconheceu o vínculo de emprego entre um motorista de aplicativo e a Uber do Brasil Tecnologia Ltda. Para a maioria do colegiado, estão presentes, no caso, os elementos que caracterizam a relação de emprego: a prestação de trabalho por pessoa humana, com pessoalidade, onerosidade, não eventualidade e subordinação.

Monitoramento

Na reclamação trabalhista, o motorista, de Queimados, município da Região Metropolitana do Rio de Janeiro (RJ), disse que trabalhara para a plataforma digital durante dois meses, após comprar um veículo enquadrado nos padrões da Uber. Segundo seu relato, ele atuava de segunda a sábado, totalizando 13 horas diárias e 78 semanais, sempre monitorado de forma *on-line* pelo aplicativo. No terceiro mês, foi desligado imotivadamente.

Riscos do negócio

A Uber, em sua defesa, sustentou que não houve nenhum acordo para pagamento de comissões sobre o valor das viagens. Para a empresa, na realidade, quem a contratou foi o motorista, que, em contraprestação ao uso da plataforma digital, concordara em pagar o valor correspondente a 20% ou 25% de cada viagem. Por fim, alegou que o motorista assumira todos os riscos do negócio.

Empresa de tecnologia

O Tribunal Regional do Trabalho da 1ª Região (RJ) negou o vínculo de emprego, por entender que a Uber é uma empresa de tecnologia, e não de transporte. De acordo com a decisão, o motorista tinha plena liberdade de definir os dias e os horários de trabalho e descanso e a quantidade de corridas, não recebia ordens e fazia, por conta própria, a manutenção de seu veículo.

O relator do recurso de revista do motorista, ministro Mauricio Godinho Delgado, observou que a solução do caso exige o exame e a reflexão sobre as novas e complexas fórmulas de contratação da prestação laborativa, distintas do sistema tradicional, e que se desenvolvem por meio de plataformas e aplicativos digitais, *softwares* e produtos semelhantes, "todos cuidadosamente instituídos, preservados e geridos por sofisticadas (e, às vezes, gigantescas) empresas multinacionais e, até mesmo, nacionais".

Função civilizatória

Embora essa nova estrutura facilite a prestação de serviços, o ministro pondera que a lógica de seu funcionamento tem sido apreendida por grandes corporações como oportunidade para reduzir suas estruturas e o custo do trabalho. A seu ver, a discussão deve ter como ponto de partida a função civilizatória do direito do trabalho.

Omissão legislativa

Godinho Delgado lembrou que não há legislação que regule a questão de motoristas de aplicativo, visando assegurar direitos a essa categoria que já alcançava cerca de um milhão de profissionais no Brasil, antes da pandemia. "Cabe, portanto, ao magistrado fazer o enquadramento das normas no fato", destacou.

Elementos da relação de trabalho

Nesse sentido, o ministro assinalou que a relação empregatícia ocorre quando estão reunidos seus cinco elementos fático-jurídicos constitutivos: prestação de trabalho por pessoa física a outrem, com pessoalidade, não eventualidade, onerosidade e sob subordinação. Todos eles, a seu ver, estão fortemente comprovados no caso.

Em relação à pessoalidade, os elementos demonstram que o motorista se inscrevera na Uber mediante cadastro individual, com a apresentação de dados pessoais e bancários, e era submetido a um sistema de avaliação individualizada, a partir das notas atribuídas pela clientela.

A onerosidade, por sua vez, decorre do repasse de 70% a 80% do valor pago pelos passageiros. Essa percentagem elevada se justificaria pelo fato de o motorista ter de arcar com todos os custos do transporte (manutenção do veículo, gasolina, provedor de internet, celular etc.).

No entender do relator, a não eventualidade também ficou comprovada: embora a relação tenha perdurado por menos de dois meses, durante esse período, o serviço foi prestado permanentemente todos os dias, com controle da plataforma sobre o tempo à sua disposição. Finalmente, sobre a subordinação, o ministro considera que o monitoramento tecnológico, ou "subordinação algorítmica", talvez seja superior a outras situações trabalhistas tradicionais.

Divergência

Ficou vencido, no julgamento, o ministro Agra Belmonte, para quem a questão envolve um fenômeno mundial e um novo modelo de relação de trabalho com muitas questões ainda não decididas pela legislação brasileira. O ministro entende que, para decidir pelo reconhecimento do vínculo, seria necessário o reexame de fatos e provas, procedimento vedado pela Súmula 126 do TST.

Com o reconhecimento de vínculo, a Turma determinou o retorno dos autos à 66ª Vara do Trabalho do Rio de Janeiro (RJ), para o prosseguimento da análise dos demais pedidos. Processo: RR-100353-02.2017.5.01.0066.[2]

---

[2] Disponível em: https://www.tst.jus.br/-/3%C2%AA-turma-reconhece-v%C3%Adnculo-de-emprego-entre-motorista-e-uber. Acesso em: 3 mar. 2023.

20/12/22 – A Oitava Turma do Tribunal Superior do Trabalho rejeitou o exame de recurso da Uber do Brasil Tecnologia Ltda. contra decisão que reconheceu o vínculo de emprego de uma motorista do Rio de Janeiro (RJ). Segundo o relator, ministro Agra Belmonte, a relação da motorista com a empresa é de subordinação clássica, pois ela não tem nenhum controle sobre o preço da corrida, o percentual do repasse, a apresentação e a forma da prestação do trabalho. "Até a classificação do veículo utilizado é definida pela empresa, que pode baixar, remunerar, aumentar, parcelar ou não repassar o valor da corrida", ressaltou.

A motorista trabalhou para a Uber entre 2018 e 2019. Segundo ela, sua remuneração mensal era de cerca de R$ 2.300, e seus gastos com combustível e manutenção do automóvel eram de R$ 500. Além do vínculo, ela pediu, na reclamação trabalhista, horas extras, ressarcimento desses valores e indenização por danos extrapatrimoniais.

Subordinação algorítmica

O pedido foi julgado improcedente pelo juízo de primeiro grau. Após a sentença, foi apresentada uma proposta de acordo pelo qual a motorista receberia R$ 9 mil a título de indenização e desistiria do seu recurso ordinário. Mas o Tribunal Regional do Trabalho da 1ª Região não homologou o acordo, por entender que seus termos eram inadequados, e reconheceu o vínculo de emprego.

A decisão levou em conta que a lei, acompanhando a evolução tecnológica, expandiu o conceito de subordinação clássica, a fim de alcançar os meios informatizados de comando, controle e supervisão. "O que a Uber faz é codificar o comportamento dos motoristas, por meio da programação do seu algoritmo, no qual insere suas estratégias de gestão, e essa programação fica armazenada em seu código-fonte", concluiu.

Litigância manipulativa

Ao analisar o agravo pelo qual se pretendia rediscutir a não homologação do acordo, o ministro Agra Belmonte ressaltou que, segundo o TRT, a empresa vem se utilizando de um expediente conhecido como "litigância manipulativa" – o uso estratégico do processo para evitar a formação de jurisprudência sobre um tema (no caso, o vínculo de emprego). Um dos aspectos da prática é a celebração de acordo apenas nos casos em que houver a expectativa de que o órgão julgador vá decidir em sentido contrário ao seu interesse.

Na conclusão do ministro, a finalidade do acordo proposto pela Uber não foi a conciliação em si, como meio alternativo de solução de conflitos, "mas um agir deliberado, para impedir a existência, a formação e a consolidação da jurisprudência reconhecedora de direitos trabalhistas aos seus motoristas". Essa conduta, a seu ver, configura abuso processual de direito.

Uberização

Em relação ao vínculo de emprego, o relator observou que a nova modalidade de prestação de serviços de transporte individual, mediante uma "economia compartilhada", embora tenha inserido uma massa considerável de trabalhadores no mercado, também é caracterizada pela precariedade de condições de trabalho, com jornadas extenuantes, remuneração incerta e submissão direta do próprio motorista aos riscos do trânsito. "Doenças e acidentes do trabalho são capazes de eliminar toda a pontuação obtida na classificação do motorista perante o usuário e perante a distribuição do serviço feita automaticamente pelo algoritmo", exemplificou.

Na avaliação do relator, os princípios da livre iniciativa e da ampla concorrência "não podem se traduzir em salvo-conduto nem em autorização para a sonegação deliberada de direitos trabalhistas".

Controle do meio produtivo

Para Agra Belmonte, a expressão "subordinação algorítmica" apontada pelo TRT é uma "licença poética". "O trabalhador não estabelece relações de trabalho com fórmulas matemáticas ou mecanismos empresariais, e sim com pessoas físicas ou jurídicas detentoras dos meios produtivos", assinala. E, nesse sentido, a CLT (artigo 6º, parágrafo único) estabelece que os meios telemáticos e informatizados de comando, controle e supervisão se equiparam, para fins de subordinação jurídica, aos meios pessoais e diretos.

"A Uber não fabrica tecnologia, e aplicativo não é atividade. É uma transportadora que utiliza veículos de motoristas contratados para realizar o transporte de passageiros", afirmou o relator. "Basta ela deslogar o motorista do sistema para que ele fique excluído do mercado de trabalho. Basta isso para demonstrar quem tem o controle do meio produtivo", concluiu.

A decisão foi por maioria, vencido o ministro Alexandre Ramos, que compunha o quórum da Oitava Turma.

Divergências

A questão do vínculo de emprego entre motoristas e plataformas de aplicativos ainda é objeto de divergência entre as Turmas do TST. A matéria já está sendo examinada pela Subseção I Especializada em Dissídios Individuais (SDI-1), órgão responsável pela uniformização da jurisprudência das Turmas. Dois processos com decisões divergentes começaram a ser examinados em outubro, e o julgamento foi interrompido por pedido de vista, após sugestão do atual vice-presidente do TST, ministro Aloysio Corrêa da

> Veiga, de que o tema seja submetido à sistemática dos recursos repetitivos. Processo: RRAg-100853-94.2019.5.01.0067.[3]

Em sentido diverso:

> Em 14/12/22 a Quarta Turma do Tribunal Superior do Trabalho rejeitou o exame do recurso de um motorista de Camboriú (SC) que pretendia o reconhecimento do vínculo de emprego com a Uber do Brasil Tecnologia Ltda. Para o colegiado, não há subordinação jurídica entre o trabalhador e a empresa provedora do aplicativo.

Reclamação

> Na reclamação trabalhista, o motorista disse que fora admitido em março de 2019, após processo de seleção e inscrição no sistema da Uber. Segundo ele, seu desempenho era avaliado por meio de um sistema de notas (a sua era 4,93), e as notas ruins eram punidas com suspensão do perfil no aplicativo ou bloqueio imediato. No período em que trabalhou para a plataforma, ele disse ter feito mais de duas mil viagens.

> A empresa, em sua defesa, sustentou que a relação jurídica era de natureza civil, e não trabalhista.

Autonomia

> O pedido de reconhecimento do vínculo foi julgado improcedente pelo juízo da 2ª Vara do Trabalho de Balneário Camboriú e pelo Tribunal Regional do Trabalho da 12ª Região. Para o TRT, ficou demonstrada a preponderância da autonomia do motorista, pois a empresa não exercia efetivo poder diretivo sobre ele. A relação, assim, se aproximaria da parceria civil, sem a subordinação típica do emprego.

Transformação

> O ministro Ives Gandra Martins, relator do agravo pelo qual o motorista pretendia rediscutir o caso no TST, observou que as novas formas de trabalho e a incorporação de tecnologias digitais estão provocando profunda transformação no Direito do Trabalho, mas ainda carecem de regulamentação específica. Por isso, é preciso distingui-las dos casos típicos de fraude à relação de emprego.

Requisitos

> No tocante aos requisitos para a caracterização do vínculo, o ministro considera que não há habitualidade, uma vez que cabe ao motorista definir os

---

[3] Disponível em: https://www.tst.jus.br/-/8%C2%AA-turma-mant%C3%A9m-reconhecimento-de-v%-C3%ADnculo-de-motorista-de-uber. Acesso em: 3 mar. 2023.

dias e horários em que vai trabalhar. Ele também não verificou a subordinação jurídica, pois é possível desligar o aplicativo e não há vinculação a metas.

Quanto à remuneração, o relator observou, entre outros aspectos, que os percentuais fixados pela Uber para a cota parte do motorista são superiores ao que o TST vem admitindo como suficientes para caracterizar a relação de parceria. Finalmente, o ministro afastou, também, a alegada subordinação estrutural.

A decisão foi unânime.

Divergências

A questão do vínculo de emprego entre motoristas e plataformas de aplicativos ainda é objeto de divergência entre as Turmas do TST. Em seu voto, o ministro Ives Gandra lembrou que a Quarta, a Quinta e a Oitava Turma já se posicionaram contra o reconhecimento. Por outro lado, há precedente da Terceira Turma no sentido da existência dos elementos caracterizadores da relação de emprego.

A matéria já está sendo examinada pela Subseção I Especializada em Dissídios Individuais (SDI-1), órgão responsável pela uniformização da jurisprudência das Turmas. Dois processos com decisões divergentes começaram a ser examinados em outubro, e o julgamento foi interrompido por pedido de vista, após sugestão do atual vice-presidente do TST, ministro Aloysio Corrêa da Veiga, de que o tema seja submetido à sistemática dos recursos repetitivos. Processo: AIRR-1092-82.2021.5.12.0045.[4]

Recurso de revista. Apelo interposto após a Lei nº 13.105/2014. Reconhecimento de vínculo empregatício. Motorista de carga. Presença dos requisitos da relação de emprego. Artigos 3º e 9º da CLT. Fraude na caracterização de prestação de serviço de transporte. O Tribunal Regional, analisando as provas dos autos, reformou a sentença e declarou a inexistência de fraude na contratação dos serviços de transporte prestados pelo autor. Ocorre que, não obstante o Tribunal Regional tenha concluído pela caracterização da prestação de serviço de transporte pelo autor, consignou no acórdão elementos que demonstram a fraude, em virtude da exigência de pejotização e o preenchimento de todos os requisitos da relação de emprego (pessoa física, pessoalidade, não eventualidade, subordinação e onerosidade). Consta do acórdão regional que: "a reclamada pediu que o reclamante abrisse a sua própria firma" (pessoa física); que o reclamante "não podia recusar o serviço", nem se fazer substituir (pessoalidade); que os serviços eram prestados de

---

[4] Disponível em: https://www.tst.jus.br/-/4%C2%AA-turma-mant%C3%A9m-rejei%C3%A7%C3%A3o--de-v%C3%ADnculo-de-emprego-de-motorista-de-uber. Acesso em: 3 mar. 2023.

forma habitual, de "3 a 5 vezes por semana" (não eventualidade), exclusivamente para a reclamada; que a reclamada "determinava quais cargas o reclamante iria entregar" e "ligava para perguntar quais entregas já tinham sido feitas", que o "reclamante usava uniforme" e "participava das reuniões" (subordinação). Encontra-se consignado ainda que, em relação à onerosidade, o Tribunal Regional descarta o vínculo empregatício pela simples constatação de que os valores percebidos pelo reclamante eram maiores que os pagos aos empregados da empresa. Tal observação não descaracteriza a existência do vínculo, uma vez que como também restou consignado, a reclamada, empresa de laticínios, não possuía motoristas empregados, o que afasta qualquer parâmetro de salário a ser utilizado. Diante da delimitação fática do acórdão regional, especialmente pela exigência para criação de pessoa jurídica pelo reclamante, bem como pela presença de todos os requisitos do vínculo de emprego, não é possível concluir pela inexistência da relação empregatícia por afronta direta aos arts. 3º e 9º da CLT. Recurso de revista conhecido e provido. (TST-RR-11715-20.2015.5.03.0094, 2ª Turma, Rel. Min. Maria Helena Mallmann, julgado em 19.10.2022 – Informativo 263 do TST)

(...) B) Recurso de revista interposto pela reclamada Prudential do Brasil Seguros de Vida S.A. acórdão regional publicado na vigência das Leis n°s 13.015/2014 e 13.467/2017. 1. Franquia. "pejotização". Reconhecimento de vínculo de emprego. Impossibilidade. Tema 725 da tabela de repercussão geral do STF. Efeito vinculante. Amplitude definida pelo STF na RCL 47.843 de forma a abarcar a hipótese de "pejotização". Conhecimento e provimento. I. O Supremo Tribunal Federal reconheceu a repercussão geral em relação ao tema da terceirização, cujo deslinde se deu em 30/08/2018, com o julgamento do RE nº 958.252, no Tema 725 da Tabela de Repercussão Geral do STF, de que resultou a fixação da seguinte tese jurídica: "é lícita a terceirização ou qualquer outra forma de divisão do trabalho entre pessoas jurídicas distintas, independentemente do objeto social das empresas envolvidas, mantida a responsabilidade subsidiária da empresa contratante". Na mesma oportunidade, ao julgar a ADPF nº 324, a Suprema Corte firmou tese de caráter vinculante de que "1. É lícita a terceirização de toda e qualquer atividade, meio ou fim, não se configurando relação de emprego entre a contratante e o empregado da contratada. 2. Na terceirização, compete à contratante: i) verificar a idoneidade e a capacidade econômica da terceirizada; e ii) responder subsidiariamente pelo descumprimento das normas trabalhistas, bem como por obrigações previdenciárias, na forma do art. 31 da Lei 8.212/1993". A partir de então, esse entendimento passou a ser de aplicação obrigatória aos processos judiciais em curso em que se discute a terceirização, impondo-se, inclusive, a leitura e a aplicação da Súmula nº 331 do TST à luz desses precedentes. II. No caso dos autos, o Tribunal de origem decidiu manter o reconhecimento de vínculo de emprego, em razão da existência de "pejotização" relativa aos serviços prestados pela Reclamante. III. Acresce que, em relação ao Tema 725 da Tabela da Repercussão Geral, importa observar que, em recente julgado, o Supremo Tribunal Federal decidiu pela licitude da terceirização por "pejotização", ante a inexistência de irregularidade na contratação de pessoa jurídica formada por profissionais liberais (Rcl 47.843 AgR, Relator(a): Cármen Lúcia, Relator(a) p/ Acórdão: Alexandre de Moraes, Primeira Turma, julgado em 08.02.2022, DJe 07.04.2022). IV. Desse modo, não há mais falar em reconhecimento de vínculo de emprego em razão da existência de terceirização por "pejotização". V. Recurso de revista de que se conhece e a que se dá provimento. (...). (TST-RR-1976-42.2015.5.02.0032, 4ª Turma, Rel. Min. Alexandre Luiz Ramos, julgado em 02.08.2022 – Informativo 258 do TST)

O Tribunal Regional do Trabalho decidiu mediante os seguintes fundamentos: (...) Para ser reconhecido o pretenso liame empregatício hão de estar presentes todos os requisitos descritos na legislação trabalhista, quais sejam: prestação de serviços, não eventualidade, subordinação jurídica e pagamento de salário, sendo certo que a ausência de apenas um deles implica na declaração de sua inexistência. No caso dos autos, a despeito de caracterizada a pessoalidade e a não eventualidade no exercício da atividade de pastor pelo recorrente, verifica-se que não se encontram presentes os demais requisitos configuradores da relação empregatícia. Isso porque o fato de o autor receber determinada importância mensal não implica o reconhecimento de que havia uma contraprestação pelos serviços, mas sim uma forma de prover o seu sustento e dar condições de bem exercer a missão que lhe foi confiada, de modo que não caracterizada a onerosidade. Veja-se que a Lei n. 8.212/1991, no seu art. 22, §§ 13 e 14, II, expressamente estabelece *verbis*: "§ 13. Não se considera como remuneração direta ou indireta, para os efeitos desta Lei, os valores despendidos pelas entidades religiosas e instituições de ensino vocacional com ministro de confissão religiosa, membros de instituto de vida consagrada, de congregação ou de ordem religiosa em face do seu mister religioso ou para sua subsistência desde que fornecidos em condições que independam da natureza e da quantidade do trabalho executado. § 14. Para efeito de interpretação do § 13 deste artigo: (...) II – os valores despendidos, ainda que pagos de forma e montante diferenciados, em pecúnia ou a título de ajuda de custo de moradia, transporte, formação educacional, vinculados exclusivamente à atividade religiosa não configuram remuneração direta ou indireta." (g.n.) Por outro lado, a subordinação jurídica presente na vinculação empregatícia também não ficou caracterizada, haja vista que o simples fato de o autor se submeter às regras da instituição religiosa não enseja tal reconhecimento. Ora, é sabido que para o bom funcionamento de qualquer instituição, mister se faz a observância da sua estrutura organizacional. Assim, a subordinação, no caso, é de índole eclesiástica, com o objetivo de se manter a ordem e os princípios da instituição religiosa, e não empregatícia. A pretensão foi analisada de forma minudente pelo juízo singular, motivo por que peço vênia para transcrever seus fundamentos como razões de decidir, *verbis*: "De frequentador – que obteve cura de doença – a pastor de igreja. Desempenho de atividades eclesiásticas. Relação de emprego não evidenciada: a ligação do reclamante com a Igreja Pentecostal Deus é Amor foi movida por atos de fé e vocação religiosa, e não de contrato de emprego. Após receber cura de uma doença (epilepsia), converteu-se cristão, depois se tornou pastor, desempenhou atividades eclesiásticas por vários anos, desligou-se e passou a ser pastor de outra igreja. Esta conclusão é extraída do depoimento pessoal do reclamante, onde se lê: (...) 'aceitei Jesus lá', respondeu ao ser inquirido quando começou a frequentar a entidade reclamada; (...) iniciou como frequentador da entidade reclamada em 1994; o depoente iniciou frequentando a entidade reclamada como 'membro' em 1994; em 1995 o depoente passou a ser Pastor da entidade reclamada; (...) inquirido quanto ao porque deixou de ser pastor da entidade reclamada, respondeu que resolveu acompanhar seu filho e pastor [passou] a pertencer a igreja Batista Unidas, de Paranaíba; 'eu assumi lá', respondeu ao ser inquirido se tornou pastor da igreja Batista Unidas; (...) o depoente se converteu como cristão junto a entidade reclamada no dia 10/01/1994; o depoente recebeu cura da epilepsia, por isso se converteu como cristão da igreja reclamada; (...) o depoente se destacou entre os frequentadores da entidade reclamada e por isso foi escolhido e se tornou pastor; (Trechos do depoimento pessoal do reclamante, em destaque, coletados da ata de audiência de instrução processual). O que se constata é a iniciação do reclamante como frequentador, que se converteu como cristão junto à entidade reclamada em 10 de janeiro de 1994, tornando-se pastor no ano seguinte, por ter se destacado entre os demais frequentadores, como consta do informe prestado por ele. Portanto, a afirmada contratação como pastor empregado, em 2009, é inconsistente; a iniciação religiosa do reclamante, como frequentador e a ascensão à pastor, ocorreu 15 (quinze) anos antes, em 1994/1995 (cf. depoimento pessoal x Ficha de Cadastro de Obreiro, às fls 153/154, dos autos, arquivo em PDF). O desempenho de serviços de limpeza da igreja, lavação de banheiros e recolhimento de lixo, foi desmerecido pelo reclamante, pois suas atividades foram exclusivamente voltadas à 'parte religiosa' (sic), senão vejamos: (...) o depoente não lidava com recursos financeiros da entidade reclamada; o depoente só fazia a parte religiosa; o depoente fazia casamentos, batismo de fiéis, cultos e programa de rádio; nesses programas de rádio o depoente anunciava os cultos e os horários, campanhas, lia versículos da bíblia e também nessa programação haviam testemunhos das pessoas que foram curadas no culto de doenças como câncer, e outros tipos de doenças... (cf. depoimento pessoal, em destaque). Além destas atividades, conforme destacado na petição inicial e confirmado em defesa, o reclamante: 'realizava visita aos membros da igreja, fazia reuniões com grupos de orações, dava orientação aos fiéis, fazia reuniões com casais, atendia aos fiéis que o procuravam para pedir orações, conselhos e desabafos sobre problemas particulares (...) auxiliava na organização de eventos festivos (...) e outras tarefas pertinentes. Embora tenha negado em depoimento pessoal, consta da petição inicial que o reclamante participava, também, da entrega de cestas básicas; isso consubstancia, sob a análise ora feita, envolvimento em atividade assistencial caritativa da instituição que integrava (cf. petição inicial, às fls. 7, arquivo em PDF). Por conseguinte, a ligação que o reclamante estabeleceu com a entidade reclamada e a desvinculação, após mais de 20 (vinte) anos, tem conexão estreita com a vocação religiosa e prestação de serviços de natureza eclesiástica. A prestação de serviços de natureza eclesiástica, tal qual delineada, é incompatível com a relação de emprego. Inobstante a pessoalidade e a continuidade, assim como a essencialidade e ao atendimento da necessidade permanente da igreja, o recebimento de importância mensal (fato incontroverso), não configura salário, pois destinava-se ao custeio de despesas próprias e da família do religioso (art. 22, § 13, da Lei n. 8.212/91). A subordinação estabelecida, a exemplo de seguir o padrão da estrutura hierárquica e eclesiástica da igreja, observar diretrizes constantes de um receituário prévio e temporal, sob a forma de 'Boletim Informativo Trimestral para Membros e Obreiros', participação obrigatória em campanhas e seguir as determinações da sede central, não se confunde com a subordinação jurídica presente na relação de emprego (enunciado construído com base no depoimento pessoal do preposto e da testemunha do reclamante). Em toda e qualquer organização religiosa, seja ela qual for, há normas de conduta a serem observadas, que se estabelecem através de inegável hierarquia interna e de natureza eclesiástica, em relação a regras de conduta e compromissos sacerdotais, incluída a disponibilidade para a evangelização, para atender ao trabalho religioso. Apesar da símile com a relação de emprego, observadas as circunstâncias evidenciadas no caso concreto, a ligação estabelecida entre as partes é de prestação de serviços de natureza eclesiástica, focada na vocação religiosa, sem a conotação material capaz de ser encaixada nos arts. 2º e 3º, ambos da CLT. Embora a prova testemunhal possa sugerir que a atividade religiosa era mercantilista, com propósito de arrecadação de dinheiro dos fiéis, o depoimento pessoal do reclamante exprime a sua religiosidade vinculada à igreja como pastor evangélico que continua a ser, agora pertencente à outra ramificação. É certo que vem ocorrendo, paulatinamente, mudança de entendimento jurisprudencial em torno do tema, em face da multiplicação de igrejas em milhares e da atividade mercantilista da fé, conforme foi constatado pelo juiz que ora profere esta decisão, ao estudar o tema, mas no caso vertente a prova reunida não credencia ao reconhecimento da relação de emprego. Quanto à multiplicação de igrejas, aos milhares, país afora, arregimento de fiéis, mercantilismo da fé e preconceito em torno da relação de emprego entre o religioso e a entidade que congrega, é interessante o viés constatado da excelente palestra proferida por Ricardo Pereira de Freitas Guimarães, no dia 19 de maio de 2014, em seminário na Associação dos Advogados de São Paulo, encontrada em https://www.conjur.com.br/2014-jun-02/leia-palestra-ricardo-gu imaraes-religiaodireito-trabalhista e os seguintes julgados: (TST-RR – 1007-13.2011.5.09.0892, Relator Ministro: Alexandre de Souza Agra Belmonte, Data de Julgamento: 03.12.2014, 3ª Turma, Data de Publicação: DEJT 05/12/2014; ainda: TST-AIRR – 1265-57.2016.5.12.0021, Relator Ministro: Douglas Alencar Rodrigues, Data de Julgamento: 27/09/2017, 5ª Turma, Data de Publicação: DEJT 06.10.2017). Destarte, pelos fundamentos jurídicos antecedentes ao penúltimo parágrafo, a pretendida relação de emprego é afastada, restando prejudicados os efeitos econômicos decorrentes, pautados pelos pedidos arrolados na petição inicial." (ID 5eaa176 – Pág. 2-5). Destarte, o que se depreende dos autos é que a relação mantida entre as partes decorria da convicção religiosa e tinha por fim propagar a fé e a espiritualidade entre os fiéis. Portanto, de caráter eminentemente eclesiástico e não empregatício. Corroborando esta linha de raciocínio cito artigo publicado no site Migalhas em 10.05.2018, *verbis*: "Enfatizamos que a atuação do obreiro é fruto de vocação divina, sacerdócio espiritual, e chamada pessoalíssima, para o exercício eclesiástico junto à comunidade de fé, em atendimento a um propósito divino, sendo com Deus o comprometimento espiritual do pastor, ou com a divindade orientadora da religião professada, por consequência não estando sujeito a legislação trabalhista, no que tange à sua opção pessoal pelo exercício de uma vida consagrada a religião (...) tendo cada grupo religioso seu próprio regramento para o exercício ministerial. O ministro de confissão religiosa é descrito, como outras ocupações também são definidas, no sentido tão somente metodológico e não legal pelo Ministério do Trabalho e Emprego, como aquele que realiza cultos e ritos, liturgias, celebrações, orienta comunidades eclesiásticas, ensina os fiéis dentro dos preceitos religiosos, divulga a doutrina de sua vertente confessional etc., por isso, a atividade religiosa não pode ser objeto de contrato de prestação de serviços, na perspectiva de que seu objetivo fundamental é a propagação da fé, assistência espiritual e realizado em função do compromisso de fé do obreiro junto a igreja e a crença adotada pelos fiéis. Desta forma, não existe lei específica para o exercício da atividade religiosa, assim, as normas do exercício pastoral, contendo pré-requisitos, condições pessoais, regramentos alusivos aos dogmas, inclusive de fidelidade doutrinária, podem estar inseridas no Estatuto Associativo, Convenção de Obreiros etc. Relembramos, por oportuno, a iniciativa que há alguns anos atrás, quando surgiu em São Paulo um Sindicato dos Pastores e Ministros Evangélicos, inclusive conseguindo o registro junto ao Ministério do Trabalho e Emprego, que logo após sua divulgação teve seu Registro Sindical cancelado, o qual tinha como objetivo fixar piso salarial e direitos em Convenções Coletivas de Trabalho com as Igrejas, tendo sido rechaçado pela Comunidade Religiosa Cristã, sobretudo por diversos líderes espirituais de praticamente todas as denominações evangélicas no país. Assim, não há que falar em vínculo empregatício, até porque ausentes os requisitos legais, na relação entre um Líder Espiritual e a Instituição de Fé, eis que trabalho religioso, seja ele pastor, babalorixá, padre, diácono, presbítero, médium, evangelista, cardeal, monja, arcebispo, missionário, ialorixá, bispo, apóstolo, rabino, sacerdotisa, sheik etc., não pode ser caracterizado como vínculo trabalhista, à luz da legislação trabalhista brasileira, na medida em que sua atividade é fruto do exercício de sua fé na divindade, não podendo ser remunerado, como um trabalhador comum, pois este recebe uma contraprestação pelo serviço prestado." (in Migalhas – Migalhas de Peso, "A relação trabalhista entre os pastores, igrejas e o TST" – Gilberto Garcia, advogado e presidente da Comissão de Direito e Liberdade Religiosa do IAB – Instituto dos Advogados Brasileiros). Ademais, deve ser consignado que para configurar uma relação de emprego, também é necessária a existência de *animus contrahendi*, ou seja, da vontade das partes em estabelecer a vinculação sob a modalidade empregatícia e, neste aspecto, não ficou caracterizada a intenção das partes em ajustarem um contrato de trabalho. Registre-se, por fim, não ter ficado configurada a hipótese de desvirtuamento da atuação eclesiástica da recorrida, como ocorre em algumas instituições religiosas que passam a atuar como verdadeiras organizações empresariais. Veja-se que o próprio autor admitiu em depoimento que "... não lidava com recursos financeiros da entidade reclamada; o depoente só fazia a parte religiosa" (ID 7f0e71f – Pág. 1). Destarte, escorreita a sentença que afastou a pretensão obreira de reconhecimento do vínculo empregatício, ficando prejudicada a análise dos demais pedidos contidos no recurso. Nego provimento ao recurso. (...). (fls. 364/368 – destaquei). [Cuida-se de acordão retirado do Processo TST AIRR-25590-10.2016.5.24.0071, em que o TST não analisou o tema do vínculo, pois entendeu que fere a Súmula 126 do TST, tendo que reanalisar provas. Contudo, o acordão do regional serve para estudo nos casos de vínculo de pastor com igreja. Publicado em 4 de novembro de 2020].

Lei 11.442/2007 (Lei do TAC): Art. 5º As relações decorrentes do contrato de transporte de cargas de que trata o art. 4º desta Lei são sempre de natureza comercial, não ensejando, em nenhuma hipótese, a caracterização de vínculo de emprego. § 1º Compete à Justiça Comum o julgamento de ações oriundas dos contratos de transporte de cargas. Art. 18. Prescreve em 1 (um) ano a pretensão à reparação pelos danos relativos aos contratos de transporte, iniciando-se a contagem do prazo a partir do conhecimento do dano pela parte interessada. – ADC 48 ajuizada em 19/08/2017, pela Confederação Nacional do Transporte – 12/2017 – O Supremo Tribunal Federal, por seu Tribunal Pleno, em Sessão Virtual, na conformidade da ata de julgamento, por maioria de votos, em julgar procedente o pedido formulado na ação declaratória de constitucionalidade, a fim de reconhecer a constitucionalidade da Lei nº 11.442/2007 e firmou a seguinte tese: "1 – A Lei nº 11.442/2007 é constitucional, uma vez que a Constituição não veda a terceirização, de atividade-meio ou fim. 2 – O prazo prescricional estabelecido no art. 18 da Lei nº 11.442/2007 é válido porque não se trata de créditos resultantes de relação de trabalho, mas de relação comercial, não incidindo na hipótese o art. 7º, XXIX, CF. 3 – Uma vez preenchidos os requisitos dispostos na Lei nº 11.442/2007, estará configurada a relação comercial de natureza civil e afastada a configuração de vínculo trabalhista", nos termos do voto do Relator, vencidos os Ministros Edson Fachin, Ricardo Lewandowski e Rosa Weber. Não participou deste julgamento, por motivo de licença médica no início da sessão, o Ministro Celso de Mello (art. 2º, § 5º, da Res. 642/2019). Assim, determinou a suspensão nacional de "todos os feitos que envolvam a aplicação dos artigos 1º, *caput*, 2º, §§ 1º e 2º, 4º, §§ 1º e 2º, e 5º, *caput*, da Lei 11.442/2007. Como assinalado pelo Supremo Tribunal Federal, no julgamento da Ação Declaratória de Constitucionalidade n. 48, a apreciação sobre o preenchimento dos requisitos previstos na Lei do Transporte Rodoviário de Cargas por terceiros (Lei n. 11.442/2007) precede a verificação dos elementos caracterizadores da relação empregatícia. Como afirmado pelo Ministro Relator em seu voto, entendimento contrário conduziria ao esvaziamento da norma reconhecida constitucional. Assim, a controvérsia sobre o preenchimento, ou não, desses requisitos há de ser submetida primeiramente ao exame da Justiça comum e, verificada a fraude, a competência seria da justiça do trabalho. A revogação do parágrafo único do art. 5º da Lei n. 11.442/2007, pelo qual se fixava, de forma expressa, a competência da Justiça comum para apreciação da matéria, não altera esse quadro, pois o reconhecimento de sua competência decorre da interpretação sistemática da Lei n. 11.442/2007. 7. Na espécie vertente, ao afirmar a competência da Justiça do Trabalho para julgar ação na qual se discute a existência de vínculo empregatício da sociedade empresária com transportador autônomo de cargas, a autoridade reclamada negou aplicação à lei e descumpriu o decidido no julgamento da Ação Declaratória de Constitucionalidade n. 48."[5]

---

[5] Disponível em: https://www.stf.jus.br/arquivo/informativo/documento/informativo950.htm. Acesso em: 3 mar. 2023.

3 – QUESTÃO DE SEGUNDA FASE ACERCA DO TEMA

Joana da Silva é contratada para trabalhar como enfermeira no Hospital de Campanha do Município de Tangamandápio, e para tanto assinou contrato de sociedade em cota de participação com Armando das Dores. Joana tinha escala de trabalho fixa, horários preestabelecidos, tarefas específicas a cumprir e não tinha qualquer ingerência sobre tratamento ou cuidado dos pacientes, pois tudo era passado pelo médico. Além disso, recebia pagamento diretamente de Armando e não havia possibilidade de indicar outra enfermeira para trabalhar em seu lugar. O trabalho de Joana se deu por três anos até quando o hospital foi desmontado. Analise o caso concreto e a viabilidade de ação requerendo declaração de vínculo de emprego com Armando.

- **ASPECTOS IMPORTANTES PARA A RESPOSTA**

O vínculo de emprego tem como requisitos cumulativos o trabalho por pessoa física, a pessoalidade, a onerosidade, a subordinação e a não eventualidade, na forma do art. 3º da CLT. Assim, preenchidos os requisitos o trabalhador tem direito ao reconhecimento da relação empregatícia e à assinatura da CTPS com o pagamento de todas as parcelas asseguradas por lei.

No caso em comento percebe-se a presença de todos esses requisitos, pois Joana não podia indicar pessoa para trabalhar em seu lugar, o que denota a pessoalidade; é pessoa natural, o que indica o trabalho por pessoa física; tem escala fixa com horários preestabelecidos, sem autonomia para o trabalho, pois sofria ingerência direta de Armando, demonstrando a subordinação; tinha escala fixa de comparecimento e recebia pagamentos de Armando, o que ressalta a presença de não eventualidade e onerosidade.

O fato de ter firmado contrato de sociedade em cota de participação claramente decorreu de fraude para tentar mascarar a relação de emprego existente entre as partes. Assim, com base no princípio da primazia da realidade e com fundamento no art. 9º da CLT, há que se declarar a fraude e nulidade do referido contrato de sociedade e, por estarem presentes todos os requisitos do art. 3º da CLT, declarar a existência de vínculo de emprego entre as partes no período em que Joana trabalhou, bem como condenar Armando ao pagamento de todas as verbas trabalhistas do período.

CAPÍTULO

5

ESPÉCIES DE EMPREGADOS

1 – EMPREGADO DE CONFIANÇA

O empregado de confiança é aquele que se confunde com o próprio empregador, pois suas decisões podem colocar em risco a atividade empresarial.

Em razão de tal fato a CLT excepciona certos direitos trabalhistas de tais empregados, tal como o limite de jornada. Assim, o empregado de confiança não estaria sujeito ao controle de jornada e nem ao limite de 8 horas por dia (art. 62, II, da CLT), e a ele não se aplica intervalos intrajornada e interjornada, bem como o direito ao adicional. Esses empregados estão excluídos do capítulo de duração do trabalho da CLT.

É importante lembrar que não basta que o empregado de confiança tenha tais poderes (previstos no inciso II do art. 62 da CLT), deve também ter uma remuneração superior correspondente às suas responsabilidades (com previsão no parágrafo único do art. 62 da CLT).

O empregado de confiança não se confunde com o bancário que exerce cargo de confiança. O empregado de confiança de fato representa o empregador, toma decisões em nome da empresa, é um típico gestor do empreendimento. Na atividade bancária isso seria direcionado apenas aos gerentes gerais de agência.

O gerente bancário de hierarquia inferior ao gerente geral possui cargo de confiança, mas não detém todos os poderes de representação. Para enquadramento como confiança bancária, mas subordinada ao gerente geral, deve possuir alguns poderes de gestão e receber gratificação não inferior a 1/3 do salário. Desta forma, estará submetido a jornada de 8 horas (e não a de 6 horas), conforme dispõe o art. 224, § 2º, da CLT.

2 – EMPREGADO HIPERSUFICIENTE

A reforma trabalhista (Lei 13.467/2017) trouxe no art. 444, parágrafo único, da CLT, a figura do "trabalhador hipersuficiente", que pode negociar individualmente com o empregador matérias que, em geral, só podem ser pactuadas por meio de negociação coletiva.

Nesse contexto, o empregado que se enquadra como hipersuficiente poderá negociar suas condições de trabalho diretamente com o empregador, afastando inclusive normas coletivas definidas em acordos ou convenções coletivas.

Em havendo uma presunção legal de que este trabalhador tem capacidade e entendimento maiores que os demais, a ele seria conferido um menor grau de proteção.

Considera-se hipersuficiente, na literalidade da lei, o empregado que tem diploma de nível superior e com salário superior ou igual a duas vezes o limite máximo dos benefícios do Regime Geral de Previdência Social (requisitos cumulativos).

O tema ainda é controvertido, principalmente se realmente os requisitos são cumulativos.

> "Art. 444 (...) Parágrafo único. A livre estipulação a que se refere o *caput* deste artigo aplica-se às hipóteses previstas no art. 611-A desta Consolidação, com a mesma eficácia legal e preponderância sobre os instrumentos coletivos, no caso de empregado portador de diploma de nível superior e que perceba salário mensal igual ou superior a duas vezes o limite máximo dos benefícios do Regime Geral de Previdência Social."

3 – EMPREGADO DOMÉSTICO – PRINCIPAIS CARACTERÍSTICAS

O trabalho doméstico é um dos mais comuns no nosso dia a dia, e considerado uma das piores formas de trabalho no mundo, uma vez que prestado em âmbito residencial, praticamente sem fiscalização dos direitos e, por muitas vezes, com exploração dos trabalhadores.

Ocorre que, inicialmente, a categoria doméstica não recebeu qualquer proteção da ordem jurídica, tanto que estava explicitamente excluída das regras protetivas da CLT, na forma de seu art. 7º, alínea *a*.

A partir de 1972 a relação empregatícia doméstica passou a ser regida pela Lei 5.859/1972 com parcos direitos concedidos aos trabalhadores, como férias de 20 dias úteis, e previsão de apresentação de atestado de boa saúde e boa conduta para que fosse admitido.

Em 1987, o Decreto regulamentador da lei do vale-transporte (Decreto 95.247/1987) estendeu explicitamente tal direito aos trabalhadores domésticos. Em 1988, com o advento da CF/1988, tivemos a extensão de mais alguns direitos estabelecidos no art. 7º, mas apenas dos incisos descritos no parágrafo único do referido artigo.

Assim, a trabalhadora doméstica não tinha garantia de emprego quando estivesse gestante, bem como o trabalhador doméstico em geral não tinha sequer direito à inclusão no sistema do FGTS e ao recebimento do seguro-desemprego, ou mesmo fixação de jornada de trabalho. Depois, mais precisamente em 2001 (Lei 10.208/2001), tivemos a extensão do FGTS de forma facultativa, ou seja, competia ao empregador a decisão de recolher esse benefício ao empregado (e somente nesse caso o empregado doméstico teria direito a receber o seguro-desemprego em caso de desemprego involuntário). Em 2006, por meio da Lei 11.324/2006, a empregada doméstica passou a ter a garantia de emprego no período de gestação, as férias passaram a ser de 30 dias corridos (para períodos aquisitivos iniciados após a publicação), foi estabelecida a extensão de descanso remunerado em feriados e ficou prevista impossibilidade de desconto pelo fornecimento de alimentação, vestuário, higiene e moradia.

Em 2013 tivemos a EC 72 e mais direitos foram concedidos, tais como: duração do trabalho, seguro contra acidentes do trabalho a cargo do empregador, sem exclusão de eventual indenização, negociação coletiva etc.

No entanto, ainda pairavam dúvidas quanto a outros direitos serem ou não devidos a essa categoria, até que em 2015 tivemos a edição da LC 150/2015, que dispõe de forma completa sobre o trabalho doméstico, trazendo os direitos e deveres a serem observados nessa relação empregatícia.

A seguir veremos os principais aspectos da LC 150/2015.

Caracterização do trabalhador doméstico

LC 150/2015, art. 1º: "Ao empregado doméstico, assim considerado aquele que presta serviços de forma contínua, subordinada, onerosa e pessoal e de finalidade não lucrativa à pessoa ou à família, no âmbito residencial destas, por mais de 2 (dois) dias por semana, aplica-se o disposto nesta Lei.

Parágrafo único. É vedada a contratação de menor de 18 (dezoito) anos para desempenho de trabalho doméstico, de acordo com a Convenção nº 182, de 1999, da Organização Internacional do Trabalho (OIT) e com o Decreto nº 6.481, de 12 de junho de 2008."

Requisitos necessários para caracterização do empregado doméstico

1) Elementos fático-jurídicos genéricos

a) **Trabalho por pessoa física** – "aquele que presta serviços".

Art. 1º, parágrafo único: vedação quanto à contratação de menores de 18 anos como empregado doméstico – em virtude da aprovação da lista TIP (Lista das Piores Formas de Trabalho Infantil), que entrou em vigor em 2008, e em cumprimento à Convenção 182 da OIT (Proibição das Piores Formas de Trabalho Infantil e a Ação Imediata para sua Eliminação).

Vejamos o item 76 da Lista TIP[1]:

Item	Descrição dos Trabalhos	Prováveis Riscos Ocupacionais	Prováveis Repercussões à Saúde
76	Domésticos	Esforços físicos intensos; isolamento; abuso físico, psicológico e sexual; longas jornadas de trabalho; trabalho noturno; calor; exposição ao fogo, posições antiergonômicas e movimentos repetitivos; tracionamento da coluna vertebral; sobrecarga muscular e queda de nível	Afecções musculoesqueléticas (bursites, tendinites, dorsalgias, sinovites, tenossinovites); contusões; fraturas; ferimentos; queimaduras; ansiedade; alterações na vida familiar; transtornos do ciclo vigília-sono; DORT/LER; deformidades da coluna vertebral (lombalgias, lombociatalgias, escolioses, cifoses, lordoses); síndrome do esgotamento profissional e neurose profissional; traumatismos; tonturas e fobias

---

[1] Disponível em: http://www.planalto.gov.br/ccivil_03/_ato2007-2010/2008/decreto/d6481.htm. Acesso em: 3 mar. 2023.

b) **Pessoalidade** – contrato de trabalho com natureza *intuito personae* com relação à figura do empregado.

c) **Onerosidade** – com as vertentes objetiva e subjetiva.

d) **Subordinação** – derivada do poder diretivo do empregador.

2) **Elementos fático-jurídicos especiais**

Esses elementos são específicos da relação empregatícia doméstica e merecem destaque na nossa análise.

a) **Continuidade** (em contraponto à não eventualidade prevista na CLT – a legislação utilizou expressões diferentes objetivando interpretações diferentes).

Teoria da descontinuidade – "por mais de 2 (dois) dias por semana"

b) **"Finalidade não lucrativa"** – o objetivo do trabalho deve ser exclusivamente de interesse pessoal da pessoa ou família tomadora dos serviços, não podendo ter resultados comerciais ou industriais.

c) **"à pessoa ou à família"** – os serviços do trabalhador doméstico devem ter como tomador a pessoa ou família, o que por si só afasta a possibilidade de pessoa jurídica ser empregador doméstico.

Assim, empregador doméstico apenas pode ser pessoa física.

O conceito acima se encaixa em famílias e também para pessoas sem laço de consanguinidade, desde que residam juntas como se família fossem.

Tal requisito acaba afastando a ideia de despersonalização do empregador. Em regra, a morte do empregador pessoa física extingue automaticamente o contrato. No entanto, na ideia de entidade familiar como empregador, mesmo que aquele que assina a CTPS do trabalhador venha a falecer, o contrato se mantém com os demais membros da família.

d) **"âmbito residencial destas"** – tal requisito diz respeito ao "local" da prestação de serviços do trabalhador doméstico, e leva em consideração a noção de os serviços ocorrerem não apenas na moradia do empregador, mas também em outras unidades consideradas extensão da residência do empregador:

"... o espaço de trabalho se refira ao interesse pessoal ou familiar, apresentando-se aos sujeitos da relação de emprego em função da dinâmica estritamente pessoal ou familiar do empregador".[2]

Direitos controvertidos até a LC 150/2015

a) Férias

Na vigência da Lei 5.859/1972 o prazo era de 20 dias úteis.

A partir da Lei 11.324/2006 passamos à aplicação da regra geral de 30 dias corridos, o que restou consolidado com a LC 150/2015.

b) Licença-paternidade e licença-gestante

c) Garantia provisória de emprego à gestante

Extensão à empregada doméstica do ADCT, art. 10, II, alínea *b*?

Questão solucionada com a Lei 11.324/2006, que incluiu o art. 4º-A na Lei 5.859/1972.

d) Aviso-prévio proporcional

Observa-se que a Lei 12.506/2011, que regulamentou a proporcionalidade do aviso-prévio, possui efeitos imediatos para situações posteriores a 13 de outubro de 2011 e para aquelas em andamento. Assim, apenas não haverá aplicação da proporcionalidade do aviso-prévio para contratos já encerrados antes do início da vigência da lei ora mencionada.

Direitos regulamentados pela LC 150/2015

- **Jornada de Trabalho / Compensação de Jornada / Intervalos**

"Art. 2º A duração normal do trabalho doméstico não excederá 8 (oito) horas diárias e 44 (quarenta e quatro) semanais, observado o disposto nesta Lei.

§ 1º A remuneração da hora extraordinária será, no mínimo, 50% (cinquenta por cento) superior ao valor da hora normal.

(...)

§ 4º Poderá ser dispensado o acréscimo de salário e instituído regime de compensação de horas, mediante acordo escrito entre empregador e empregado, se o excesso de horas de um dia for compensado em outro dia.

---

[2] DELGADO, Mauricio Godinho. *Curso de Direito do Trabalho*. 19. ed., p. 460.

§ 5º No regime de compensação previsto no § 4º:

I – será devido o pagamento, como horas extraordinárias, na forma do § 1º, das primeiras 40 (quarenta) horas mensais excedentes ao horário normal de trabalho;

II – das 40 (quarenta) horas referidas no inciso I, poderão ser deduzidas, sem o correspondente pagamento, as horas não trabalhadas, em função de redução do horário normal de trabalho ou de dia útil não trabalhado, durante o mês;

III – o saldo de horas que excederem as 40 (quarenta) primeiras horas mensais de que trata o inciso I, com a dedução prevista no inciso II, quando for o caso, será compensado no período máximo de 1 (um) ano.

§ 6º Na hipótese de rescisão do contrato de trabalho sem que tenha havido a compensação integral da jornada extraordinária, na forma do § 5º, o empregado fará jus ao pagamento das horas extras não compensadas, calculadas sobre o valor da remuneração na data de rescisão.

§ 7º Os intervalos previstos nesta Lei, o tempo de repouso, as horas não trabalhadas, os feriados e os domingos livres em que o empregado que mora no local de trabalho nele permaneça não serão computados como horário de trabalho.

(...)

Art. 10. É facultado às partes, mediante acordo escrito entre essas, estabelecer horário de trabalho de 12 (doze) horas seguidas por 36 (trinta e seis) horas ininterruptas de descanso, observados ou indenizados os intervalos para repouso e alimentação.

§ 1º A remuneração mensal pactuada pelo horário previsto no *caput* deste artigo abrange os pagamentos devidos pelo descanso semanal remunerado e pelo descanso em feriados, e serão considerados compensados os feriados e as prorrogações de trabalho noturno, quando houver, de que tratam o art. 70 e o § 5º do art. 73 da Consolidação das Leis do Trabalho (CLT), aprovada pelo Decreto-Lei nº 5.452, de 1º de maio de 1943, e o art. 9º da Lei nº 605, de 5 de janeiro de 1949.

Art. 11. Em relação ao empregado responsável por acompanhar o empregador prestando serviços em viagem, serão consideradas apenas as horas efetivamente trabalhadas no período, podendo ser compensadas as horas extraordinárias em outro dia, observado o art. 2º.

§ 1º O acompanhamento do empregador pelo empregado em viagem será condicionado à prévia existência de acordo escrito entre as partes.

§ 2° A remuneração-hora do serviço em viagem será, no mínimo, 25% (vinte e cinco por cento) superior ao valor do salário-hora normal.

§ 3° O disposto no § 2° deste artigo poderá ser, mediante acordo, convertido em acréscimo no banco de horas, a ser utilizado a critério do empregado.

Art. 12. É obrigatório o registro do horário de trabalho do empregado doméstico por qualquer meio manual, mecânico ou eletrônico, desde que idôneo.

Art. 13. É obrigatória a concessão de intervalo para repouso ou alimentação pelo período de, no mínimo, 1 (uma) hora e, no máximo, 2 (duas) horas, admitindo-se, mediante prévio acordo escrito entre empregador e empregado, sua redução a 30 (trinta) minutos.

§ 1° Caso o empregado resida no local de trabalho, o período de intervalo poderá ser desmembrado em 2 (dois) períodos, desde que cada um deles tenha, no mínimo, 1 (uma) hora, até o limite de 4 (quatro) horas ao dia.

§ 2° Em caso de modificação do intervalo, na forma do § 1°, é obrigatória a sua anotação no registro diário de horário, vedada sua prenotação.

Art. 14. Considera-se noturno, para os efeitos desta Lei, o trabalho executado entre as 22 horas de um dia e as 5 horas do dia seguinte.

§ 1° A hora de trabalho noturno terá duração de 52 (cinquenta e dois) minutos e 30 (trinta) segundos.

§ 2° A remuneração do trabalho noturno deve ter acréscimo de, no mínimo, 20% (vinte por cento) sobre o valor da hora diurna.

§ 3° Em caso de contratação, pelo empregador, de empregado exclusivamente para desempenhar trabalho noturno, o acréscimo será calculado sobre o salário anotado na Carteira de Trabalho e Previdência Social.

§ 4° Nos horários mistos, assim entendidos os que abrangem períodos diurnos e noturnos, aplica-se às horas de trabalho noturno o disposto neste artigo e seus parágrafos."

- **Férias**

"Art. 17. O empregado doméstico terá direito a férias anuais remuneradas de 30 (trinta) dias, salvo o disposto no § 3° do art. 3°, com acréscimo de, pelo menos, um terço do salário normal, após cada período de 12 (doze) meses de trabalho prestado à mesma pessoa ou família.

§ 1º Na cessação do contrato de trabalho, o empregado, desde que não tenha sido demitido por justa causa, terá direito à remuneração relativa ao período incompleto de férias, na proporção de um doze avos por mês de serviço ou fração superior a 14 (quatorze) dias.

§ 2º O período de férias poderá, a critério do empregador, ser fracionado em até 2 (dois) períodos, sendo 1 (um) deles de, no mínimo, 14 (quatorze) dias corridos.

§ 3º É facultado ao empregado doméstico converter um terço do período de férias a que tiver direito em abono pecuniário, no valor da remuneração que lhe seria devida nos dias correspondentes.

§ 4º O abono de férias deverá ser requerido até 30 (trinta) dias antes do término do período aquisitivo.

§ 5º É lícito ao empregado que reside no local de trabalho nele permanecer durante as férias.

§ 6º As férias serão concedidas pelo empregador nos 12 (doze) meses subsequentes à data em que o empregado tiver adquirido o direito."

• Trabalho a tempo parcial

"Art. 3º Considera-se trabalho em regime de tempo parcial aquele cuja duração não exceda 25 (vinte e cinco) horas semanais.

§ 1º O salário a ser pago ao empregado sob regime de tempo parcial será proporcional a sua jornada, em relação ao empregado que cumpre, nas mesmas funções, tempo integral.

§ 2º A duração normal do trabalho do empregado em regime de tempo parcial poderá ser acrescida de horas suplementares, em número não excedente a 1 (uma) hora diária, mediante acordo escrito entre empregador e empregado, aplicando-se-lhe, ainda, o disposto nos §§ 2o e 3o do art. 2o, com o limite máximo de 6 (seis) horas diárias.

§ 3º Na modalidade do regime de tempo parcial, após cada período de 12 (doze) meses de vigência do contrato de trabalho, o empregado terá direito a férias, na seguinte proporção:

I – 18 (dezoito) dias, para a duração do trabalho semanal superior a 22 (vinte e duas) horas, até 25 (vinte e cinco) horas;

II – 16 (dezesseis) dias, para a duração do trabalho semanal superior a 20 (vinte) horas, até 22 (vinte e duas) horas;

III – 14 (quatorze) dias, para a duração do trabalho semanal superior a 15 (quinze) horas, até 20 (vinte) horas;

IV – 12 (doze) dias, para a duração do trabalho semanal superior a 10 (dez) horas, até 15 (quinze) horas;

V – 10 (dez) dias, para a duração do trabalho semanal superior a 5 (cinco) horas, até 10 (dez) horas;

VI – 8 (oito) dias, para a duração do trabalho semanal igual ou inferior a 5 (cinco) horas."

- **Contrato de trabalho a prazo determinado**

"Art. 4º É facultada a contratação, por prazo determinado, do empregado doméstico:

I – mediante contrato de experiência;

II – para atender necessidades familiares de natureza transitória e para substituição temporária de empregado doméstico com contrato de trabalho interrompido ou suspenso.

Parágrafo único. No caso do inciso II deste artigo, a duração do contrato de trabalho é limitada ao término do evento que motivou a contratação, obedecido o limite máximo de 2 (dois) anos.

Art. 5º O contrato de experiência não poderá exceder 90 (noventa) dias.

§ 1º O contrato de experiência poderá ser prorrogado 1 (uma) vez, desde que a soma dos 2 (dois) períodos não ultrapasse 90 (noventa) dias.

§ 2º O contrato de experiência que, havendo continuidade do serviço, não for prorrogado após o decurso de seu prazo previamente estabelecido ou que ultrapassar o período de 90 (noventa) dias passará a vigorar como contrato de trabalho por prazo indeterminado."

- **Descontos**

"Art. 18. É vedado ao empregador doméstico efetuar descontos no salário do empregado por fornecimento de alimentação, vestuário, higiene ou moradia, bem como por despesas com transporte, hospedagem e alimentação em caso de acompanhamento em viagem.

§ 1º É facultado ao empregador efetuar descontos no salário do empregado em caso de adiantamento salarial e, mediante acordo escrito entre as partes, para a inclusão do empregado em planos de assistência médico-hospitalar e odontológica, de seguro e de previdência privada, não podendo a dedução ultrapassar 20% (vinte por cento) do salário.

§ 2º Poderão ser descontadas as despesas com moradia de que trata o *caput* deste artigo quando essa se referir a local diverso da residência em que ocorrer a prestação de serviço, desde que essa possibilidade tenha sido expressamente acordada entre as partes.

§ 3º As despesas referidas no *caput* deste artigo não têm natureza salarial nem se incorporam à remuneração para quaisquer efeitos.

§ 4º O fornecimento de moradia ao empregado doméstico na própria residência ou em morada anexa, de qualquer natureza, não gera ao empregado qualquer direito de posse ou de propriedade sobre a referida moradia."

- **Vale-transporte**

"Art. 19. Observadas as peculiaridades do trabalho doméstico, a ele também se aplicam as Leis nº 605, de 5 de janeiro de 1949, nº 4.090, de 13 de julho de 1962, nº 4.749, de 12 de agosto de 1965, e nº 7.418, de 16 de dezembro de 1985, e, subsidiariamente, a Consolidação das Leis do Trabalho (CLT), aprovada pelo Decreto-Lei nº 5.452, de 1º de maio de 1943.

Parágrafo único. A obrigação prevista no art. 4º da Lei nº 7.418, de 16 de dezembro de 1985, poderá ser substituída, a critério do empregador, pela concessão, mediante recibo, dos valores para a aquisição das passagens necessárias ao custeio das despesas decorrentes do deslocamento residência-trabalho e vice-versa."

- **FGTS e seguro-desemprego**

"Art. 21. É devida a inclusão do empregado doméstico no Fundo de Garantia do Tempo de Serviço (FGTS), na forma do regulamento a ser editado pelo Conselho Curador e pelo agente operador do FGTS, no âmbito de suas competências, conforme disposto nos arts. 5º e 7º da Lei nº 8.036, de 11 de maio de 1990, inclusive no que tange aos aspectos técnicos de depósitos, saques, devolução de valores e emissão de extratos, entre outros determinados na forma da lei.

Parágrafo único. O empregador doméstico somente passará a ter obrigação de promover a inscrição e de efetuar os recolhimentos referentes a seu empregado após a entrada em vigor do regulamento referido no *caput*.

Art. 22. O empregador doméstico depositará a importância de 3,2% (três inteiros e dois décimos por cento) sobre a remuneração devida, no mês anterior, a cada empregado, destinada ao pagamento da indenização compensatória da perda do emprego, sem justa causa ou por culpa do empregador, não se aplicando ao empregado doméstico o disposto nos §§ 1º a 3º do art. 18 da Lei nº 8.036, de 11 de maio de 1990.

§ 1º Nas hipóteses de dispensa por justa causa ou a pedido, de término do contrato de trabalho por prazo determinado, de aposentadoria e de falecimento do empregado doméstico, os valores previstos no *caput* serão movimentados pelo empregador.

§ 2º Na hipótese de culpa recíproca, metade dos valores previstos no *caput* será movimentada pelo empregado, enquanto a outra metade será movimentada pelo empregador.

§ 3º Os valores previstos no *caput* serão depositados na conta vinculada do empregado, em variação distinta daquela em que se encontrarem os valores oriundos dos depósitos de que trata o inciso IV do art. 34 desta Lei, e somente poderão ser movimentados por ocasião da rescisão contratual.

§ 4º À importância monetária de que trata o *caput*, aplicam-se as disposições da Lei nº 8.036, de 11 de maio de 1990, e da Lei nº 8.844, de 20 de janeiro de 1994, inclusive quanto a sujeição passiva e equiparações, prazo de recolhimento, administração, fiscalização, lançamento, consulta, cobrança, garantias, processo administrativo de determinação e exigência de créditos tributários federais."

- **Aviso-prévio**

"Art. 23. Não havendo prazo estipulado no contrato, a parte que, sem justo motivo, quiser rescindi-lo deverá avisar a outra de sua intenção.

§ 1º O aviso prévio será concedido na proporção de 30 (trinta) dias ao empregado que conte com até 1 (um) ano de serviço para o mesmo empregador.

§ 2º Ao aviso prévio previsto neste artigo, devido ao empregado, serão acrescidos 3 (três) dias por ano de serviço prestado para o mesmo empregador, até o máximo de 60 (sessenta) dias, perfazendo um total de até 90 (noventa) dias.

§ 3º A falta de aviso prévio por parte do empregador dá ao empregado o direito aos salários correspondentes ao prazo do aviso, garantida sempre a integração desse período ao seu tempo de serviço.

§ 4º A falta de aviso prévio por parte do empregado dá ao empregador o direito de descontar os salários correspondentes ao prazo respectivo.

§ 5º O valor das horas extraordinárias habituais integra o aviso prévio indenizado.

Art. 24. O horário normal de trabalho do empregado durante o aviso prévio, quando a rescisão tiver sido promovida pelo empregador, será reduzido de 2 (duas) horas diárias, sem prejuízo do salário integral.

Parágrafo único. É facultado ao empregado trabalhar sem a redução das 2 (duas) horas diárias previstas no *caput* deste artigo, caso em que poderá faltar ao serviço, sem prejuízo do salário integral, por 7 (sete) dias corridos, na hipótese dos §§ 1º e 2º do art. 23."

- **Justa causa e rescisão indireta**

    "Art. 27. Considera-se justa causa para os efeitos desta Lei:

    I – submissão a maus-tratos de idoso, de enfermo, de pessoa com deficiência ou de criança sob cuidado direto ou indireto do empregado;

    II – prática de ato de improbidade;

    III – incontinência de conduta ou mau procedimento;

    IV – condenação criminal do empregado transitada em julgado, caso não tenha havido suspensão da execução da pena;

    V – desídia no desempenho das respectivas funções;

    VI – embriaguez habitual ou em serviço;

    VII – (VETADO);

    VIII – ato de indisciplina ou de insubordinação;

    IX – abandono de emprego, assim considerada a ausência injustificada ao serviço por, pelo menos, 30 (trinta) dias corridos;

    X – ato lesivo à honra ou à boa fama ou ofensas físicas praticadas em serviço contra qualquer pessoa, salvo em caso de legítima defesa, própria ou de outrem;

    XI – ato lesivo à honra ou à boa fama ou ofensas físicas praticadas contra o empregador doméstico ou sua família, salvo em caso de legítima defesa, própria ou de outrem;

    XII – prática constante de jogos de azar.

    Parágrafo único. O contrato de trabalho poderá ser rescindido por culpa do empregador quando:

    I – o empregador exigir serviços superiores às forças do empregado doméstico, defesos por lei, contrários aos bons costumes ou alheios ao contrato;

II – o empregado doméstico for tratado pelo empregador ou por sua família com rigor excessivo ou de forma degradante;

III – o empregado doméstico correr perigo manifesto de mal considerável;

IV – o empregador não cumprir as obrigações do contrato;

V – o empregador ou sua família praticar, contra o empregado doméstico ou pessoas de sua família, ato lesivo à honra e à boa fama;

VI – o empregador ou sua família ofender o empregado doméstico ou sua família fisicamente, salvo em caso de legítima defesa, própria ou de outrem;

VII – o empregador praticar qualquer das formas de violência doméstica ou familiar contra mulheres de que trata o art. 5º da Lei nº 11.340, de 7 de agosto de 2006."

- **Prazo para pagamento ao trabalhador doméstico**

"Art. 35. O empregador doméstico é obrigado a pagar a remuneração devida ao empregado doméstico e a arrecadar e a recolher a contribuição prevista no inciso I do art. 34, assim como a arrecadar e a recolher as contribuições, os depósitos e o imposto a seu cargo discriminados nos incisos II, III, IV, V e VI do *caput* do art. 34, até o dia 7 do mês seguinte ao da competência."

Desta forma, e porque há lei especial, não há que falar na aplicação do art. 459, § 1º, da CLT.

- **Documento e fiscalização**

"Art. 42. É de responsabilidade do empregador o arquivamento de documentos comprobatórios do cumprimento das obrigações fiscais, trabalhistas e previdenciárias, enquanto essas não prescreverem.

(...)

Art. 44. A Lei nº 10.593, de 6 de dezembro de 2002, passa a vigorar acrescida do seguinte art. 11-A:

Art. 11-A. A verificação, pelo Auditor-Fiscal do Trabalho, do cumprimento das normas que regem o trabalho do empregado doméstico, no âmbito do domicílio do empregador, dependerá de agendamento e de entendimento prévios entre a fiscalização e o empregador.

§ 1º A fiscalização deverá ter natureza prioritariamente orientadora.

§ 2º Será observado o critério de dupla visita para lavratura de auto de infração, salvo quando for constatada infração por falta de anotação na Carteira de Trabalho e Previdência Social ou, ainda, na ocorrência de reincidência, fraude, resistência ou embaraço à fiscalização.

§ 3º Durante a inspeção do trabalho referida no *caput*, o Auditor-Fiscal do Trabalho far-se-á acompanhar pelo empregador ou por alguém de sua família por este designado."

- **Prazo prescricional e suspensão prevista na Lei 14.010/2020**

"Art. 3º Os prazos prescricionais consideram-se impedidos ou suspensos, conforme o caso, a partir da entrada em vigor desta Lei até 30 de outubro de 2020.

§ 1º Este artigo não se aplica enquanto perdurarem as hipóteses específicas de impedimento, suspensão e interrupção dos prazos prescricionais previstas no ordenamento jurídico nacional.

§ 2º Este artigo aplica-se à decadência, conforme ressalva prevista no art. 207 da Lei nº 10.406, de 10 de janeiro de 2002 (Código Civil)."

Convenção da OIT e Recomendação da OIT

Convenção relativa ao trabalho digno para trabalhadoras e trabalhadores do serviço doméstico, de nº 189, e Recomendação sobre o trabalho decente para trabalhadoras e trabalhadores domésticos, de nº 201, ambas da OIT, ratificadas pelo Congresso Nacional pelo Decreto Legislativo 172/2017.

A Convenção possui natureza de fonte normativa e tem o condão de gerar direitos e obrigações entre os sujeitos da relação contratual doméstica.

4 – DECISÕES DOS TRIBUNAIS ACERCA DO TEMA

Recurso de revista interposto na vigência da Lei nº 13.467/2017. Cuidadora de idoso. Conceito de empregador previsto na Lei Complementar nº 150/2015. Transcendência jurídica. Configuração. 1. De acordo com o artigo 896-A da CLT, com redação conferida pela Lei nº 13.467/2017, no recurso de revista, o Tribunal Superior do Trabalho examinará, de forma prévia, se a causa oferece transcendência com relação aos reflexos gerais de natureza econômica, política, social ou jurídica. 2. Na esteira do inciso IV do § 1º do referido dispositivo, por sua vez, constitui indicador de transcendência jurídica a existência de questão nova em torno da interpretação da legislação trabalhista. 3. Discute-se, no caso em análise, a responsabilidade solidária do filho da idosa que admitiu a parte reclamante, na qualidade de administrador dos bens de sua genitora, de acordo com o artigo 1º da Lei Complementar nº 150/2015. 4. Considerando que o número de precedentes no âmbito do Tribunal Superior do Trabalho sobre a matéria é reduzido, ressaltando-se, ainda, que nos referidos casos, os recursos foram dirimidos sob a ótica de aspectos processuais que limitam o conhecimento do recurso de revista, apelo de natureza extraordinária, conclui-se pela configuração da transcendência jurídica. 5. Anota-se, ainda, a existência de aresto divergente, autorizando o conhecimento do recurso de revista de acordo com a alínea "a" do artigo 896 Consolidado. 6. Dispõe o artigo 1º da Lei Complementar nº 150/2015, que, "ao empregado doméstico, assim considerado aquele que presta serviços de forma contínua, subordinada, onerosa e pessoal e de finalidade não lucrativa à pessoa ou à família, no âmbito residencial destas, por mais de 2 (dois) dias por semana, aplica-se o disposto nesta Lei" (destaquei). 7. A moldura fática do acórdão regional, infensa de alteração em sede de recurso de revista, é no sentido de que o filho da idosa que admitiu a reclamante, além de não residir na mesma residência de sua mãe, em que ocorria a prestação dos serviços, era mero administrador dos bens de sua genitora, restando rechaçada a tese lançada pelo Juízo de origem que o primeiro reclamado era o chefe da família. 8. Considerando que o filho da contratante não residia com a mãe e era apenas o administrador do patrimônio da genitora, deve ser mantida a conclusão do Tribunal Regional de inexistência de responsabilidade solidária deste, na medida em que não se extrai da exegese do artigo 1º da Lei Complementar nº 150/2015 a configuração de empregador doméstico pelo interesse e dever de assistência dos filhos aos pais. Recurso de revista conhecido e não provido. (TST-RR-11036-97.2018.5.03.0099, 5ª Turma, Rel. Des. Conv. João Pedro Silvestrin, julgado em 06.05.2020 – Informativo 218 do TST)

O Tribunal Regional do Trabalho da 3ª Região afastou o requisito do diploma superior, considerando que a relevante influência social do empregado e a disponibilidade de meios de arcar com assessoramento são suficientes para enquadrá-lo como hipersuficiente. Assim, o colegiado entendeu que ele poderia, sim, ter rescindido o contrato com o clube pelo qual atuou. O processo envolve o jogador de um clube, que não possui diploma de ensino superior e, por isso, argumentou que não teria plenas condições de negociar sua rescisão com o Cruzeiro Esporte Clube. Ao se desligar do clube, o jogador assinou um termo que afastava a aplicação de multas ao Cruzeiro caso as parcelas da rescisão sofressem atraso – o que acabou ocorrendo. Insatisfeito, o jogador pediu na Justiça o pagamento da multa, prevista no artigo 477 da CLT, argumentando justamente que não tem diploma de curso superior. Ao analisar o processo, contudo, a desembargadora Gisele de Cássia Vieira Dias Macedo entendeu que o jogador era hipersuficiente para compreender os detalhes da negociação, uma vez que atuou "em diversos clubes esportivos famosos do Brasil" e por ter "plena condição de ser assessorado, e bem assessorado", na ocasião do distrato. Para fundamentar a decisão, a relatora lembrou ainda que a reforma trabalhista ampliou, na CLT, a margem de negociação entre empregador e empregado, quando este é considerado hipersuficiente. "A CLT estipula uma categoria de empregado hipersuficiente, mas não exclui outras formas de hipersuficiência, como se interpreta de seu próprio texto", explicou. "Nesse contexto, entendo que a parte autora é hipersuficiente e apta a realizar as negociações permitidas pelo artigo 444, parágrafo único, da CLT. Assim, a parte autora não faz jus à multa", concluiu a relatora. A decisão foi unânime. 0010636-07.2019.5.03.0113.[3]

O ocupante de cargo de confiança é representante do empregador no serviço. Ele tem poder diretivo, coordena atividades e fiscaliza a execução delas. Eventualmente, aplica medidas disciplinares, como advertência, suspensão e dispensa por justa causa, a depender do grau de autonomia que a empresa lhe confere.

Gerentes, diretores e chefes de departamento ou de filial exercem esse tipo de cargo. Como a jornada de trabalho é livre de controle, eles não têm direito a *hora extra* nem ao limite de oito horas de serviço por dia (artigo 62, inciso II, da CLT). Em contrapartida, o salário, compreendendo a gratificação de função, deve ser igual ou superior ao salário básico acrescido de 40% do seu valor. Se o percentual for menor, aplicam-se as normas gerais sobre duração do trabalho. A condição tem de ser registrada na Carteira de Trabalho, e a gratificação precisa ser discriminada no contracheque. A parcela integra o *13º salário* e a remuneração das férias.

Domingos e feriados: A atividade do ocupante de cargo de confiança nos domingos e nos feriados deve ser remunerada em dobro. Conforme a jurisprudência do Tribunal Superior do Trabalho, são assegurados a todos os empregados os direitos previstos no artigo 7º, inciso XV, da Constituição da República e no artigo 1º da Lei 605/49, que dispõem sobre o repouso semanal remunerado preferencialmente aos domingos e sobre o pagamento de salário nos feriados.

Bancários: O cargo de confiança exercido em banco tem disposições diferentes sobre jornada e remuneração. Em regra, o bancário trabalha seis horas

---

[3] Disponível em: https://www.conjur.com.br/2021-dez-25/trt-empregado-nao-diploma-hipersuficiente#:~: text=Negocia%C3%A7%C3%A3o%20individual&text=No%20entanto%2C%20uma%20decis%-C3%A3o%20do,para%20enquadr%C3%A1%2Dlo%20como%20hipersuficiente. Acesso em: 3 mar. 2023.

por dia. No entanto, os que exercem funções de direção, gerência, fiscalização, chefia ou outras equivalentes têm jornada de até oito horas sem receber horas extras. Como contrapartida, a gratificação não pode ser inferior a 1/3 do salário do cargo efetivo. Essas regras constam do artigo 224, parágrafo 2º, da CLT.

A *Súmula 102* do TST também trata do assunto. De acordo com o verbete, a gratificação já remunera as duas horas extraordinárias excedentes às seis de trabalho. Contudo, se a gratificação for inferior a 1/3, a sétima e a oitava horas são devidas como extras.

Ainda conforme a Súmula 102 do TST, o bancário com função de confiança que recebe gratificação não inferior ao terço legal, apesar de norma coletiva prever fração maior, não tem direito ao pagamento, como extra, da sétima e da oitava horas. Caso peça na Justiça, ele consegue somente as diferenças de gratificação de função.

Supressão do cargo de confiança: O empregador pode, sem o consenso do ocupante do cargo de confiança, determinar seu retorno à função de origem com a perda da gratificação. Antes da *Lei 13.467/2017* (reforma trabalhista), a jurisprudência do TST orientava que o empregado que ocupasse cargo de confiança por dez anos ou mais, ao ser revertido ao cargo efetivo sem justo motivo, não perderia a gratificação, com fundamento no princípio da estabilidade financeira (*Súmula 372*). No entanto, conforme a lei de 2017, a destituição com ou sem justo motivo, independentemente do tempo no cargo de confiança, não resulta na manutenção da parcela (artigo 468, parágrafo 2º, da CLT).

Transferência: O empregado ocupante de cargo de confiança também pode ser transferido, sem a necessidade de sua aprovação, para outra cidade por ordem da empresa. Essa condição também o distingue do empregado comum, cuja transferência só ocorre com sua anuência, salvo se o contrato prever a mudança. No entanto, nos dois casos, é necessário que a transferência ocorra por necessidade do serviço (*artigo 469*, parágrafo 1º, da CLT e *Súmula 43* do TST).

Quando a mudança é provisória, o ocupante de cargo de confiança, como todo empregado nesse tipo de transferência, tem o direito de receber adicional correspondente a, no mínimo, 25% do salário (*artigo 469*, parágrafo 3º, da CLT e *Orientação Jurisprudencial 113* da Subseção I Especializada em Dissídios Individuais do TST).

Diretor eleito: Eleito para ocupar cargo de diretor, o empregado passa a exercer cargo de confiança. Seu contrato de trabalho, em regra, ficará suspenso, sem a contagem de tempo de serviço enquanto estiver na função. A contagem só ocorre caso a subordinação jurídica inerente à relação de emprego permaneça (*Súmula 269* do TST). Data de atualização: 11/02/2019.[4]

---

[4] Disponível em: https://www.tst.jus.br/cargo-de-confianca#:~:text=O%20ocupante%20de%20cargo%20 de,que%20a%20empresa%20lhe%20confere. Acesso em: 3 mar. 2023.

5 – QUESTÃO DE SEGUNDA FASE ACERCA DO TEMA

Empregado exerceu função de confiança de forma ininterrupta no período de 2005 a 2017, dentro do qual recebeu a respectiva gratificação de função. Em dezembro de 2017, o empregador reverteu o empregado para o cargo anteriormente ocupado e retirou a gratificação de função com base na alteração legislativa trazida pela reforma trabalhista. Em uma RT o empregado teria sucesso reivindicando o retorno do pagamento da gratificação da função, a despeito da reversão? A reversão em si é lícita? E se o empregado tivesse completado 10 anos de exercício na função apenas após 11 de novembro de 2017? Qual seria sua decisão como Magistrado?

- **ASPECTOS IMPORTANTES PARA A RESPOSTA**

A reforma trabalhista inseriu o § 2º ao art. 468 da CLT, prevendo reversão ao cargo de origem anteriormente ocupado, sem manutenção do pagamento da gratificação de função, independentemente do tempo de exercício da função de confiança, ou se a reversão ocorreu com ou sem justo motivo.

Ocorre que tal previsão vai de encontro ao entendimento sumulado pelo C. TST no verbete de número 372, inciso I, que prevê que a reversão de empregado do exercício de função de confiança exercida há dez ou mais anos importa na manutenção do pagamento da respectiva gratificação, caso seja determinado pelo empregador sem justo motivo, sempre tendo em vista o princípio da segurança e estabilidade econômica do empregado.

Por certo que, tendo em vista as regras de direito intertemporal, as alterações trazidas pela reforma trabalhista têm aplicação imediata aos contratos de trabalho em curso, mas respeitados o ato jurídico perfeito e o direito adquirido, na forma do art. 5º, XXXVI, da CF/1988 e do art. 6º da LINDB.

Portanto, como no presente caso o empregado exerceu a função de confiança por mais de dez anos antes da alteração da legislação, já tinha adquirido as condições para sua manutenção no caso de reversão sem justo motivo. A reversão em si sempre será lícita, pois deriva do poder diretivo do empregador, e assim já dispunha a CLT mesmo antes da reforma trabalhista, na forma do art. 468, § 1º. No entanto, na hipótese de a reversão ocorrer sem justo motivo, no caso em tela tem o empregado direito à manutenção do pagamento da gratificação de função, o que seria minha decisão em eventual ação trabalhista, com base na fundamentação acima.

No entanto, se o empregado apenas tivesse completado os dez anos após a entrada em vigor da Lei 13.467/2017, o julgamento seria pela improcedência, pois não seria caso de direito adquirido, e sim de mera expectativa de direito.

CAPÍTULO

6

EMPREGADOR

1 - CARACTERIZAÇÃO DO EMPREGADOR

O conceito de empregador está essencialmente relacionado à definição de empregado. Assim, havendo num dos polos da relação jurídica alguém prestando serviços na forma do art. 3º da CLT, do outro lado haverá um empregador.

O art. 2º da CLT define empregador como a empresa, individual ou coletiva, que, assumindo os riscos da atividade econômica, admite, assalaria e dirige a prestação pessoal de serviço.

Há até hoje uma discussão acerca do uso da palavra empresa no referido artigo, para alguns autores, como *Russomano, Orlando Gomes e Elson Gottschalk, Délio Maranhão e José Augusto Rodrigues Pinto*, seria atécnica a definição legal contida na Consolidação, porquanto empregador é a pessoa física ou jurídica, e não a empresa, pois esta é sempre objeto e nunca sujeito de direito.

Amauri Mascaro Nascimento, Octavio Bueno Magano, Francisco Meton Marques de Lima, Vólia Bomfim Cassar e Valentin Carrion defendem que a empresa também pode ser sujeito de direito, na condição de uma nova categoria jurídica.

Octavio Bueno Magano ressalta que a moderna teoria da *disregard of legal entity* encamparia a teoria institucionalista, conceituando o empregador como sendo "toda entidade a utilizar-se de trabalhadores subordinados. Fala-se em entidade para se estabelecer que empregador não é apenas a pessoa física ou jurídica senão também outros entes não dotados de personalidade jurídica".

Salienta, ainda, Magano,[1] que no conceito de empregador não é essencial a ideia de assunção de riscos, já que as instituições de beneficência não visam lucro e são empregadoras típicas. Realça, outrossim, que empregador propriamente dito é a pessoa física ou jurídica que se utiliza da prestação subordinada de serviços. A empresa, o grupo de empresas, o consórcio, o condomínio e outros entes não dotados de personalidade jurídica são empregadores por equiparação.

Amauri Mascaro Nascimento[2] entende que empregador é todo ente, dotado ou não de personalidade jurídica, com ou sem fim lucrativo, que tiver empregado; portanto, será empregador o ente que tiver empregado. Chega-se à identificação do empregador por meio da presença de empregados.

Valentin Carrion[3] pontifica: empregador é a empresa. A expressão é muito criticada. Empresa é o conjunto de bens materiais, imateriais e pessoais para a obtenção de um certo fim. Juridicamente, a empresa é uma universalidade, compreendendo duas universalidades parciais, a de pessoas (*personarum*) e a de bens (*bonorum*), funcionando em direção a um fim.

Importante é que a lei quis salientar a integração do trabalhador nesse conjunto, independentemente da pessoa que seja seu proprietário. Não há, portanto, como adverte Mauricio Godinho Delgado,[4] uma qualidade especial deferida por lei a pessoas físicas ou jurídicas para emergirem como empregadores. Basta que, de fato, se utilizem da força de trabalho empregaticiamente contratada. A presença do empregador identifica-se, portanto, pela verificação da presença de empregado a seus serviços. Como não há qualificação específica para empregador, até mesmo entes juridicamente despersonalizados podem ser qualificados como empregadores, desde que contratem pessoas com as características do art. 3º da CLT. É o que ocorre com condomínios, espólios e massas falidas, por exemplo.

O empregador é quem assume os riscos da atividade econômica, que é a característica da alteridade (intrínseca e específica do empregador), que está

---

[1]   MAGANO, Octávio Bueno. *Manual de Direito do Trabalho*. São Paulo: LTr, 1993.

[2]   NASCIMENTO, Amauri Mascaro. *Curso de Direito do Trabalho*. São Paulo: Saraiva, 2014.

[3]   CARRION, Valentin Rosique. *CLT – Comentários a Consolidação das Leis Trabalhistas*. São Paulo: Saraiva, 2019.

[4]   DELGADO, Mauricio Godinho. *Curso de Direito do Trabalho*. 18. ed. São Paulo: LTr, 2019.

exposta no art. 2º, *caput*, da CLT. É do empregador, de forma exclusiva, a responsabilidade pelas obrigações decorrente da relação de emprego, justamente em contraponto à subordinação, que é inerente ao empregado.

As atenuações do risco empresarial, a exemplo no art. 503 da CLT, são totalmente discutíveis, e muitos entendem pela não recepção de tal dispositivo pela CF/1988, especialmente pela redação do art. 7º, inciso VI.

Há ainda que se esclarecer que empresa, empresário e estabelecimento possuem conceitos distintos, e importantes para o direito.

Empresa é o conjunto de bens materiais e imateriais para a obtenção de certo fim. Do ponto de vista jurídico, é uma universalidade de bens e de pessoas. A empresa pode ter um único estabelecimento ou vários estabelecimentos, tal como prevê os arts. 355 e 498 da CLT.

Estabelecimento, segundo Isis de Almeida, é o local técnico da prestação do serviço; a unidade técnica de produção, em atividade ou não; o espaço físico de trabalho.

Já **empresário**, na forma do art. 966 do Código Civil, é quem exerce profissionalmente atividade econômica organizada para a produção ou a circulação de bens ou de serviços. É o sujeito de direito que exerce de modo profissional e com habitualidade uma atividade econômica organizada para produção ou circulação de bens ou de serviços visando à obtenção de lucro.

O parágrafo único do art. 966 do Código Civil dispõe que "não se considera empresário quem exerce profissão intelectual, de natureza científica, literária ou artística, ainda com o concurso de auxiliares ou colaboradores, salvo se o exercício da profissão constituir elemento de empresa". Podem existir juridicamente o empresário individual (pessoa física) e a sociedade empresária (pessoa jurídica).

2 – GRUPO ECONÔMICO

Ocorre a figura do grupo econômico quando as empresas estão ligadas entre si. Há, na forma tradicional, uma agregação empresarial, normalmente com uma empresa principal e as demais coligadas. Em que pese haja a possibilidade do domínio de uma sobre as demais, não necessariamente isso deve acontecer para que se caracterize o grupo econômico.

Cada uma das empresas componentes do grupo econômico possui personalidade jurídica própria, com atividades sociais distintas ou não.

Para fins trabalhistas, por ficção legal, a coligação de duas ou mais empresas que, normalmente, se beneficiam de um mesmo contrato de emprego implica a sua responsabilidade solidária.

O art. 2º, § 2º, da CLT trata do tema do grupo econômico e sofreu alteração com a reforma trabalhista, vejamos:

Redação antes da reforma: "Sempre que uma ou mais empresas, tendo, embora, cada uma delas, personalidade jurídica própria, estiverem sob a direção, controle ou administração de outra, constituindo grupo industrial, comercial ou de qualquer outra atividade econômica, *serão, para os efeitos da relação de emprego*, solidariamente responsáveis a empresa principal e cada uma das subordinadas".

Redação atual: "Sempre que uma ou mais empresas, tendo, embora, cada uma delas, personalidade jurídica própria, estiverem sob a direção, controle ou administração de outra, *OU ainda quando, mesmo guardando cada uma sua autonomia*, integrem grupo econômico, serão responsáveis solidariamente *pelas obrigações decorrentes da relação de emprego*".

Antes da reforma, havia previsão no referido artigo de que uma empresa estivesse no controle ou administração das demais. Era o típico caso de grupo econômico por subordinação. Era primordial para sua configuração que houvesse a demonstração desse controle entre elas, pelo menos no texto legal. A doutrina e a jurisprudência, no entanto, já reconheciam a existência de grupo econômico, mesmo sem essa subordinação ou dependência entre as empresas.

Após a nova redação, há duas formas de se entender a figura do grupo econômico:

a) **grupo econômico por subordinação**: tal como já ocorria na CLT, o grupo poderá ser formado na hipótese de existência de hierarquia entre as empresas. Para prová-lo é necessário demonstrar a relação de controle entre uma ou mais empresas;

b) **grupo econômico por coordenação**: mesmo que cada empresa guarde uma autonomia pode ser configurado o grupo econômico. Todavia, deve ser feita a leitura do § 3º do mesmo artigo: "não caracteriza grupo econômico a mera identidade de sócios, sendo necessárias, para a configuração do grupo, a demonstração do interesse integrado, a efetiva comunhão de interesses e a atuação conjunta das empresas dele integrantes".

Assim, a mera identidade dos sócios deixou de ser um fator de reconhecimento do grupo, para se tornar mero indício, se for o caso. Não haverá a caracterização do grupo econômico tão somente pela identidade dos sócios entre as empresas, sendo necessário demonstrar a presença de interesse integrado, a efetiva comunhão de interesses e a atuação conjunta das empresas integrantes.

A confusão patrimonial (que ocorre quando os negócios dos sócios se confundem com os da pessoa jurídica, desaguando em situações de abuso da personalidade jurídica e de desvio de finalidade) não se confunde com grupo econômico.

A Lei da Liberdade Econômica passou a definir legalmente os conceitos de "confusão patrimonial" e de "desvio de finalidade", alterando a redação do art. 50 do CCB.

O desvio de finalidade é a utilização da pessoa jurídica com o propósito de lesar credores, com o intuito de dar vazão à prática de atos ilícitos de qualquer natureza.

A confusão patrimonial, como asseverado acima, decorre da ausência de separação de fato entre os patrimônios dos sócios e o da sociedade, podendo ser caracterizada pelo adimplemento sistemático das obrigações particulares do sócio ou do administrador com dinheiro da sociedade, ou o contrário, quando as obrigações da sociedade são suportadas pelo sócio ou pelo administrador com recursos pessoais.

A transferência de ativos ou de passivos sem as efetivas contraprestações é outra hipótese para a caracterização da confusão patrimonial, excetuando-se os ativos ou passivos de valor proporcionalmente insignificante.

Mesmo com a definição legal de "confusão patrimonial" e "desvio de finalidade", é fato que a lei, que por certo jamais conseguirá prever todas hipóteses que ocorrem na prática, deixou margem a interpretações do Judiciário ao enumerar que "outros atos de descumprimento da autonomia patrimonial" possam refletir na confusão patrimonial.

A consequência da confusão patrimonial e do grupo econômico é a mesma: responsabilidade solidária. No primeiro caso por conta da fraude e, no segundo, por previsão legal.

O grupo econômico previsto na CLT é restrito ao campo do Direito do Trabalho, não tendo qualquer efeito de caráter comercial, civil ou tributário.

No Direito do Trabalho não se exige prova da constituição formal do grupo, podendo ser acolhida sua existência sempre que existam evidências probatórias de uma integração interempresarial da qual decorre um controle, uma administração ou uma direção única de empresas (ou seja, questões fáticas e de direito serão analisadas para caracterização do grupo econômico).

No meio rural também é possível a configuração de grupo econômico, conforme previsão no art. 3º, § 2º, da Lei 5.889/1973. Desde a edição da lei do trabalhador rural já é possível a formação de grupo econômico por subordinação e coordenação, por força do art. 1º da Lei do Rural.

As consequências do grupo econômico são: (a) existência de responsabilidade solidária passiva – resultante da lei; (b) empregador único: a prestação de serviços se dá para todas as empresas do grupo, mas a CTPS será assinada por apenas uma delas (Súmula 129 do C. TST) – alguns entendem (e já temos diversos entendimentos jurisprudenciais) no sentido de fim do empregador único em razão da alteração da parte final do § 2º do art. 2º da CLT, em que saiu a expressão **"para os efeitos da relação de emprego"** e passou a constar **"pelas obrigações decorrentes da relação de emprego"**.

3 – SUCESSÃO DE EMPREGADORES

A sucessão de empregadores ocorre quando há a alteração da titularidade do direito ou da obrigação em razão da modificação do sujeito passivo da relação de emprego. Assim, a sucessão refere-se a uma alteração subjetiva na relação jurídica contratual e opera reflexos diretos nas relações de trabalho, especialmente para o empregador, como veremos abaixo.

Hipóteses:

a) **alienação total ou parcial do empreendimento, com a continuação da prestação de serviços, pelos empregados, para o novo titular** – o sucessor responderá por todos os direitos trabalhistas dos empregados que passaram a trabalhar para ele, pois os respectivos contratos de trabalho consideram-se inseridos na universalidade de bens por ele adquirida, logo passam a ser de sua responsabilidade;

b) **transferência de parte do empreendimento, mas com a permanência de todos os empregados prestando serviços ao sucedido** – neste caso, em princípio, não haveria razão para o sucessor responder por dívidas trabalhistas de empregados com os quais não teve qualquer relação. A doutrina mais moderna e também a jurisprudência têm entendido que o objetivo da norma em questão não é apenas dar aplicação ao princípio da continuidade do contrato de trabalho, mas também dar garantias aos créditos trabalhistas dos empregados. Assim, se a parte do empreendimento transferida for considerada relevante, e a mencionada transação for capaz de diminuir essa garantia, entende-se que o sucessor poderá ser acionado para adimplir as obrigações trabalhistas do sucedido.

Assim, caracterizada a sucessão empresarial ou de empregadores, as obrigações trabalhistas, inclusive as contraídas à época em que os empregados trabalhavam para a empresa sucedida, são de responsabilidade do sucessor (art. 448-A, *caput*, da CLT).

Em relação à possibilidade de responsabilização do sucedido, o parágrafo único do art. 448-A da CLT prevê que a empresa sucedida responderá solidariamente com a sucessora quando ficar comprovada fraude na transferência. Quanto ao título jurídico que transfere os bens, ele não se restringe à alienação propriamente dita. Pelo contrário, deve ter a maior amplitude possível, abrangendo cessões, doações e até mesmo arrendamentos, para alguns.

Há, porém, situações peculiares nas quais não ocorrem os efeitos da sucessão trabalhista, como, por exemplo:

1) aquisição dos bens em hasta pública cujos editais mencionaram, expressamente, a elisão dos referidos efeitos;
2) falência, quando ocorrer a alienação conjunta ou separada de ativos, inclusive da empresa ou de suas filiais.

O objeto da alienação estará livre de qualquer ônus e não haverá sucessão do arrematante nas obrigações do devedor, inclusive as derivadas da legislação do trabalho e as decorrentes de acidentes de trabalho. Os empregados do devedor contratados pelo arrematante serão admitidos mediante novos contratos de trabalho, e o arrematante não responderá por obrigações decorrentes do contrato anterior.

A exclusão prevista não prevalecerá, porém, quando o arrematante for: (a) sócio da sociedade falida ou de sociedade controlada pelo falido; (b) parente, em linha reta ou colateral até o 4º (quarto) grau, consanguíneo ou afim, do falido ou de sócio da sociedade falida; ou (c) identificado como agente do falido com o objetivo de fraudar a sucessão (Lei 11.101/2005, art. 141, II e parágrafos).

3) no caso de recuperação extrajudicial de empresas, sendo a Lei 11.101/2005 bastante clara quanto à exclusão (art. 161, § 1º; art. 163, § 1º, c/c o art. 83);

4) na hipótese de desmembramento de município – OJ 92 da SDI1;

5) na hipótese de compra de uma empresa integrante de grupo econômico, com relação àquelas que não foram adquiridas – OJ 411 da SDI1.

As normas sobre sucessão trabalhista são de ordem pública e, por isso, não podem ser afastadas por vontade das partes. Qualquer ajuste feito entre o sucessor e o sucedido, no sentido de eximir aquele da responsabilidade pelos contratos de trabalho e pelos direitos trabalhistas dos empregados (chamada de cláusula de não responsabilização), não servirá para impedir os efeitos da sucessão, mas certamente assegurarão ao sucessor (comprador) uma ação de regresso contra o sucedido alienante, na justiça competente.

Situações especiais

1) pessoa jurídica de direito privado sucedida pela União ou por Estado-membro: embora seja hipótese de sucessão, o TST tem entendimento quanto à penhora de bens – OJ 343 da SD1;

2) concessão de serviço público: como regra, ocorrerá sucessão quando o novo concessionário adquire não só atribuições, mas também bens materiais da antiga concessionária – OJ 225 da SDI1;

3) bancos – OJ 261 da SDI1 do TST.

Observações

Doméstico: o instituto da sucessão não se aplica ao empregador doméstico, pois o art. 7º, alínea *a*, da CLT determina a não incidência da CLT na relação de emprego doméstico; além disso, não há a despersonalização do empregador doméstico, que também é pessoa física; por último, a lei se refere à sucessão de empresas, conceito este totalmente incompatível com o de empregador doméstico.

Recuperação judicial de empresa: o Plenário do Supremo Tribunal Federal, no julgamento da ADI 3.934/DF, declarou a constitucionalidade dos arts. 60, parágrafo único, e 141, II, da Lei 11.101/2005. Assim, conforme a jurisprudência do STF, a alienação de unidade produtiva de empresa em processo de recuperação judicial não acarreta a sucessão dos créditos trabalhistas pela arrematante, sendo indevida a atribuição de responsabilidade solidária à empresa que adquiriu a unidade produtiva.

Em regra, o empregado não pode se opor à sucessão, uma vez que se trata de alteração unilateral do contrato de trabalho expressamente autorizada pela lei. A única exceção que poderia ser admitida seria a dos contratos de trabalho em que a pessoa do sucedido aparece como causa determinante da celebração.

4 - DECISÕES DOS TRIBUNAIS ACERCA DO TEMA

Dano moral. Dano à imagem. Violação do direito de imagem. Logomarca de parceiros no uniforme sem autorização. Dano moral inexistente. A existência do dano moral depende de um ato ilícito do agente que cause na vítima dor, humilhação, e que afete significativamente sua autoestima, a vestimenta não expôs a reclamante ao ridículo, a vestimenta era usada apenas dentro da loja e na atividade precípua da trabalhadora, de venda de produtos. A remuneração do reclamante era variável, à base de comissões, proporcional às vendas que realizava, as logomarcas estampadas nos uniformes, exclusivamente de produtos dos fornecedores que eram vendidos na loja contribuíam para o aumento de sua remuneração, beneficiando-o nas vendas que realizava. Por todo o exposto, entendo que a reclamante se beneficiou das estampas das logomarcas que tinha em seu uniforme, no incremento das vendas e facilitando aos clientes visualizar os principais fornecedores da reclamada, não havendo abuso ou extrapolação do poder diretivo do empregador. Recurso da reclamada conhecido e provido para excluir os danos morais e, assim, julgar improcedente o único pedido formulado nestes autos. (TRT-11 – RO: 0001884402017511 0001, Rel. Valdenyra Farias Thome, 1ª Turma, julgado em 27.10.2020, publicado em 05.11.2020)

Dano moral. Uso de uniforme com logomarcas de terceiros. A exigência de uso de roupas com logomarcas de fornecedores da empresa, consistente em uniforme, sem que haja concordância expressa do empregado ou compensação pecuniária, viola seu direito de uso da imagem, conforme artigo 20 do CC/02. De fato, o reclamante foi "usado" como meio de divulgação da marca de terceiros, tarefa para a qual não foi contratado. O fornecimento, pela reclamada, aos seus empregados, de uniforme com logomarcas de outras empresas ofende o direito à imagem do autor, não se tratando, a hipótese, de mera derivação do poder diretivo. Destarte, a utilização da imagem do empregado para realizar propaganda de terceiros estranhos à relação empregatícia, sem a anuência expressa deste, e sem qualquer contrapartida, configura abuso de direito ou ato ilícito, ensejando a devida reparação, na medida em que não é crível supor que a empregadora não tenha obtido vantagens econômicas pela propaganda efetivada. Mantenho a condenação. (TRT-2 – RO: 10006722820195020718 SP, Rel. Ivani Contini Bramante, 4ª Turma – Cadeira 5, publicado em 11.03.2020)

Recurso ordinário da reclamada. Indenização por danos morais. Comprovação cabal de que a empresa exorbitou o seu poder disciplinar e de fiscalização, causando dano ao trabalhador. Relativamente aos danos morais, sabe-se que são lesões sofridas pelas pessoas, físicas ou jurídicas, em certos aspectos da sua personalidade, em razão de investidas injustas de outrem. São aqueles que atingem a moralidade e a afetividade da pessoa, causando-lhe constrangimentos, vexames, dores, enfim, sentimentos/sensações negativas. Com efeito, a indenização por dano moral pressupõe três elementos: a prática de erro de conduta por parte do agente, consubstanciado por um comportamento contrário ao direito; a ocorrência do dano, em virtude da ofensa a um bem jurídico não patrimonial, e o nexo de causalidade entre o ato praticado e o dano. Uma vez demonstrada a conjugação destes três elementos, restando configurado que a demandada deu causa a dano dirigido à esfera moral do trabalhador, exorbitando o seu poder disciplinar e de fiscalização, ao submeter o obreiro a situação vexatória, a empresa tem o dever de indenizar o reclamante. Recurso ordinário empresarial a que se nega provimento. (TRT-6 – RO: 00008754320155060004, Rel. Nise Pedroso Lins de Sousa, 4ª Turma, julgado em 06.04.2017, publicado em 10.04.2017)

(...) III. Recurso de revista. Acórdão regional publicado na vigência da Lei nº 13.105/2015 e antes da vigência da Lei nº 13.467/2017. Omissão existente. Execução de sentença. Responsabilidade do ex-sócio. I. Extrai-se do acórdão regional que as datas em que houve a aquisição da empresa da qual a parte recorrente era sócio (04/08/2011), a data da formalização de sua saída (16/08/2011), em conjunto com a informação incontroversa que a parte reclamante, ora exequente, era empregado da empresa Singulare Pré-Moldados em Concreto Ltda., que adquiriu a empresa Camargo Campos S.A. Engenharia e Comércio do sócio retirante, levaram o Tribunal Regional a concluir que, *"tendo em vista que a participação do agravante no quadro societário foi, ao menos em parte, contemporâneo ao contrato de trabalho, e diante da insolvência da reclamada para adimplir o crédito alimentar, é induvidosa a responsabilidade do sócio retirante, que decorre do simples fato de ter se beneficiado da mão de obra do agravado"*. II. Assim, por ter formado grupo econômico com a empresa adquirente que adquiriu a empresa Camargo Campos S.A. Engenharia e Comércio, a empresa vendida pelo ora agravante foi incluída no polo passivo da reclamação trabalhista ajuizada pelo empregado daquela empresa Singulare Pré-Moldados em Concreto LTDA. Considerando o curto interregno de 12 dias em que o vendedor da empresa figurou como sócio da empresa, a sua responsabilização pelos créditos trabalhistas de empregado da empresa compradora configura ofensa direta ao direito de propriedade tutelado pelo art. 5º, XXII, da Constituição da República. III. Nesse contexto, independentemente de ter havido ou não formação de grupo econômico, não se pode responsabilizar sócio alienante por um período de doze dias de concomitância de possível grupo econômico. IV. Não há discussão sobre fraude. V. Recurso de revista de que se conhece e a que se dá provimento. (TST – RR-913-54.2013.5.02.0063, 7ª Turma, Rel. Min. Evandro Pereira Valadão Lopes, julgado em 23.11.2022 – Informativo 265 do TST)

Ação rescisória. Grupo econômico familiar. Não configuração. Reenquadramento jurídico dos fatos descritos na decisão rescindenda ao preceito legal do art. 2º, § 2º da CLT. Possibilidade. Inaplicabilidade da Súmula 410 do Tribunal Superior do Trabalho. O reenquadramento jurídico dos fatos descritos na decisão rescindenda para se concluir pela não configuração de grupo econômico familiar não atrai o óbice da Súmula 410 do TST, porquanto não importa em revolvimento de fatos e provas, mas de adequação dos fatos ao preceito legal do art. 2º, § 2º, da CLT. No caso, constou da decisão rescindenda, ao serem julgados improcedentes os embargos de terceiros opostos pela empresa-autora, que a configuração de grupo econômico familiar decorreu da premissa de que as proprietárias se beneficiaram coletivamente do labor dos exequentes, adquiriram suas residências, custearam seus estudos e de seus filhos e novas empresas. Contudo, a existência de grupo econômico não pode ser declarada com fulcro em indícios e suposições, especialmente a existência de grupo econômico familiar, que perpassa por um emaranhado entre as diversas empresas, que seriam de todos da família, sob a coordenação de um deles, não sendo essa a hipótese dos autos.

Com efeito, embora as proprietárias da autora sejam da mesma família, não integraram a sociedade da empresa executada, que se extinguiu em 1995, e constituíram sua própria empresa apenas em 2006, mais de uma década depois do encerramento das atividades da primeira, da qual supostamente se beneficiaram. Nesse contexto, concluiu-se que a empresa demandada não integrou grupo econômico familiar, porque os membros da família não foram sócios da empresa executada. Sob esse fundamento, a SBDI-II, por unanimidade, conheceu do recurso ordinário e, no mérito, por maioria, deu provimento ao recurso ordinário em ação rescisória, para conferindo o corte rescisório, diante da violação do art. 2º, § 2º, da CLT, desconstituir a decisão rescindenda proferida nos embargos de terceiros, e, em juízo rescisório, julgar procedentes os embargos de terceiros e excluir do polo passivo da execução a embargante, com a consequente liberação de qualquer bem constrito. Invertidos os ônus. Vencidas as Ministras Maria Helena Mallmann, relatora, Morgana de Almeida Richa e o Ministro Emmanoel Pereira. (TST – RO-1000582-45.2016.5.02.0000, SBDI-II, red. p/ acórdão Min. Alexandre de Souza Agra Belmonte, julgado em 07.06.2022 – Informativo 256 do TST)

Recurso de revista da primeira reclamada (Ziranlog Armazéns Gerais e Transportes ltda.). Apelo sob a égide da Lei 13.467/17. Responsabilidade solidária. Formação de grupo econômico. Artigo 2º, § 2º, da CLT. A Subseção I da Seção Especializada em Dissídios Individuais do TST decidiu acerca de fatos que antecederam a edição da Lei nº 13.467/2017, que para configurar o reconhecimento de formação de grupo econômico, não basta a coordenação entre as empresas, tampouco a mera situação de haver sócios em comum entre elas. É necessário que exista relação hierárquica entre as empresas ou efetivo controle exercido por uma delas, o que não é o caso dos autos. Nesse contexto, ficou constatada a violação do art. 2º, § 2º, da CLT. Ressalva do Relator. Recurso de revista conhecido e provido. (TST – RR-101981-32.2017.5.01.0064, Rel. Augusto Cesar Leite de Carvalho, 6ª Turma, Publicação: 14.10.2022)

Em sentido diverso:

Agravo interno em agravo de instrumento em recurso de revista da parte ré. Lei nº 13.467/2017. Responsabilidade solidária. Grupo econômico por coordenação. Responsabilidade executiva secundária. Aplicação da regra prevista no artigo 790 do CPC. Jurisprudência do STJ. Divergência atual entre turmas desta corte. Aplicação do artigo 2º, §§ 2º e 3º da CLT, com a redação dada pela Lei nº 13.467/17 aos processos em curso, ainda que a relação jurídica material tenha ocorrido antes da vigência da referida lei. Transcendência política constatada. A jurisprudência desta 7ª Turma se firmou no sentido de ser possível a configuração de grupo econômico "por coordenação", mesmo diante da ausência de hierarquia, desde que as empresas integrantes do grupo comunguem dos mesmos interesses. (TST-Ag-AIRR – 10523-92.2020.5.15.0110, Rel. Claudio Mascarenhas Brandão, 7ª Turma, Julgamento: 05.10.2022, Publicação: 14.10.2022)

20.09.2022 – O Supremo Tribunal Federal (STF) irá decidir se uma empresa pode ser incluída na fase de execução da condenação trabalhista imposta a outra do mesmo grupo econômico, mesmo sem ter participado da fase de produção de provas e julgamento da ação. A controvérsia é objeto do Recurso Extraordinário (RE) 1.387.795, que, por maioria, teve repercussão geral reconhecida (Tema 1.232). **Responsabilidade solidária:** No caso em análise, a Rodovias das Colinas S.A. questiona decisão colegiada do Tribunal Superior do Trabalho (TST) que manteve a penhora de seus bens para quitar o pagamento de verbas trabalhistas decorrentes da condenação de outra empresa do mesmo grupo econômico. **Impenhorabilidade:** No recurso ao STF, a empresa alega que, embora as empresas tenham sócios e interesses econômicos em comum, não são subordinadas ou controladas pela mesma direção. Também argumenta que sua participação na execução da sentença equivale à declaração de inconstitucionalidade da norma do Código de Processo Civil (Lei 13.105/2015), que veda a inclusão de corresponsável sem que haja a participação na fase de conhecimento (artigo 513, parágrafo 5º). **Relevância social:** Em manifestação pelo reconhecimento da repercussão geral, o ministro Luiz Fux destacou a relevância social da matéria, que trata de créditos de trabalhadores reconhecidos pelo Poder Judiciário não quitados pelo empregador. Ressaltou, ainda, a relevância econômica e o potencial impacto em outros casos, tendo em vista a quantidade de processos envolvendo a mesma discussão jurídica.[5]

Em setembro de 2022, o Supremo Tribunal Federal, em decisão monocrática do Relator Min. Gilmar Mendes, no ARE 1.160.361, entendeu que desde o início da vigência do NCPC em 2015, a possibilidade de executar empresa que não integra a relação processual, apenas pela integração em grupo econômico, merece ser revista. No entendimento do relator, isto deriva do parágrafo 5º do artigo 513 do CPC, que determina que "não poderá ser promovida execução em face do fiador, do coobrigado ou do corresponsável que não tiver participado da fase de conhecimento". Assim, a decisão de incluir a empresa do grupo como devedora na fase de execução, sem que esta tivesse participado da fase de conhecimento, desrespeita norma

---

[5] Disponível em: https://portal.stf.jus.br/noticias/verNoticiaDetalhe.asp?idConteudo=494423&ori=1#:~:text=O%20Supremo%20Tribunal%20Federal%20(STF,provas%20e%20julgamento%20da%20a%C3%A7%C3%A3o. Acesso em: 3 mar. 2023.

> do CPC, ao passo que a discussão da inconstitucionalidade de tal norma somente poderia ser discutida se respeitada a reserva de plenário (voto da maioria absoluta dos seus membros ou dos membros de seu órgão especial). Na prática, significa dizer que as empresas do grupo econômico que não forem incluídas na fase de conhecimento, com pedido de declaração de solidariedade por proveito de mão de obra, não poderão ser incluídas na fase de execução. A aplicação da decisão não retroage e não possui efeito vinculante pois, como acima descrito, trata-se de uma decisão que determina que se discuta a inconstitucionalidade da norma e não a própria decisão da inconstitucionalidade em si. Entretanto, gera efeito na jurisprudência até então aplicada. (ARE 1.160.361)[6]

O tema da inclusão de empresas do grupo econômico na fase de execução continua gerando muita discussão e polêmica, tanto no TST quanto no STF.

> 25.05.2020 – A Oitava Turma do Tribunal Superior do Trabalho excluiu a responsabilidade da nova titular concursada de um cartório de São Paulo pelas parcelas devidas a um escrevente dispensado pela titular anterior. Para a Turma, não houve sucessão trabalhista, pois o contrato de trabalho fora rescindido quando a nova titular assumiu o cartório. **Mudança**: Na reclamação trabalhista, ajuizada contra a pessoa jurídica do cartório, o tabelião interino e a nova titular, o empregado sustentou que, no dia em que a nova tabeliã assumiu o cartório, fora surpreendido com as salas sendo esvaziadas e com a mobília sendo levada para novo endereço. Dos 16 empregados do cartório, dez foram dispensados, inclusive ele. O objeto da ação era o recebimento das verbas rescisórias e de indenização por dano moral. **Sucessão**: O juízo de primeiro grau extinguiu o processo, por entender que o tabelião interino não detinha poderes suficientes para dispensar o escrevente ou para realizar pagamentos e que a nova tabeliã não se beneficiara da sua prestação de serviços. O Tribunal Regional do Trabalho da 2ª Região (SP), no entanto, reconheceu a responsabilidade da nova titular. Segundo o TRT, negar a sucessão seria admitir que ninguém seria responsável pelo pagamento dos direitos trabalhistas do escrevente. **Legislação**: O relator do recurso de revista da tabeliã, ministro Brito Pereira, explicou que, nos termos da Lei dos Cartórios (*Lei 8.395/1994*), é a pessoa física do tabelião titular o empregador, e não o cartório. Também de acordo com a lei, as despesas de custeio são de responsabilidade do titular, o que reforça o entendimento de que é ele quem assume os riscos do negócio. **Sucessão**: Segundo o relator, é possível reconhecer a sucessão de empregadores (quando o sucessor assume as responsabilidades trabalhistas) na

---

6 Disponível em: https://www.migalhas.com.br/depeso/351961/stf-altera-decisao-do-tst-sobre-grupos--economicos. Acesso em: 3 mar. 2023.

> mudança da titularidade de cartório extrajudicial, desde que o contrato de trabalho não tenha sofrido solução de continuidade. No caso, no entanto, foi expressamente registrado que o contrato estava rescindido quando a nova titular assumiu o posto. "A jurisprudência do Tribunal sedimentou-se no sentido de que, em se tratando de cartório, a sucessão de empregadores pressupõe não só a transferência da unidade econômica de um titular para outro, mas que a prestação de serviço pelo empregado do primeiro prossiga com o segundo", concluiu. Por unanimidade, a Turma deu provimento ao recurso e restabeleceu a sentença. Processo: RR-1302-50.2015.5.02.0069.[7]

5 – QUESTÃO DE SEGUNDA FASE ACERCA DO TEMA

Marcos dos Santos era proprietário de um salão de beleza e tinha como empregados José Cabeleira e Antônia Franjão, ambos cabeleireiros. Em 2017 Marcos vendeu o salão para Joana, mas sem o devido registro da referida alteração contratual na Junta Comercial. Nessa aquisição José e Antônia continuaram trabalhando até 2020, quando foram injustamente dispensados e não receberam qualquer pagamento de verbas rescisórias. Em janeiro de 2021, ajuizaram ação em face do salão requerendo o pagamento das verbas. O Reclamado não compareceu, bem como seu advogado, e foi decretada a revelia e a sentença condenou ao pagamento das verbas. A decisão transitou em julgado e iniciou-se a execução. O salão já tinha encerrado as atividades, e o Advogado dos Reclamantes, com base na desconsideração da personalidade jurídica, requereu a inclusão no polo passivo da sócia Joana e do antigo sócio Marcos dos Santos. Como Juiz, como você decidiria?

- **ASPECTOS IMPORTANTES PARA A RESPOSTA**

O caso em tela denota caso típico de sucessão em que o comprador do salão mantém a mesma atividade que era desenvolvida pelo vendedor, tendo inclusive aproveitado a mão de obra dos empregados. Desta forma, o sucessor passa a ser responsável por todas as verbas dos contratos de trabalho dos empregados, inclusive do período anterior à sucessão, conforme previsão do art. 448-A da CLT.

Na execução, e tendo em vista a separação existente entre os bens dos sócios e os da sociedade, quem primeiro responde pelo pagamento são os bens da empresa. Caso essa não tenha como adimplir as verbas, temos

---

[7] Disponível em: https://www.tst.jus.br/-/nova-titular-de-cart%C3%B3rio-n%C3%A3o-%C3%A9-respons%C3%A1vel-por-parcelas-devidas-a-ex-empregado. Acesso em: 3 mar. 2023.

uma ordem a ser seguida, na forma da previsão do art. 10-A da CLT. Assim, primeiro seriam atingidos os bens pessoais da sócia Joana, e apenas em seguida os bens do sócio retirante, Marcos dos Santos.

Desta forma, com relação ao requerimento formulado pelo advogado do Reclamante, se verificada a ausência de bens da empresa, inicialmente deveria ser deferido apenas o atingimento dos bens da sócia Joana. Apenas num segundo momento, e se constatado que essa também não possui mais bens, é que poderíamos alcançar o patrimônio de Marcos.

Cabe ressaltar que não haveria óbice temporal quanto ao sócio Marcos, pois apesar de ter saído da sociedade em 2017, não foi providenciado o registro da alteração contratual na junta comercial, razão pela qual não se aplica o limite previsto no art. 10-A da CLT, no *caput*.

CAPÍTULO

7

TERCEIRIZAÇÃO

1 - CARACTERIZAÇÃO E A LEI 6.019/1974

Trata-se de uma relação trilateral de exteriorização da mão de obra, e nessa relação temos o trabalhador, o intermediador de mão de obra (empregador aparente ou formal) e o tomador de serviços (empresa real ou natural).

O fenômeno ocorre quando uma empresa tomadora de serviços contrata mão de obra por intermédio de outra empresa: a empresa prestadora. A relação direta de emprego, numa terceirização lícita, existe entre o trabalhador e a empresa prestadora de serviços, ou empresa contratada.

Segundo o jurista Mauricio Godinho, na terceirização ocorre uma dissociação entre a relação econômica de trabalho e a sua relação justrabalhista correspondente. Isso porque temos a relação empregado x empregador (esse como devedor direto), e outra existente, de forma indireta, entre trabalhador e tomador de serviços, que possui certa responsabilidade por se beneficiar da mão de obra do prestador.

E ainda porque a relação econômica decorre do contrato de prestação de serviços existente entre empresa tomadora e empresa prestadora.

A Lei 6.019/1974 cuida do tema em seus artigos:

> "Art. 4º-A. Considera-se prestação de serviços a terceiros a transferência feita pela contratante da execução de quaisquer de suas atividades, inclusive

sua atividade principal, à pessoa jurídica de direito privado prestadora de serviços que possua capacidade econômica compatível com a sua execução. [não há mais diferenciação entre terceirização em atividade-fim e meio, sendo permitida em qualquer atividade da empresa tomadora de serviços, ainda que esta seja sua atividade principal; as contratações de serviços terceirizados não têm mais restrições no que tange à inserção ou não das atividades-fim das tomadoras de serviço]

§ 1º A empresa prestadora de serviços contrata, remunera e dirige o trabalho realizado por seus trabalhadores, ou subcontrata outras empresas para realização desses serviços. [trabalho temporário]

§ 2º Não se configura vínculo empregatício entre os trabalhadores, ou sócios das empresas prestadoras de serviços, qualquer que seja o seu ramo, e a empresa contratante.

(...)

Art. 5º-A. Contratante é a pessoa física ou jurídica que celebra contrato com empresa de prestação de serviços relacionados a quaisquer de suas atividades, inclusive sua atividade principal.

§ 1º É vedada à contratante a utilização dos trabalhadores em atividades distintas daquelas que foram objeto do contrato com a empresa prestadora de serviços.

§ 2º Os serviços contratados poderão ser executados nas instalações físicas da empresa contratante ou em outro local, de comum acordo entre as partes.

§ 3º É responsabilidade da contratante garantir as condições de segurança, higiene e salubridade dos trabalhadores, quando o trabalho for realizado em suas dependências ou local previamente convencionado em contrato.

§ 4º A contratante poderá estender ao trabalhador da empresa de prestação de serviços o mesmo atendimento médico, ambulatorial e de refeição destinado aos seus empregados, existente nas dependências da contratante, ou local por ela designado.

§ 5º A empresa contratante é subsidiariamente responsável pelas obrigações trabalhistas referentes ao período em que ocorrer a prestação de serviços, e o recolhimento das contribuições previdenciárias observará o disposto no art. 31 da Lei nº 8.212, de 24 de julho de 1991".

A matéria ainda tem respaldo na **Súmula 331 do TST:**

"**CONTRATO DE PRESTAÇÃO DE SERVIÇOS. LEGALIDADE (nova redação do item IV e inseridos os itens V e VI à redação) – Res. 174/2011, DEJT divulgado em 27, 30 e 31.05.2011**

I – A contratação de trabalhadores por empresa interposta é ilegal, formando-se o vínculo diretamente com o tomador dos serviços, salvo no caso de trabalho temporário (Lei nº 6.019, de 03.01.1974).

II – A contratação irregular de trabalhador, mediante empresa interposta, não gera vínculo de emprego com os órgãos da Administração Pública direta, indireta ou fundacional (art. 37, II, da CF/1988).

III – Não forma vínculo de emprego com o tomador a contratação de serviços de vigilância (Lei nº 7.102, de 20.06.1983) e de conservação e limpeza, bem como a de serviços especializados ligados à atividade-meio do tomador, desde que inexistente a pessoalidade e a subordinação direta.

IV – O inadimplemento das obrigações trabalhistas, por parte do empregador, implica a responsabilidade subsidiária do tomador dos serviços quanto àquelas obrigações, desde que haja participado da relação processual e conste também do título executivo judicial.

V – Os entes integrantes da Administração Pública direta e indireta respondem subsidiariamente, nas mesmas condições do item IV, caso evidenciada a sua conduta culposa no cumprimento das obrigações da Lei nº 8.666, de 21.06.1993, especialmente na fiscalização do cumprimento das obrigações contratuais e legais da prestadora de serviço como empregadora. A aludida responsabilidade não decorre de mero inadimplemento das obrigações trabalhistas assumidas pela empresa regularmente contratada.

VI – A responsabilidade subsidiária do tomador de serviços abrange todas as verbas decorrentes da condenação referentes ao período da prestação laboral."

A terceirização após as Leis 13.429/2017 e 13.467/2017, que alteram de forma substancial a Lei 6.019/1974

Atualmente a legislação prevê expressamente a possibilidade de terceirização nas atividades-fim das empresas tomadoras de serviços, e estabelece que a prestação de serviços a terceiros compreende a transferência de qualquer das atividades da contratante, inclusive sua atividade principal, à pessoa jurídica de direito privado prestadora de serviços.

STF: "TEMA DE REPERCUSSÃO GERAL 725 – TERCEIRIZAÇÃO DE SERVIÇOS PARA A CONSECUÇÃO DA ATIVIDADE-FIM DA EMPRESA.

Tese: É lícita a terceirização ou qualquer outra forma de divisão do trabalho entre pessoas jurídicas distintas, independentemente do objeto

2 – TERCEIRIZAÇÃO LÍCITA E ILÍCITA – CARACTERIZAÇÃO E CONSEQUÊNCIAS

Para que a terceirização seja considerada lícita alguns requisitos devem ser verificados, assim como a capacidade econômica do prestador de serviços.

a) Ausência de Pessoalidade e de Subordinação, já que a empresa tomadora contrata os serviços, e não a pessoa que irá prestá-los. O item III da Súmula 331 permanecerá provavelmente aplicável, pois o contrário levará ao reconhecimento do vínculo de emprego diretamente com o tomador;

b) Capacidade econômica da Empresa Prestadora de Serviços compatível com a sua execução.

A ausência dos requisitos acima, caso não sejam respeitados, levará à declaração de fraude com fundamento no princípio da primazia da realidade e no art. 9º da CLT. Em decorrência, há que se considerar nulo o contrato de trabalho com a prestadora de serviços (empregador aparente), razão pela qual haverá o reconhecimento de vínculo empregatício diretamente com a empresa tomadora de serviços (empregadora real), bem como o deferimento de direitos inerentes aos empregados dessa última.

Os terceirizados são os pertencentes à categoria profissional da empresa prestadora de serviços, motivo pelo qual não há, em regra, a possibilidade de requerer a equiparação salarial em relação aos empregados da tomadora, exceto no caso de salário equitativo no contrato temporário, conforme o art. 12 da Lei 6.019/1974.

Cabe dizer que o Tema de Repercussão Geral 383 do STF acabou por impedir a manutenção da aplicação do entendimento constante da OJ 383 da SDI-1/TST.

> **STF: "TEMA DE REPERCUSSÃO GERAL. 383 – EQUIPARAÇÃO DE DIREITOS TRABALHISTAS ENTRE TERCEIRIZADOS E EMPREGADOS DE EMPRESA PÚBLICA TOMADORA DE SERVIÇOS.**
>
> Tese: A equiparação de remuneração entre empregados da empresa tomadora de serviços e empregados da empresa contratada (terceirizada)

fere o princípio da livre iniciativa, por se tratarem de agentes econômicos distintos, que não podem estar sujeitos a decisões empresariais que não são suas. Julgamento: 22/09/2020."

Em relação às condições de trabalho (art. 4º-C da Lei 6.019/1974), após a alteração legal, ficou estabelecida a responsabilidade da contratante dos serviços em garantir as condições de segurança, higiene e salubridades de todos os trabalhadores terceirizados, quando o trabalho for realizado em suas dependências ou em local convencionando em contrato – art. 5º-A, § 3º, da Lei 6.019/1974.

Pela leitura da Lei 6.019/1974, especialmente dos arts. 5º-A, § 4º e 9º, § 2º, pode-se verificar uma discriminação em relação à garantia aos terceirizados e temporários, em relação ao mesmo atendimento médico, ambulatorial e de refeição que as empresas contratantes fornecem aos próprios empregados. Isso porque para o temporário a contratante **estenderá** (sentido de imperatividade) o mesmo atendimento médico, ambulatorial e de refeição destinado aos seus empregados, existente nas dependências da contratante, ou local por ela designado, já para o terceirizado a contratante **poderá** (sentido de facultatividade) fazer tal extensão,

O período de "quarentena" foi criado para que os empregados contratados por prazo indeterminado não fossem dispensados e seguidamente contratados como trabalhadores terceirizados, ou como sócios de empresas que prestam serviços à contratante, numa tentativa de aumento do fenômeno denominado pejotização, e também para evitar uma maior precarização dos contratos de trabalho.

Também tivemos inovação quanto à previsão de período de quarentena para que se fosse possível celebrar o contrato de terceirização com empresa prestadora, cujos sócios ou titulares tenham sido empregados ou trabalhadores sem vínculo empregatício da empresa contratante (quarentena de 18 meses).

3 – RESPONSABILIDADE – REGRA GERAL

No caso de terceirização lícita, o art. 5º-A, § 5º, da Lei 6.019/1974 menciona: "§ 5º A empresa contratante é subsidiariamente responsável pelas obrigações trabalhistas referentes ao período em que ocorrer a prestação de serviços, e o recolhimento das contribuições previdenciárias observará o disposto no art. 31 da Lei nº 8.212, de 24 de julho de 1991".

Para que a tomadora de serviços seja alvo da responsabilidade acima é necessário, inicialmente, conforme entendimento do TST, que tenha participado do processo, sendo-lhe garantido o contraditório e a ampla defesa, e posteriormente conste do título executivo judicial.

A tomadora responderá de forma subsidiária por todas as verbas devidas ao empregado (salariais e indenizatórias) pelo período da prestação de serviços – itens IV e VI da Súmula 331 do TST.

4 – RESPONSABILIDADE – TOMADOR MEMBRO DA ADMINISTRAÇÃO PÚBLICA

Quando a tomadora de serviços é membro da administração pública temos a mesma responsabilidade anterior, mas ela não deriva pura e simplesmente do não pagamento pela empresa prestadora, mas sim da comprovação de conduta culposa da Administração, ou seja, de que atuou com culpa quando da contratação (culpa *in elegendo*) ou da fiscalização (culpa *in vigilando*) da empresa contratada.

O entendimento anterior derivou da previsão da Lei de Licitações e Contratos Administrativos, e se manteve mesmo após recente alteração em 2021, conforme a seguir:

> Lei 14.133/2021
>
> "Art. 121. Somente o contratado será responsável pelos encargos trabalhistas, previdenciários, fiscais e comerciais resultantes da execução do contrato.
>
> § 1º A inadimplência do contratado em relação aos encargos trabalhistas, fiscais e comerciais não transferirá à Administração a responsabilidade pelo seu pagamento e não poderá onerar o objeto do contrato nem restringir a regularização e o uso das obras e das edificações, inclusive perante o registro de imóveis, ressalvada a hipótese prevista no § 2º deste artigo.
>
> § 2º Exclusivamente nas contratações de serviços contínuos com regime de dedicação exclusiva de mão de obra, a Administração responderá solidariamente pelos encargos previdenciários e subsidiariamente pelos encargos trabalhistas se comprovada falha na fiscalização do cumprimento das obrigações do contratado."

O ônus da prova quanto à conduta culposa tem entendimentos dissonantes no STF e no TST, mas esse julga pelo ônus como sendo da tomadora de serviço, Administração Pública.

"Ente público. Terceirização. Responsabilidade subsidiária. Culpa *in vigilando*. Configuração. Conquanto o mero inadimplemento das obrigações trabalhistas por parte do prestador de serviços não atribua automaticamente ao ente público tomador de serviços a responsabilidade subsidiária pelo pagamento do respectivo débito, subsiste a possibilidade de a Administração Pública ser responsabilizada quando se verificar a conduta culposa do tomador de serviços na fiscalização do correto cumprimento da legislação trabalhista e previdenciária na vigência do contrato administrativo. Esse foi o entendimento esposado pelo Supremo Tribunal Federal no julgamento da ADC nº 16, ao declarar a constitucionalidade do art. 71, § 1º, da Lei nº 8.666/1993. No presente caso, ficou demonstrada a culpa *in vigilando* da tomadora de serviços, porquanto constatado o descumprimento das obrigações regulares do contrato de trabalho durante sua execução. Sob esse entendimento, a SBDI-1, em composição plena, por maioria, deu provimento aos embargos para restabelecer o acórdão proferido pelo Tribunal Regional na parte em que manteve a responsabilidade subsidiária da União. Vencidos os Ministros Alexandre Luiz Ramos, Hugo Carlos Scheuermann, Breno Medeiros, Aloysio Corrêa da Veiga, Walmir Oliveira da Costa e Maria Cristina Irigoyen Peduzzi." (TST-E-RR-992-25.2014.5.04.0101, SBDI-1, Rel. Min. Augusto César Leite de Carvalho, 04.06.2020 – Informativo 220 do TST)

"Agravo do ente público. Recurso de revista. Responsabilidade subsidiária. 1 – Conforme sistemática à época, foi reconhecida a transcendência da matéria, mas negado seguimento ao recurso de revista. 2 – A decisão monocrática agravada examinou a questão sob a ótica dos julgamentos pelo STF da ADC nº 16/DF e do RE nº 760.931, observando a evolução jurisprudencial, em especial quanto à necessidade de comprovação de culpa. 3 – Ressalte-se que não houve afastamento da aplicação do art. 71, § 1º, da Lei nº 8.666/93, apenas foi realizada sua interpretação à luz da jurisprudência sumulada desta Corte. 4 – Na hipótese dos autos, o Regional concluiu pela culpa *in vigilando* em virtude da falta de comprovação de fiscalização do contrato de prestação de serviços, imputando ao ente público o ônus da prova, a saber: 'Ademais, o Município não comprovou a adoção de qualquer providência administrativa em face da primeira reclamada quanto ao direito laboral não respeitado, não havendo prova de expedição de notificação, suspensão de pagamento ou outra penalidade aplicada à primeira reclamada para garantir o custeio da execução do contrato de prestação de serviços. Aliás, nota-se que o Município reclamado, mesmo com dilação de prazo deferida pelo Juízo *a quo*, não juntou aos autos os comprovantes de recolhimento integral dos depósitos do FGTS nos meses de setembro/2016 a julho/2017, documentos que deveriam estar em poder do tomador de serviços, a quem compete fiscalizar o cumprimento de obrigações trabalhistas da empresa que lhe presta serviços, demonstrando, assim, falha de fiscalização que ao menos contribuiu para a sonegação da verba devida às autoras. (...) Com base em tais princípios, cabia ao ente público comprovar nos autos a observância do dever legal de fiscalizar o licitante, durante todo o contrato, pela sua fiel execução, devendo arcar com a má vigilância.' 5 – Saliente-se, ainda, que a SBDI-1 do TST, a qual uniformiza o entendimento das Turmas, também concluiu que é do ente público o ônus da prova na matéria relativa à responsabilidade subsidiária (E-RR-925-07.2016.5.05.0281, Ministro Claudio Brandão, DEJT 22/5/2020). 6 – O caso concreto, portanto, não diz respeito a mero inadimplemento, uma vez que o TRT registrou por meio de fundamento autônomo que o ônus da prova seria do ente público. Logo, a decisão do TRT que reconheceu a responsabilidade subsidiária do ente público com base na distribuição do ônus da prova em seu desfavor está em consonância com a jurisprudência desta Corte. 7 – Agravo a que se nega provimento." (TST – Ag: 761-78.2018.5.17.0009, Rel. Katia Magalhaes Arruda, 6ª Turma, julgado em 19.05.2021, publicado em 21.05.2021)

Quando a tomadora é uma organização social (OS) a terceirização encontra amparo na Lei 9.637/1998: "O Poder Executivo poderá qualificar como organizações sociais pessoas jurídicas de direito privado, sem fins lucrativos, cujas atividades sejam dirigidas ao ensino, à pesquisa científica, ao desenvolvimento tecnológico, à proteção e preservação do meio ambiente, à cultura e à saúde, atendidos aos requisitos previstos nesta Lei" (art. 1º).

Permite-se à administração pública repassar a um terceiro a prestação de serviços públicos essenciais ao Estado, como a saúde e educação (o STF decidiu pela constitucionalidade da referida lei).

A administração pode firmar contrato de gestão, não sendo exigido procedimento licitatório para a realização dos convênios com as entidades privadas, mas tão somente a necessidade de regulação do procedimento pelo Poder Público para trazer transparência ao processo. Não há ilegalidade na transferência dos valores ao ente privado para a prestação de serviços públicos.

VEDAÇÕES À TERCEIRIZAÇÃO NO SETOR PÚBLICO (V. Decreto 9.507/1998)

A) **Administração direta, autárquica e fundacional** – é proibida a terceirização nos: (1) serviços que envolvam a tomada de decisões; (2) serviços estratégicos do órgão ou entidade pública; (3) serviços relacionados ao poder de polícia, de regulação, de outorga de serviços públicos ou de aplicação de sanção; (4) serviços desenvolvidos pelos servidores públicos conforme previsão no plano de cargos do órgão ou entidade; (5) exceção ao item 4 – cargos extintos ou previsão em lei – possibilidade de terceirização;

Empresas públicas e sociedades de economia mista – é proibida a terceirização em serviços que demandem a utilização, pela contratada, de profissionais com atribuições inerentes às dos cargos integrantes de seus Planos de Cargos e Salários (PCCS); exceto se contrariar os princípios administrativos da eficiência, da economicidade e da razoabilidade, tais como na ocorrência de, ao menos, uma das seguintes hipóteses: I – caráter temporário do serviço; II – incremento temporário do volume de serviço; III – atualização de tecnologia ou especialização de serviço; IV – impossibilidade de competir nesse mercado concorrencial em que se insere.

B) **Vedações de caráter geral** – é vedada a contratação, por órgão ou entidade, de pessoa jurídica na qual haja administrador ou sócio com poder de direção que tenham relação de parentesco com: I – detentor de cargo em comissão ou função de confiança que atue na área responsável pela demanda ou pela contratação; ou II – autoridade hierarquicamente superior no âmbito de cada órgão ou entidade.

5 – DECISÕES DOS TRIBUNAIS ACERCA DO TEMA

O TST firmou entendimento de que a terceirização operada antes da Lei 13.429/2017 não permite a terceirização de atividade-fim: "Instituição financeira. Telemarketing. Atividade-fim. Terceirização ilícita. Contrato de trabalho celebrado e extinto na vigência da Lei nº 6.019/74. Não incidência da Lei nº 13.429/2017. A Lei nº 13.429/2017 não se aplica às relações de trabalho regidas e extintas sob a égide da Lei nº 6.019/1974, sob pena de afronta ao direito adquirido do empregado a condições de trabalho mais vantajosas. No caso, a reclamada insurgiu-se contra decisão da SBDI-I que, invocando a Súmula nº 331, I, do TST, estabeleceu que a prestação de serviços de cobrança a clientes de instituição financeira, mediante contato telefônico, se insere na atividade-fim bancária. Alegou que a Lei nº

108 | MANUAL PRÁTICO DE DIREITO DO TRABAHO – *Aline Leporaci* e *Bianca Merola da Silva*

13.429/2017, ao acrescentar o art. 4º-A, § 2º, à Lei nº 6.019/74, afastou a ilicitude na terceirização dos serviços prestados e tem aplicação imediata. Todavia, por se tratar de contrato celebrado e findo antes da entrada em vigor da Lei nº 13.429/2017, prevaleceu o entendimento jurisprudencial firmado no item I da Súmula nº 331 do TST, amparado no antigo teor da Lei nº 6.019/1974. Sob esses fundamentos, a SBDI-I, por unanimidade, deu provimento a embargos de declaração apenas para prestar esclarecimentos". (TST-ED-E-EDRR-1144-53.2013.5.06.0004, SBDI-I, Rel. Min. João Oreste Dalazen, 03.08.2017 – Informativo 162 do TST)

Constitucional. Recurso extraordinário com agravo. Concessionárias de serviços de telecomunicações. "terceirização". Ofensa ao princípio da reserva de plenário. Não aplicação do art. 94, II, da lei 9.472/97 pelo Tribunal Superior do Trabalho. Repercussão geral configurada. 1. Possui repercussão geral a questão relativa à ofensa ou não ao princípio da reserva de plenário em razão da não aplicação, pelo Tribunal Superior do Trabalho, a empresas de telecomunicações, do art. 94, II, da Lei 9.472/97, que permite, a concessionárias de serviço público a "terceirização" de atividades inerentes, acessórias ou complementares ao serviço. 2. Repercussão geral reconhecida. (STF – RG ARE: 791932/DF, Rel. Min. Teori Zavascki, Tribunal Pleno, julgado em 05.06.2014, publicado em 17.06.2014) – segundo o TST, há licitude da terceirização da atividade principal entre pessoas jurídicas distintas.

Empresa de telecomunicações. Serviço de *call center*. Terceirização. Licitude. Precedentes vinculantes do Supremo Tribunal Federal. Nos termos do entendimento vinculante do STF, a terceirização de atividade-fim ou essencial das empresas de telecomunicações não pode ser considerada ilícita. No julgamento do processo STFARE 791932/DF (Tema 739 da repercussão geral), firmou-se a tese de que é nula a decisão de órgão fracionário que nega aplicação ao art. 94, I, da Lei nº 9.472/1997, e de que a Súmula nº 331 do TST é parcialmente inconstitucional, devendo a licitude da terceirização de toda atividade ser reconhecida. No referido julgamento, também se estabeleceu que o reconhecimento da ilicitude da terceirização destoa do posicionamento firmado nos processos STF – ADPF 324 e STF – RE 958.252/MG (Tema 725 da repercussão geral), em que se assentou a licitude da terceirização ou de qualquer outra forma de divisão do trabalho entre pessoas jurídicas distintas. Ressalte-se, todavia, que embora o STF tenha prestigiado os princípios da legalidade, da livre iniciativa, da livre concorrência e da segurança jurídica na terceirização, não houve derrogação das normas de Direito do Trabalho, de modo que a verificação, no caso concreto, da existência de vínculo empregatício (art. 3º da CLT) diretamente com a tomadora dos serviços continua sendo possível, especialmente quando comprovada a subordinação jurídica direta do empregado terceirizado à empresa tomadora. Na espécie, a decisão turmária reconheceu o vínculo de emprego do reclamante, que exercia a função de atendente de *call center*, diretamente com a empresa concessionária de serviços de telecomunicações tomadora dos serviços, sem registrar qualquer particularidade que distinguis-se o caso dos precedentes firmados pela Suprema Corte. Assim, a SBDI-I, por unanimidade, conheceu dos embargos, por divergência jurisprudencial, e, no mérito, deu-lhes provimento para afastar o reconhecimento do vínculo empregatício com a tomadora dos serviços e determinar o retorno dos autos à Turma para que prossiga no julgamento do recurso de revista quanto ao pedido subsidiário de isonomia salarial com os empregados da tomadora dos serviços. (TST-E-EDRR-39900-49.2007.5.24.0002, SBDI-I, Rel. Min. Luiz Philippe Vieira de Mello Filho, 28.11.2019 – Informativo 213 do TST)

Recurso de revista. Lei 13.467/2017. Mandado de segurança contra ato de auditor fiscal do trabalho. Competência. Insubsistência do funda-mento para a lavratura do auto de infração – terceirização de atividade-fim. Licitude. ADPF 324 E RE 958.252. Transcendência política reconhecida. Há transcendência política da causa em que se discute a validade de auto de infração lavrado por Auditor Fiscal do Trabalho, com reconhecimento de vínculo de emprego diante da declaração da ilicitude de terceirização, tendo em vista que a jurisprudência desta Corte Superior entende que não invade a esfera da competência da Justiça do Trabalho a declaração de existência de vínculo de emprego feita pelo Auditor Fiscal do Trabalho, por ser sua atribuição verificar o cumprimento das normas trabalhistas. No caso dos autos, o eg. TRT deu provimento ao recurso ordinário da Ford para conceder a segurança pleiteada, reconhecendo a ilegalidade do ato que culminou no auto de infração e, por consectário, reconhecer a nulidade do próprio auto de infração. Não obstante ser entendimento pacífico desta c. Corte que não há invasão na esfera da competência da Justiça do Trabalho a declaração de existência de vínculo de emprego feita pelo Auditor Fiscal do Trabalho, por ser sua atribuição averiguar o cumprimento das normas trabalhistas, verifica-se que o fundamento para a lavratura do auto de infração não mais subsiste no ordenamento jurídico. Isso porque o Supremo Tribunal Federal firmou a tese de que é lícita a terceirização de serviços de atividade-fim, conforme posicionamento adotado no julgamento do ARE 791.932 (Tema 739), nos autos da ADPF 324 e do RE 958.252, e, ainda, na ocasião do julgamento da ADC 26, motivo pelo qual não há como ser chancelado auto de infração que reconhece vínculo de emprego fundado em terceirização ilícita. Deve, portanto, ser mantida a decisão regional que concedeu a segurança pleiteada nos autos do Mandado de Segurança impetrado pela Ford Motor Company Brasil Ltda., que reconheceu a ilegalidade do auto de infração, face à decisão vinculante do e. STF. Transcendência política reconhecida e recurso de revista não conhecido. (TST – RR-1159-08.2017.5.05.0134, 8ª Turma, Rel. Min. Aloysio Silva Corrêa da Veiga, julgado em 24.08.2022 – Informativo 259 do TST)

Incidente de Recursos Repetitivos, Tema 18 – TST

1) Nos casos de lides decorrentes da alegação de fraude, sob o fundamento de ilicitude da terceirização de atividade-fim, o litisconsórcio passivo é necessário e unitário. Necessário, porque é manifesto o interesse jurídico da empresa de terceirização em compor essas lides e defender seus interesses e posições, entre os quais a validade dos contratos de prestação de serviços terceirizados e, por conseguinte, dos próprios contratos de trabalho celebrados. Unitário, pois o juiz terá que resolver a lide de maneira uniforme para ambas as empresas, pois incindíveis, para efeito de análise de sua validade jurídica, os vínculos materiais constituídos entre os atores da relação triangular de terceirização. 2) A renúncia à pretensão formulada na ação não depende de anuência da parte contrária e pode ser requerida a qualquer tempo e grau de jurisdição; cumpre apenas ao magistrado averiguar se o advogado signatário da renúncia possui poderes para tanto e se o objeto envolve direitos disponíveis. Assim, é plenamente possível o pedido de homologação, ressalvando-se, porém, ao magistrado o exame da situação concreta, quando necessário preservar, por isonomia e segurança jurídica, os efeitos das decisões vinculantes (CF, art. 102, § 2º; art. 10, § 3º, da Lei 9.882/99) e obrigatórias (CPC, art. 927, I a V) proferidas pelos órgãos do Poder Judiciário, afastando-se manobras processuais lesivas ao postulado da boa-fé processual (CPC, art. 80, I, V e VI). 2.1) Depois da homologação, a parte autora não poderá deduzir pretensão contra quaisquer das empresas – prestadora-contratada e tomadora-contratante – com suporte na ilicitude da terceirização da atividade-fim (causa de pedir). 2.2) O ato homologatório, uma vez praticado, acarreta a extinção do processo e, por ficção legal, resolve o mérito da causa (artigo 487, III, "c", do CPC), produz coisa julgada material, atinge a relação jurídica que deu origem ao processo, somente é passível de desconstituição por ação rescisória (CPC, arts. 525, § 15, 535, § 8º, e 966) ou ainda pela via da impugnação à execução (CPC, art. 525, § 12) ou dos embargos à execução (CPC, art. 535, § 5º) e acarretará a perda do interesse jurídico no exame do recurso pendente de julgamento. 3) Em sede de mudança de entendimento desta Corte, por força da unitariedade imposta pela decisão do STF ("superação abrupta"), a ausência de prejuízo decorrente da falta de sucumbência cede espaço para a impossibilidade de reconhecimento da ilicitude da terceirização. Sendo assim, como litisconsorte necessário, a empresa prestadora que, apesar de figurar no polo passivo, não sofreu condenação, possui interesse em recorrer da decisão que reconheceu o vínculo de emprego entre a parte autora e a empresa tomadora dos serviços. 4) Diante da existência de litisconsórcio necessário e unitário, a decisão obrigatoriamente produzirá idênticos efeitos para as

> empresas prestadora e tomadora dos serviços no plano do direito material. Logo, a decisão em sede de juízo de retratação, mesmo quando apenas uma das rés interpôs o recurso extraordinário, alcançará os litisconsortes de maneira idêntica. 5) não modular os efeitos desta decisão."[1]

6 – QUESTÃO DE SEGUNDA FASE ACERCA DO TEMA

Em um processo discutindo a licitude da terceirização foram incluídas no polo passivo a prestadora de serviços (1ª Reclamada) e a aparente tomadora de serviços (2ª Reclamada), mas real empregadora, sob o ponto de vista da tese da petição inicial. Em sentença o Juízo confirma a ilicitude da terceirização, e declara a existência de relação de emprego com a Segunda Reclamada, e condena apenas esta ao pagamento de verbas do período contratual. A primeira Reclamada tem interesse em recorrer? É possível o ajuizamento de ação apenas em face da tomadora de serviços? Em caso negativo, qual é a espécie de litisconsórcio entre as Rés?

- **ASPECTOS IMPORTANTES PARA A RESPOSTA**

A terceirização é a dissociação entre o vínculo econômico e o vínculo jurídico da relação de emprego, razão pela qual se forma uma relação triangular entre empregado, empregador (empresa prestadora de serviços) e tomador de serviços, a quem o empregado direciona sua força de trabalho.

Assim, ainda que a terceirização seja lícita, o tomador de serviços pode ser incluído no polo passivo da ação para que seja requerida sua responsabilidade subsidiária quanto aos pleitos deferidos na sentença, sendo hipótese de litisconsórcio facultativo.

No entanto, caso a alegação seja de ilicitude da terceirização, o litisconsórcio entre a empresa prestadora e a empresa tomadora de serviços será necessário e unitário, ou seja, necessariamente ambas as empresas deverão constar do polo passivo da ação, e a decisão será a mesma para todas as partes envolvidas (a solução sobre a validade da terceirização será a mesma para ambas as reclamadas).

Desta forma, o autor não poderá litigar diretamente apenas em face da empresa tomadora, devendo o empregador também constar do polo passivo,

---

[1] Disponível em: https://www.tst.jus.br/-/tst-define-tese-jur%C3%ADdica-sobre--processos-relativos--%C3%A0-licitude-da-terceiriza%C3%A7%C3%A3o. Acesso em: 3 mar. 2023.

uma vez que o reconhecimento de vínculo com o tomador dependerá da desconstituição do negócio jurídico com o prestador, sob pena de nulidade, na forma do art. 115, I, do CPC.

Esta, inclusive, foi a tese firmada pelo pleno do TST em IRRR (Incidente de Recursos Repetitivos, Tema 18) com efeitos vinculantes.

Como consequência prática, ainda que a pretensão condenatória seja totalmente direcionada à empresa originariamente tomadora, mas reconhecida como real empregadora, a empresa prestadora de serviços tem interesse em recorrer, pois restou vencida em sua tese de defesa, e também pelo fato de que a decisão produzirá idênticos efeitos para as empresas no campo do direito material. Pela unitariedade imposta pela decisão do TST o foco passa a ser o reconhecimento ou não de ilicitude da terceirização.

Dessa forma, a empresa prestadora tem interesse em recorrer, e o litisconsórcio, em ações que visam ao reconhecimento de ilicitude da terceirização, é necessário e unitário, devendo integrar o polo a empresa prestadora e também a tomadora de serviços, produzindo a decisão idênticos efeitos para as empresas no plano do direito material.

CAPÍTULO

8

NULIDADES

1 – CARACTERIZAÇÃO NO DIREITO DO TRABALHO

Nos negócios jurídicos normalmente se verifica a presença dos elementos essenciais e imprescindíveis à formação da figura jurídica contratual, sendo que a sua ausência ou irregularidade podem comprometer a própria existência ou validade do contrato.

Já os elementos naturais, embora não sejam imprescindíveis à existência do contrato, são comuns, recorrentes e quase inevitáveis em seu cotidiano concreto.

Por fim, os elementos acidentais são circunstanciais e episódicos na existência de tais contratos.

Os elementos acima devem ser analisados desde a formação da relação de emprego por meio dos elementos fático-formais do contrato de trabalho.

Orlando Gomes e Elson Gottschalk apontam que para sua validade é necessário que haja a conjugação de elementos extrínsecos e intrínsecos, hoje reconhecidos como pressupostos ou requisitos.

Os elementos extrínsecos são a capacidade das partes e a idoneidade do objeto. Já os intrínsecos envolvem o consenso e a causa.

Podemos citar como **elementos essenciais extrínsecos**:

1) **capacidade**: aptidão da pessoa para adquirir direitos e contrair obrigações;

2) **legitimidade**: para a legitimação a pessoa deve ter capacidade, e também não haver vedação legal para que possa trabalhar (exemplo: ao estrangeiro com visto de visita é vedado o exercício de atividade remunerada no Brasil – Lei 13.445/2017, art. 13, § 1º), e exigência de habilitação legal (exemplo: para exercer a profissão de vigilante, o trabalhador deve ter instrução correspondente à quarta série do primeiro grau e ter sido aprovado em curso de formação de vigilante, realizado em estabelecimento com funcionamento autorizado nos termos do art. 16, III e IV, da Lei 7.102/1983.

Entre os **elementos essenciais intrínsecos** temos:

a) **agente capaz**: art. 7º, XXXIII, da CF/1988;

b) **forma prescrita e não defesa em lei**: em regra, não há formalidade especial, podendo o contrato ser escrito ou verbal, e em alguns casos até mesmo tácito, derivado de simples comportamento das partes contratantes;

c) **objeto lícito**: somente será válido o contrato se não envolver ilícito penal;

d) **consentimento**: a livre manifestação da vontade é essencial ao contrato de emprego.

Quanto ao trabalho do menor há que observar o art. 7º, XXXIII, da CF/1988, e também especial atenção ao Princípio da Proteção Integral, já que cabe aos pais e familiares a prioridade de proteção à criança e ao adolescente.

Como no Direito do Trabalho temos a aplicação da teoria da nulidade mitigada, caso haja uma ação individual requerendo o reconhecimento do vínculo, embora o contrato firmado seja proibido (como com menor com 13 anos), e apesar da vedação legal (seria o caso de trabalho proibido) em virtude das condições ou circunstâncias do prestador de serviços, não se pode deixar de reconhecer os efeitos jurídicos com a declaração do vínculo e os efeitos daí decorrentes.

Haverá a extinção do contrato, com efeitos *ex nunc* (ou seja, com efeitos futuros e não pretéritos), fazendo jus a criança ou o adolescente a todos os direitos de todo o período trabalhado (férias, 13º salário, FGTS etc.), uma vez que não se tem como voltar ao *status quo ante* (o que geraria enriquecimento ilícito do empregador, que já se beneficiou da prestação de serviços do trabalhador).

> "Trabalho infantil. Repressão. Indiferença da natureza da relação e da habitualidade do serviço. A proibição do trabalho infantil integra a política mundial de proteção da infância e da juventude, em que se dá prioridade à educação e ao desenvolvimento físico e mental, de molde a formar futuros trabalhadores sadios e bem preparados. Mesmo quando se trate de aprendiz (com mais de catorze anos) ou de trabalhador com mais de dezesseis anos, a quem a lei permite o trabalho, o empregador deve conceder tempo necessário para frequência às aulas. É irrelevante que não se configurem os requisitos de autêntica relação de emprego, como habitualidade, onerosidade, pessoalidade e subordinação; basta que se constate a utilização indevida da mão de obra de menores para que incidam os instrumentos repressivos previstos em lei. Recurso a que se nega provimento para manter a aplicação de penalidade administrativa pelo uso de mão de obra infantil." (TRT-PR 80056-2005-659-09-40-0-ACO-29175-2006, Pub. 10.10.2006, Rel. Marlene T. Fuverki Suguimatsu)

Preceitua o art. 439 da CLT que é lícito ao menor firmar recibo pelo pagamento dos salários. No entanto, em se tratando de rescisão do contrato de trabalho, é vedado ao menor de 18 (dezoito) anos dar, sem assistência dos seus responsáveis legais, quitação ao empregador pelo recebimento da indenização que lhe for devida.

E nos casos de emancipação, temos a não aplicação do art. 439 da CLT?

A menoridade cessa aos 18 (dezoito) anos completos, quando a pessoa fica habilitada à prática de todos os atos da vida civil.

O art. 5º, parágrafo único, do Código Civil estabelece que cessará, para os menores, a incapacidade pela concessão dos pais, ou de um na falta do outro, mediante instrumento público, independentemente de homologação judicial, ou por sentença do juiz, ouvido o tutor, se o menor tiver 16 (dezesseis) anos completos, pelo casamento, pelo exercício de emprego público efetivo, pela colação de grau em curso de ensino superior e pelo estabelecimento civil ou comercial, ou pela existência da relação de emprego, desde que, em função deles, o menor de 16 (dezesseis) anos completos tenha economia própria.

Com relação à indagação acima temos duas correntes. Pela primeira, a emancipação do adolescente prevista na legislação civil faz que persista a proibição da prestação de serviços em tais atividades, uma vez que a proteção ao jovem deve permanecer. A segunda defende o oposto, pois a emancipação faria cessar também a incapacidade.

Para o Direito do Trabalho, que tem a visão protetiva do menor, entendemos que mesmo cessada a incapacidade, o trabalhador continua sendo menor. Portanto, ainda que ele esteja inserido nas exceções do parágrafo único acima mencionado, continua a ele aplicável o art. 439 da CLT.

Nulidade significa a ineficácia de um ato jurídico, que não gera efeitos. A nulidade pode ocorrer quando o ato afronta um dispositivo legal ou quando uma determinada situação visa macular a realidade dos fatos.

No direito do trabalho, o art. 9º da CLT dispõe especificamente quando um ato será nulo, e isso se dará quanto a atos praticados com o objetivo de desvirtuar, impedir ou fraudar a aplicação dos preceitos contidos na CLT.

Segundo Godinho, nulidade é a invalidação da existência e/ou dos efeitos jurídicos de um ato ou seu componente em virtude de se chocar com regra jurídica imperativa.

2 – EFEITOS NOS CONTRATOS DE TRABALHO

Em virtude do objeto do Direito do Trabalho houve a construção de uma teoria específica com relação aos efeitos das nulidades. Enquanto no Direito Civil prevalece a conduta normativa geral de que constada a nulidade, o ato (ou seu componente viciado) deve ser suprimido do mundo jurídico, reposicionando-se as partes à situação fático-jurídica anterior (nulidade decretada tem efeito retroativo, e, portanto, *ex tunc*), no Direito do Trabalho o tratamento é distinto.

Como regra, vigora o critério da irretroatividade da nulidade decretada (efeitos *ex nunc*), pois na prática não haveria como se retornar ao estado anterior, visto que o trabalhador já dispendeu sua força de trabalho, que não teria como lhe ser devolvida.

Essa diferenciação dos efeitos das nulidades, considerando a teoria trabalhista em contraponto à teoria civilista tradicional, resulta nas seguintes consequências: (a) torna-se inviável o reposicionamento pleno das partes à situação anterior ao contrato nulo: o trabalho já foi prestado, e seu valor transferido, com apropriação completa pelo tomador de serviços; (b) a transferência do trabalho em benefício do tomador cria uma situação econômica consumada com evidente desequilíbrio entre as partes, que apenas pode ser corrigida (ainda que não totalmente) com o reconhecimento dos direitos trabalhistas ao prestador.

O que normalmente não é aceito pelo Poder Judiciário é o reconhecimento de vínculo (e direitos decorrentes) no caso de objeto ilícito do contrato de emprego, e em especial quando o trabalhador tem ciência da ilicitude cometida.

3 – DECISÕES DOS TRIBUNAIS ACERCA DO TEMA

Competência da justiça do trabalho. Contrato de trabalho nulo. Súmula 363 do TST. O TRT decidiu em conformidade com a jurisprudência do TST, no sentido de que, tratando-se de alegação de contrato de trabalho nulo, por ausência de realização de concurso público, a teor da Súmula 363 do TST, e tendo a própria parte agravante reconhecido o regime jurídico celetista, a Justiça do Trabalho tem competência para processar e julgar a presente demanda. Óbice da Súmula 333 do TST e do art. 896, § 7º, da CLT. **Agravo a que se nega provimento.** (TST – Ag-AIRR – 33300-60.2008.5.01.0020, Rel. Min. Maria Helena Mallmann, 2ª Turma, julgado em 29.06.2022, publicado em 01.07.2022)

Reclamante admitida antes da vigência da CF/88 (1986) sem concurso público, dispensada posteriormente e reintegrada em 2011 por força de ordem judicial. Pedido da inicial (adicional de insalubridade e reflexos) referente ao período em que prestou serviços ao reclamado por força da ordem reintegratória (04/11/2011 a 28/08/2012), a qual posteriormente foi tornada sem efeito. Alegação de nulidade da contratação. Inaplicabilidade das normas do artigo 37, inciso II e § 2º, da CF/88 e da diretriz da Súmula nº 363 do TST.

1 – De acordo com a sistemática adotada na Sexta Turma à época da prolação da decisão monocrática, foi reconhecida a transcendência da matéria, mas negou-se provimento ao agravo de instrumento.

2 – As alegações da parte não desconstituem a fundamentação adotada na decisão monocrática agravada.

3 – A delimitação extraída do acórdão recorrido (trecho transcrito no recurso de revista) é a seguinte: a reclamante foi contratada pelo Estado

do Rio Grande do Sul **antes** da vigência da CF/88 (em 1986), **sem prévia aprovação em concurso público**; foi posteriormente dispensada e, tempo depois, **reintegrada** por força de ordem judicial expedida em 2011, tendo prestado serviços até 2012, quando a ordem judicial de reintegração foi tornada sem efeito diante da constatação de que efetivamente não havia determinação de reintegração específica para a reclamante; o pedido formulado na inicial no caso concreto é de adicional de insalubridade e reflexos referentes ao período compreendido entre *04.10.2011 a 28.08.2012*, em que a reclamante prestou serviços ao Estado reclamado em cumprimento do *"mandado judicial de reintegração, expedido nos autos do proc. 0187000-60. 1998.5.04.0202"* (fl. 345).

4 – Diante do contexto acima descrito, o TRT decidiu que deveria ser confirmada a sentença que condenara o reclamado ao pagamento do adicional de insalubridade e reflexos, aos seguintes fundamentos: a) ficou incontroverso o trabalho em condições insalubres; *"não se trata à evidência da hipótese de cargo em comissão, demissível 'ad nutum' referido pelo réu no apelo. **Tampouco da previsão contida na Súmula 363 do TST. Isso porque a prestação de trabalho no segundo período decorreu por força de determinação judicial – ainda que imperfeita pela ausência de comando específico no título executivo –, relacionada com o vínculo empregatício válido mantido desde 1986, antes, portanto, da Constituição Federal"*; *"Ainda que assim não se entendesse, **o adicional de insalubridade envolve pagamento de salário em sentido estrito**, inclusive base de cálculo do valor do salário-hora, sendo devido seja a empregado detentor de cargo em comissão, seja decorrente de contrato de trabalho nulo, mas eficaz"*.

5 – Nesse passo, e consonante bem assinalado na decisão monocrática agravada, conclui-se que o posicionamento adotado pelo TRT não implica – nos moldes exigidos pela alínea "c" do artigo 896 da CLT – ofensa literal e direta ao artigo 37, inciso II e § 2º, da CF/88, tampouco acarreta contrariedade à Súmula nº 363 do TST.

6 – Com efeito, seja porque a reclamante foi contratada validamente em 1986 (época em que não se exigia o concurso público para ingresso em cargo público), seja porque a prestação laboral no período entre *04.10.2011 a 28.08.2012* (objeto do pedido) decorreu de ordem judicial de reintegração (ainda que tornada sem efeito posteriormente), **o certo é que não se trata no caso concreto de contrato nulo**, razão pela qual se afiguram inaplicáveis a norma do artigo 37, inciso II e § 2º, da CF/88 e a diretriz da Súmula nº 363 do TST, as quais dizem respeito à contratação pela administração pública sem prévia aprovação em concurso público e aos efeitos dela decorrentes.

7 – De outro lado, o recurso de revista também não se viabiliza pela divergência colacionada, diante da inespecificidade dos arestos colacionados,

a teor da Súmula nº 296, I, do TST, pois não partem das mesmas premissas fáticas descritas no acórdão recorrido, notadamente a peculiaridade de que a vinculação com o ente da administração pública no período contratual objeto da condenação decorreu de determinação judicial de reintegração. (TST – Ag-AIRR – 575-64.2013.5.04.0018, Rel. Min. Kátia Magalhães Arruda, 6ª Turma, julgado em 30.11.2022, publicado em 02.12.2022)

I – Agravo de instrumento em recurso de revista regido pela Lei 13.467/2017. Transcendência reconhecida. Contrato nulo. Efeitos. Demonstrada possível contrariedade à Súmula 363 do TST, impõe-se o provimento do agravo de instrumento para determinar o processamento do recurso de revista. **Agravo de instrumento provido.**

II – Recurso de revista regido pela Lei 13.467/2017. Contrato de trabalho nulo. Efeitos. No caso dos autos, o contrato de trabalho celebrado entre a reclamante e a reclamada é nulo. Logo, o caso atrai a incidência, na espécie, da Súmula 363 do TST. Nesse contexto, a decisão regional, ao deferir outras verbas pleiteadas que não sejam os depósitos correspondentes ao FGTS e a contraprestação pactuada, em relação ao número de horas trabalhadas, contraria o entendimento consolidado na Súmula 363 desta Corte. **Recurso de revista conhecido e provido.** (TST – RR – 5507-12.2014.5.12.0027, Rel. Min. Delaíde Miranda Arantes, 2ª Turma, julgado em 04.03.2020, publicado em 13.03.2020)

"Afirma o Reclamante que prestou serviços como agente de segurança para a 1ª Reclamada, no período de 07/05/2013 a 17/11/2016. Aduzindo que prestava serviços nos moldes do artigo 3º da CLT, requer o reconhecimento de vínculo de emprego. Em seu depoimento pessoal, deixou certo o Reclamante que é policial militar da ativa, sendo que, com um grupo com mais policiais militares, sua função era garantir a segurança armada paramilitar dos veículos de transporte da 3ª Reclamada. Assim, tem-se que o Reclamante, policial militar da ativa, prestava segurança particular, portando arma de fogo própria. Tal fato é suficiente para determinar a improcedência do pedido de reconhecimento de vínculo de emprego, não em razão de ser o Reclamante policial militar, mas sim porque o próprio objeto da prestação de serviços é ilícito. Considerando as leis que compõem nosso ordenamento jurídico, ninguém pode prestar segurança particular armada, fora dos limites da Lei 7.102/83, que rege a profissão de vigilante. O Reclamante, só porque é policial militar, não pode fazer segurança particular, armada, em suas horas de folga. Tal serviço é ilícito, e não pode receber a chancela do Poder Judiciário. Abstraindo as irregularidades administrativas, poderia o Reclamante, em suas folgas, trabalhar em qualquer outra atividade cujo objeto não fosse ilícito, e então postular o reconhecimento de vínculo de emprego perante a Justiça do Trabalho, na forma da Súmula 386 do Colendo TST. Não pode, contudo, pretender o reconhecimento de uma relação jurídica cujo objeto é ilícito, qual seja, segurança particular armada, isso independente da profissão por ele exercida. Cabe lembrar que o porte de arma do policial fora do serviço, assim como do próprio juiz, visa tão somente a autodefesa, não autorizando que saia por aí fazendo segurança particular armada. Assim, inexistindo vínculo de emprego entre o Reclamante e a 1ª Reclamada, em razão da ilicitude do objeto da prestação de serviços, improcedentes são todos os pedidos formulados". Decido. Há diferença entre trabalho proibido e trabalho ilícito. O contrato de trabalho tem como elementos essenciais (jurídico-formais) do contrato a capacidade das partes, a licitude do objeto, a forma regular ou não proibida e a higidez da manifestação da vontade. Nesta senda, há de se distinguir trabalho ilícito e trabalho irregular, porquanto a repercussão trabalhista de cada uma das categorias é diversa. O trabalho ilícito é aquele que compõe um tipo penal ou concorre diretamente para ele, enquanto o trabalho irregular (ou proibido), é aquele realizado em desrespeito a uma norma proibitiva expressa do Estado. Na hipótese dos autos, o exercício da profissão de vigilante em desacordo com a Lei 7.102/1983 não corresponde a norma penal incriminadora, não se tratando, portanto, de trabalho ilícito. Assim, tal qual admitido pelo col. TST, em sua Súmula 386, há de se reconhecer o vínculo de emprego, mormente diante da confissão ficta operada em desfavor da 1ª e 2ª reclamadas, haja vista sua revelia (Súmula 74 do col. TST). (TST – AIRR: 100914-35.2017.5.01.0063, Rel. Min. José Roberto Freire Pimenta, 2ª Turma, julgado em 02.08.2021, publicado em 05.08.2021)

Técnico de radiologia. Operador de raio-X. A ausência de diploma não afasta o direito às diferenças salariais. Princípio da primazia da realidade. A jurisprudência prevalecente nesta Corte superior, com fundamento na teoria justrabalhista das nulidades, tem entendido que o exercício da função de Operador de Raio-x, mesmo sem a habilitação profissional exigida no artigo 2º da Lei nº 7.394/85, dá ensejo ao pagamento da remuneração estabelecida para a referida categoria profissional, porquanto a mencionada irregularidade não consiste em exercício de trabalho ilícito. Além disso, entende-se que, tendo em vista que, uma vez despendida a força de trabalho pelo empregado, é impossível o retorno das partes ao "status quo ante", sendo necessária a contraprestação pela prestação de serviços, sob pena de enriquecimento sem causa da reclamada. Importante esclarecer que o Supremo Tribunal Federal, no julgamento de medida cautelar na ADPF nº 151, assentou que os efeitos do art. 16 da Lei nº 7.394/1985 devem continuar sendo aplicados, até que sobrevenha norma que fixe nova base de cálculo. Assim, considerando que, no caso dos autos, não há notícia acerca da fixação de nova base de cálculo, distinta da prevista no artigo 16 da Lei nº 7.394/85, e desvinculada do salário mínimo, não há falar em ofensa à literalidade do artigo 7º, inciso IV, da Constituição da República, nem em desrespeito ao julgamento proferido na ADPF nº 151. Divergência jurisprudencial não caracterizada, nos termos da Orientação Jurisprudencial nº 115 da SBDI-1 e da Súmula nº 296, item I, do TST. Recurso de revista não conhecido. (TST – RR: 1911-52.2011.5.15.0088, Rel. Min. José Roberto Freire Pimenta, 2ª Turma, julgado em 27.05.2015, publicado em 05.06.2015)

4 – QUESTÃO DE SEGUNDA FASE ACERCA DO TEMA

Nildemar Junior, jogador de futebol, maior, com ensino médio incompleto, firma contrato de trabalho com Clube de Regatas Futebol de Várzea para receber mensalmente o valor de R$ 100.000,00 com previsão de pagamento de "bicho" (premiação) em caso de vitória no valor de R$ 1.000,00. No momento da assinatura do contrato ambas as partes estavam assessoradas de seus empresários e advogados, e Nildemar impôs algumas cláusulas como local em que iria residir, bem como alguns horários especiais para participar de treinos e concentrações, o que foi prontamente acatado pelo clube.

Após a dispensa, Nildemar ajuíza ação requerendo a declaração de nulidade da cláusula acima mencionada, pois a norma coletiva da categoria prevê pagamento de bicho no valor de R$ 5.000,00.

A Reclamada pugna pela improcedência do pedido, pois o Reclamante era enquadrado na condição de hipersuficiente em razão do valor do salário. O Reclamante se manifesta pela impossibilidade desse enquadramento pelo não preenchimento de todos os requisitos legais. Como o candidato resolveria a questão?

- **ASPECTOS IMPORTANTES PARA A RESPOSTA**

A reforma trabalhista trouxe para a CLT a figura do trabalhador hipersuficiente, que é aquele que possui diploma de nível superior completo e recebe salário mensal igual ou superior a duas vezes o limite máximo dos benefícios do RGPS, conforme previsto no art. 444, parágrafo único.

Para esses, é livre a estipulação contratual e as disposições prevalecem inclusive sobre possível norma coletiva da categoria.

Tomando por base as características de Nildemar, por certo que não preenche todos os requisitos legais acima mencionados, já que, apesar de receber salário muito superior ao dobro do teto do RGPS, não possui ensino superior completo.

No entanto, não há como se entender que apenas por esse motivo Nildemar esteja enquadrado na condição de hipossuficiente. Até porque qual empregado hipossuficiente vai firmar contrato assessorado de advogado e empresário, e ainda tem a possibilidade de impor condições, como horários específicos e local de residência?

Assim, e com base na jurisprudência majoritária do TST em casos semelhantes, seria o Reclamante enquadrado como trabalhador hipersuficiente, motivo pelo qual julgaria como válida a cláusula contratual com previsão do pagamento de "bicho" de R$ 1.000,00, com prevalência sobre a norma coletiva. Como consequência, julgaria improcedente o pedido de pagamento da premiação no valor previsto na norma coletiva da categoria.

CAPÍTULO

9

CONTRATOS A PRAZO DETERMINADO

1 - HIPÓTESES DE PACTUAÇÃO

Tendo em vista o Princípio da Continuidade da Relação de Emprego, um dos pilares do Direito do Trabalho, temos nesse ramo do direito a preponderância dos contratos a prazo indeterminado, visando prestigiar a manutenção do contrato e a fixação do trabalhador ao emprego.

Assim, como regra, os contratos de trabalho serão firmados a prazo indeterminado, quando as partes envolvidas apenas saberão o dia de início sem fixação de termo final.

No entanto, é certo que o Direito do Trabalho previu a possibilidade de pactuação de contratos a prazo determinado, cujo conceito se encontra no art. 443, § 1º, da CLT, *in verbis:*

> "§ 1º Considera-se como de prazo determinado o contrato de trabalho cuja vigência dependa de termo prefixado ou da execução de serviços especificados ou ainda da realização de certo acontecimento suscetível de previsão aproximada."

É claro, portanto, que os contratos a prazo determinado são aqueles em que as partes já sabem, quando da contratação, o seu prazo de duração.

E esses constituem a exceção no Direito do Trabalho quando se trata de pactos contratuais.

Justamente porque são a exceção, apenas podem ser pactuados nas estritas hipóteses legais, que são aquelas previstas no art. 443, § 2º, da CLT, a saber:

> "§ 2º O contrato por prazo determinado só será válido em se tratando:
>
> a) de serviço cuja natureza ou transitoriedade justifique a predeterminação do prazo;
>
> b) de atividades empresariais de caráter transitório;
>
> c) de contrato de experiência."

As hipóteses acima constituem aquelas que podem ser utilizadas por empregadores para pactuação de contratos a prazo determinado.

A alínea *a* se refere a hipótese em que o empregador tem sua atividade de natureza contínua, sem prazo fixado de duração, mas necessita de empregado para realizar serviços transitórios que justifiquem a contratação com predeterminação de prazo, tal como ocorre, por exemplo, em necessidade de contratação de empregado para substituir outra que se afasta para período de licença-maternidade.

Já a alínea *b* diz respeito a hipótese em que a própria atividade ou funcionamento da empresa tem natureza transitória. É certo, assim, que se a própria empresa não funciona de forma indeterminada, não haveria motivo para contratação de empregado a prazo indeterminado, razão pela qual a lei autoriza a contratação de empregado para o período em que a empresa esteja funcionando. Temos como exemplo as empresas que funcionam apenas durante período de festas juninas para produção de fogos de artifício, ou hotéis e pousadas que apenas ficam abertos nos períodos de alta temporada. Os empregados dessas serão contratados apenas durante o período em o empregador estiver em atividade.

Por último, temos o contrato de experiência, que constitui um contrato a prazo determinado cujo objetivo é a mútua análise entre as partes durante certo período de tempo. Assim, empregado e empregador analisarão suas qualidades e defeitos, bem como possíveis vantagens e desvantagens em manter o contrato de trabalho que se tornaria a prazo indeterminado depois de passado o prazo de experiência.

Cap. 9 – CONTRATOS A PRAZO DETERMINADO | **125**

Cabe ressaltar que o contrato de experiência pode ser firmado em qualquer relação contratual, e não apenas em atividades consideradas como de alta complexidade, já que o objetivo, como já asseverado acima, é a análise mútua entre empregado e empregador.

Uma vez encerrado o contrato de experiência entre as partes, até há possibilidade de nova contratação por meio da mesma espécie contratual, mas desde que ultrapassado o prazo de seis meses e que a nova contratação seja em função diversa da anteriormente exercida. Até porque não haveria justificativa para nova experiência e análise na mesma função anterior.

Como os contratos ora retratados constituem a exceção no Direito do Trabalho, a jurisprudência é pacífica a entender que devem demandar forma escrita para que sejam firmados, inclusive para comprovar seu prazo de duração. Caso não se revistam dessa forma especial, os contratos serão considerados como de prazo indeterminado desde quando estabelecidos.

O rol mencionado no art. 443, § 2º, da CLT é considerado taxativo (pelo menos de uma forma geral, pois há possibilidade de outras formas de pactuação a prazo determinado em leis especiais esparsas), razão pela qual qualquer contratação a prazo determinado fora dessas hipóteses é considerada irregular fazendo com que o contrato seja considerado como de prazo indeterminado.

Em verdade essa será a consequência para qualquer descumprimento que diga respeito a contrato a prazo determinado e as previsões contidas na lei. Ou seja, caso as regras legais não sejam cumpridas, o contrato será considerado como de prazo indeterminado para todos os fins.

2 – PRAZOS LEGAIS

Uma vez que estamos tratando de contratos a prazo determinado, claro que a legislação prevê prazos máximos de duração, conforme previsto no art. 445 e parágrafo único da CLT.

> "Art. 445 – O contrato de trabalho por prazo determinado não poderá ser estipulado por mais de 2 (dois) anos, observada a regra do art. 451.
>
> Parágrafo único. O contrato de experiência não poderá exceder de 90 (noventa) dias."

Para as hipóteses de contratação a prazo determinado na forma das alíneas *a* e *b* do art. 443, § 2º, da CLT as partes podem formalizar contrato de até dois anos de duração. Já para o contrato de experiência citado no art. 443, § 2º, *c*, da CLT, as partes estão restritas ao prazo máximo de duração de 90 dias.

Ressalta-se que o prazo do contrato de experiência é efetivamente contado em dias e não em meses.

Como também já ressaltado acima, o descumprimento dos prazos máximos de pactuação dos contratos a prazo determinado terá como consequência o enquadramento do contrato como de prazo indeterminado para todos os fins.

3 – PRORROGAÇÃO E SUCESSIVIDADE NOS CONTRATOS A TERMO

Uma vez estabelecido o contrato a prazo determinado ele pode, por vontade das partes, ser objeto de prorrogação. Ou seja, o contrato foi estabelecido por determinado prazo e, chegando ao final, as partes decidem elastecê-lo por mais um tempo.

Não teremos, assim, dois contratos, mas um contrato que tinha um prazo originário, que foi aumentado por vontade das partes.

No entanto, para que a prorrogação seja válida há necessidade da presença de três requisitos essenciais, que são: **na contratação deve haver a previsão de possibilidade de prorrogação** (vemos isso muito comumente nos contratos de experiência, que contêm cláusula prevendo prazo de 45 dias, por exemplo, prorrogáveis por mais 45), **só pode haver uma prorrogação**, na forma do art. 451 da CLT, e **somando-se o prazo originariamente estabelecido com o da prorrogação não se pode extrapolar nenhum dos prazos máximos do art. 445, *caput* e parágrafo único, da CLT.**

> "Art. 451 – O contrato de trabalho por prazo determinado que, tácita ou expressamente, for prorrogado mais de uma vez passará a vigorar sem determinação de prazo."

Mais especificamente quanto ao prazo de prorrogação, bom ressaltar que ele não precisa ser igual ao prazo originariamente estabelecido pelas partes, podendo ser até maior ou menor, desde que respeitados os prazos máximos previstos em lei.

Por derradeiro cabe dizer que os requisitos de validade da prorrogação são cumulativos, ou seja, todos precisam estar presentes para que nenhuma irregularidade seja reconhecida. Caso contrário, o contrato que foi firmado a prazo determinado passa a ser considerado como de prazo de indeterminado.

No tocante à sucessividade de contratos a prazo determinado, a lei não impede totalmente, mas apenas impõe um requisito de validade, especialmente temporal. Assim, é possível as partes firmarem sucessivos contratos a prazo determinado, mas entre eles é necessário um interregno superior a seis meses, salvo se sua expiração dependeu da execução de serviços especializados ou da realização de certos acontecimentos.

A previsão acima se encontra no art. 452 da CLT, e a consequência pelo descumprimento do prazo mínimo é o contrato a prazo determinado que sucedeu sem respeitar o requisito acima ser considerado como de prazo indeterminado.

> CLT: "Art. 452 – Considera-se por prazo indeterminado todo contrato que suceder, dentro de 6 (seis) meses, a outro contrato por prazo determinado, salvo se a expiração deste dependeu da execução de serviços especializados ou da realização de certos acontecimentos."

4 – EFEITOS RESCISÓRIOS

Como se trata de contrato a prazo determinado, se for cumprido até a data inicialmente ajustada entre as partes haverá pagamento do saldo de salário, férias integrais/proporcionais (a depender do período contratual) com acréscimo de 1/3, décimo terceiro salário integral/proporcional (a depender do período contratual), liberação do FGTS e recebimento do seguro-desemprego (esse último, caso o trabalhador preencha os requisitos da Lei 7.998/1990).

A grande questão é quando o contrato a prazo determinado for rescindido antecipadamente por qualquer das partes. Nessa hipótese, dependendo de quem tenha a iniciativa do rompimento e das cláusulas constantes do contrato, as verbas incidentes são diferentes. Assim, vejamos as hipóteses:

a) quando o contrato a prazo determinado não faz menção a nenhuma cláusula de rompimento antecipado, e é extinto antecipadamente por iniciativa do empregador: nesse caso temos a incidência do art. 479

da CLT, em que o empregador, além das verbas acima mencionadas, deverá pagar ao empregado uma indenização correspondente a metade dos salários a que o empregado teria direito, caso o contrato fosse cumprido até a data final ajustada.

> CLT: "Art. 479 – Nos contratos que tenham termo estipulado, o empregador que, sem justa causa, despedir o empregado será obrigado a pagar-lhe, a título de indenização, e por metade, a remuneração a que teria direito até o termo do contrato."

b) quando o contrato a prazo determinado não faz menção a nenhuma cláusula de rompimento antecipado, e é extinto antecipadamente por iniciativa do empregado: nesse caso temos um pedido de demissão antecipado.

Desta forma, é devido ao empregado o pagamento de saldo de salário, férias integrais/proporcionais (a depender do período contratual) com acréscimo de 1/3, décimo terceiro salário integral/proporcional (a depender do período contratual). O empregado não receberá, portanto, o FGTS recolhido (que será liberado em momento posterior, na forma das hipóteses previstas na Lei 8.036/1990), nem o seguro-desemprego (pois não se encontrará em situação de desemprego voluntário).

Como o empregado terá rompido o contrato antes da data ajustada, poderá ser instado a pagar ao empregador uma indenização correspondente, no máximo, à metade dos salários devidos até o final do contrato, mas apenas se dessa rescisão antecipada surgiram prejuízos devidamente comprovados ao empregador. Essa comprovação, por certo, competirá ao empregador.

> CLT: "Art. 480. Havendo termo estipulado, o empregado não se poderá desligar do contrato, sem justa causa, sob pena de ser obrigado a indenizar o empregador dos prejuízos que desse fato lhe resultarem.
>
> § 1º A indenização, porém, não poderá exceder àquela a que teria direito o empregado em idênticas condições."

c) quando o contrato a prazo determinado possui cláusula assecuratória do direito recíproco de rescisão antecipada, e é extinto antecipadamente por iniciativa do empregador: inicialmente, cabe ressaltar que, para incidência dessa hipótese, é necessária a presença expressa da cláusula acima mencionada no contrato de trabalho. Nesse caso temos a incidência das verbas rescisórias derivadas de uma dispensa injusta em um contrato a prazo indeterminado.

Assim, são devidos os pagamentos de saldo de salário, férias integrais/ proporcionais (a depender do período contratual) com acréscimo de 1/3, décimo terceiro salário integral/proporcional (a depender do período contratual), liberação do FGTS com a indenização compensatória de 40%, e recebimento do seguro-desemprego (esse último, caso o trabalhador preencha os requisitos da Lei 7.998/1990).

d) quando o contrato a prazo determinado possui cláusula assecuratória do direito recíproco de rescisão antecipada, e é extinto antecipadamente por iniciativa do empregado: mais uma vez ressaltamos que, para incidência dessa hipótese, é necessária a presença expressa da cláusula acima mencionada no contrato de trabalho. Em assim sendo, trata-se de um contrato a prazo determinado, mas com natureza de contrato a prazo indeterminado para fins rescisórios.

Portanto, estamos frente a um pedido de demissão, sendo devidos o saldo de salário, as férias integrais/proporcionais (a depender do período contratual) com acréscimo de 1/3 e o décimo terceiro salário integral/proporcional (a depender do período contratual).

O empregado não poderá sacar o FGTS recolhido (que será liberado em momento posterior, na forma das hipóteses previstas na Lei 8.036/1990), nem o seguro-desemprego (pois não se encontrará em situação de desemprego voluntário).

> CLT: "Art. 481 – Aos contratos por prazo determinado, que contiverem cláusula assecuratória do direito recíproco de rescisão antes de expirado o termo ajustado, aplicam-se, caso seja exercido tal direito por qualquer das partes, os princípios que regem a rescisão dos contratos por prazo indeterminado."

5 – EFEITOS PELO NÃO CUMPRIMENTO DOS REQUISITOS LEGAIS

Como já asseverado em diversas oportunidades acima, especialmente quando da análise das hipóteses de pactuação do contrato a prazo determinado, prazos legais, prorrogação e sucessividade, caso qualquer dos requisitos legais não seja cumprido ou observado pelas partes, a consequência será a transformação do contrato para a modalidade a prazo indeterminado, com pagamento das verbas inerentes a esse quando da rescisão contratual.

6 - DECISÕES DOS TRIBUNAIS ACERCA DO TEMA

Contrato de experiência após dispensa da mesma função é considerado fraude

Contrato de experiência após dispensa da mesma função é considerado fraude

Para a 3ª Turma, houve desvirtuamento dessa modalidade de contratação.

18/05/21 – A Terceira Turma do Tribunal Superior do Trabalho anulou o contrato de experiência firmado pela Louis Dreyfus Company Sucos S.A. com um colhedor de laranjas de Batatais (SP) para a mesma função da qual fora dispensado três meses antes. Para os ministros, a agroindústria desvirtuou a finalidade do contrato de experiência e fraudou a legislação trabalhista.

Dois contratos

O colhedor de laranjas relatou que teve dois contratos de emprego com a Louis Dreyfus: o primeiro, de 20/7/2015 até a dispensa sem justa causa, em 2/3/2016; e o segundo, tido como contrato de experiência, de 23/6 a 22/7/2016, quando também houve rescisão sem justo motivo. Ele pediu a nulidade do contrato de experiência e o pagamento das respectivas verbas rescisórias.

Validade

Para o juízo da Vara do Trabalho de Batatais (SP), o segundo contrato só seria nulo e por prazo indeterminado se a primeira relação de emprego (de 20/7/2015 a 2/3/2016) tivesse sido de experiência, o que não foi. A conclusão teve como base o artigo 452 da CLT, que considera por prazo indeterminado todo contrato que suceder, dentro de seis meses, a outro contrato por prazo determinado.

A sentença foi mantida pelo Tribunal Regional do Trabalho da 15ª Região (Campinas/SP). Segundo o TRT, nada impede a empresa de contratar um empregado por 30 dias, a título de experiência, ainda que tenha prestado serviços anteriormente. "Não havendo interesse em dar continuidade à relação de emprego, é lícito o encerramento", concluiu.

Aptidão

O relator do recurso de revista do trabalhador, ministro Agra Belmonte, explicou que o contrato de experiência é uma modalidade de contrato por prazo determinado cuja finalidade é permitir ao empregador averiguar a aptidão do empregado para exercer a função para a qual está sendo contratado e, ao empregado, avaliar sua adaptação à estrutura hierárquica do empregador e às condições de trabalho. "No caso, ficou claro que o empregado foi contratado a título de experiência para exercer as mesmas funções que anteriormente exercia", assinalou. "Ora, não se justifica essa modalidade de contratação quando o trabalhador já esteve inserido na estrutura da empresa".

Fraude

Para o ministro, não há dúvidas de que a modalidade de contratação teve por finalidade fraudar a legislação trabalhista, cujo intuito é o de fomentar a continuidade das relações de trabalho por meio do contrato por prazo indeterminado. Segundo ele, o TST tem entendido que, quando a empresa já teve a oportunidade de aferir as aptidões do empregado, por meio de contratação anterior, o contrato de experiência que lhe sucede perde sua natureza, passando-se à regra geral do contrato por tempo indeterminado.

A decisão foi unânime.

Processo: RRAg-10038-71.2018.5.15.0075.[1]

Contrato de experiência sem cláusula de prorrogação é convertido em pacto por prazo indeterminado

A Terceira Turma do Tribunal Superior do Trabalho condenou uma microempresa e a Conaj Empreendimentos e Construções Ltda. ao pagamento das parcelas rescisórias a um pedreiro dispensado dois meses depois da contratação. Como o contrato de experiência, com prazo de 45 dias, não continha cláusula prevendo sua prorrogação automática, o entendimento foi o de que ele se converteu em pacto por tempo indeterminado.

Ao ser demitido, o pedreiro ajuizou reclamação trabalhista contra a microempresa, da qual era empregado, e contra a Conaj, para a qual prestava serviços na construção de um hospital em Taquaritinga (SP), pleiteando as verbas rescisórias e outras parcelas, como aviso-prévio e vale-transporte. As empresas, em sua defesa, alegaram que o contrato foi assinado por prazo determinado, prorrogável por igual período, e que a dispensa se deu dentro desse prazo.

---

[1] Disponível em: https://www.tst.jus.br/-/contrato-de-experi%C3%AAncia-ap%C3%B3s-dispensa-da-mesma-fun%C3%A7%C3%A3o-%C3%A9-considerado-fraude#:~:text=Contrato%20de%20experi%C3%A-Ancia%20ap%C3%B3s%20dispensa%20da%20mesma%20fun%C3%A7%C3%A3o%20%C3%A9%20considerado%20fraude%20%2D%20TST. Acesso em: 3 mar. 2023.

O juízo da Vara do Trabalho de Taquaritinga (SP) condenou a microempresa e, subsidiariamente, a Conaj ao pagamento das verbas rescisórias. No entanto, o Tribunal Regional do Trabalho da 15ª Região (Campinas/SP), no exame de recurso ordinário, reformou a sentença, entendendo que as empresas cumpriram o prazo máximo legal de 90 dias para o contrato de experiência.

O relator do recurso de revista do pedreiro ao TST, ministro Alberto Bresciani, explicou que o contrato de experiência é uma espécie de contrato individual de trabalho por prazo determinado, e sua prorrogação pode ocorrer de modo tácito ou expresso uma única vez, desde que respeitado o limite de 90 dias e que haja previsão da possibilidade de prorrogação automática no instrumento contratual. Segundo o relator, a falta deste último requisito invalida a prorrogação, possibilitando a conversão para contrato por prazo indeterminado.

Por unanimidade, a Turma deu provimento ao recurso para restabelecer a sentença quanto à condenação ao pagamento das verbas rescisórias.

Processo: RR-10242-79.2016.5.15.0142.[2]

Mantida validade de contratos temporários de garçom que atua em navio de cruzeiro

A conclusão é de que a sazonalidade do trabalho permite essa modalidade de contratação.

24/05/21 – A Quinta Turma do Tribunal Superior do Trabalho rejeitou o exame do recurso de um garçom que pretendia o reconhecimento da unicidade de vários contratos mantidos com a Pullmantur Cruzeiros do Brasil Ltda. em cruzeiros marítimos internacionais. A decisão levou em conta a natureza transitória da atividade a bordo dos navios, que operam somente em temporadas específicas.

Unicidade

Na reclamação trabalhista, o trabalhador disse que havia mantido quatro contratos de trabalho com a Pullman, pelo prazo determinado de seis meses, entre dezembro de 2010 e maio de 2014, como garçom e bartender, com base nas leis da República de Malta, bandeira do navio.

---

[2] Disponível em: https://www.tst.jus.br/-/contrato-de-experiencia-sem-clausula-de-prorrogacao-e--convertido-em-pacto-por-prazo-indeterminado#:~:text=Not%C3%ADcias%20do%20TST&text=Como%20o%20contrato%20de%20experi%C3%AAncia,em%20pacto%20por%20tempo%20indeterminado. Acesso em: 3 mar. 2023.

Sua pretensão era que fosse aplicada a lei brasileira e reconhecida a unicidade contratual.

A decisão do juízo da 23ª Vara do Trabalho de Curitiba (PR) foi favorável, em parte, ao garçom, com a declaração da nulidade dos contratos por prazo determinado e o deferimento das parcelas próprias do contrato por prazo indeterminado.

Caráter transitório

O Tribunal Regional do Trabalho da 9ª Região manteve a aplicação da legislação brasileira, mas concluiu pela validade dos contratos por prazo determinado. Segundo o TRT, os contratos de trabalho foram celebrados em momentos distintos e o garçom foi contratado para prestar serviços em determinados navios durante cruzeiros marítimos, configurando atividade empresarial de caráter transitório.

Requisitos da CLT

Ao julgar a matéria, a Quinta Turma entendeu que a validade do contrato por prazo determinado depende da observância dos requisitos da CLT: termo prefixado, execução de serviços especificados ou, ainda, da realização de acontecimento suscetível de previsão aproximada. Também, de acordo com a lei, essa modalidade de contrato só é válida em se tratando de serviço cuja natureza ou transitoriedade justifique a predeterminação do prazo, de atividades empresariais de caráter transitório ou de contrato de experiência.

"No caso, foram firmados diversos contratos a termo, com duração inferior ao limite previsto na lei, e não há notícia também de prestação de serviços em períodos a descoberto, nos intervalos contratuais", afirmou o relator, ministro Breno Medeiros. Para o colegiado, diante da natureza sazonal da atividade e da ausência de distorções práticas dessa modalidade de contratação, é válido o contrato por prazo determinado.

A decisão foi unânime.

(GL/CF)

Processo: Ag-AIRR-1504-72.2015.5.09.0088.[3]

---

[3] Disponível em: https://www.tst.jus.br/-/mantida-validade-de-contratos-tempor%C3%A1rios-de--gar%C3%A7om-que-atua-em-navio-de-cruzeiro#:~:text=Not%C3%ADcias%20do%20TST&text=A%20conclus%C3%A3o%20%C3%A9%20de%20que,permite%20essa%20modalidade%20de%20contrata%C3%A7%C3%A3o.&text=24%2F05%2F21%20%2D%0A,Pullmantur%20Cruzeiros%20do%20Brasil%20Ltda. Acesso em: 3 mar. 2023.

7 - QUESTÃO DE SEGUNDA FASE ACERCA DO TEMA

Empregado X foi contratado por meio de contrato de experiência para a função de supervisor de vendas, mas não teve o seu contrato transformado para prazo indeterminado, pois, após encerrados os 90 dias, não houve interesse do empregador Y em mantê-lo em seu quadro de funcionários. Após o período de um ano a empresa novamente precisa de supervisor de vendas, e o mesmo trabalhador se coloca à disposição para a vaga. Ele, na entrevista, apresenta o currículo que demonstra que no período realizou diversos cursos na área de vendas e manteve contrato por cerca de seis meses com grande empresa do setor. A empresa Y poderá contratá-lo novamente por contrato de experiência para a função de supervisor de vendas?

- **ASPECTOS IMPORTANTES PARA A RESPOSTA**

O contrato de experiência, uma das modalidades de contrato a prazo determinado, tem como objetivo a análise mútua entre empregado e empregador.

Assim, como regra, uma vez encerrado o contrato de experiência entre as partes, até há possibilidade de nova contratação por meio da mesma espécie contratual, mas desde que não seja na mesma função anteriormente ocupada. Até porque toda a análise mútua já teria sido realizada no contrato anterior, que não teve seu prazo estendido para se tornar um contrato a prazo indeterminado. No caso do exemplo, não houve interesse na manutenção do empregado por parte da empresa Y.

No entanto, há uma exceção, que é quando o empregado se reapresenta ao antigo empregador trazendo novas experiências e condições contratuais, que possam justificar nova mútua análise. E é justamente o caso, pois o empregado X realizou diversos cursos na área de vendas e manteve contrato por cerca de seis meses com grande empresa do setor, experiências que não possuía na primeira contratação formalizada entre as partes.

Assim, excepcionalmente, é possível nova contratação entre as partes, para a mesma função anteriormente exercida, e novamente por intermédio de contrato de experiência, pois uma nova análise pode ser realizada.

CAPÍTULO

10

REMUNERAÇÃO E SALÁRIO

1 – COMPOSIÇÃO DO SALÁRIO

O salário pode ser composto de três maneiras:

- **parcelas tipificadas** – que são aquelas previstas em regra legal. Exemplo: art. 457, § 1º, da CLT;
- **parcelas não tipificadas** – que são aquelas instituídas pela criatividade privada, embora, após elaboradas, submetam-se às regras trabalhistas cabíveis. Trata-se, por exemplo, dos prêmios e bônus, e gueltas;
- **parcelas camufladas** – que são parcelas que, não tendo originalmente previsão pelo empregador de natureza salarial, cumprem efetivamente o papel de salário na prática. É o que ocorre, por exemplo, com diárias de viagem ou ajuda de custo sem a correspondente viagem ou despesa pelo empregado. Assim, o empregador, atuando em fraude, se utiliza da lei que enquadra essas parcelas como indenizatórias para camuflar parte do salário (a vantagem do empregador reside em não ter que repercutir essas parcelas nos demais pagamentos do contrato).

2 – SALÁRIO UTILIDADE

O salário utilidade ou salário *in natura* constitui parcela do salário que não é paga em dinheiro, mas por meio de um bem ou benefício. No entanto, não é todo bem fornecido pelo empregador que tem natureza de salário.

Assim, para configurarmos o benefício como salário utilidade há necessidade do preenchimento concomitante de dois requisitos, quais sejam: concessão habitual e concessão pelo trabalho (como uma vantagem ou benesse sem a qual o empregado poderia trabalhar normalmente).

Desta forma, a concessão de benefício para o trabalho (ou seja, como ferramenta indispensável para a realização do trabalho, ou por imposição legal) desnatura o salário utilidade.

Não há necessidade de averiguar a concessão do bem como gratuita ou onerosa, pois não constitui requisito para a caracterização da parcela como salarial.

A CLT assim dispõe sobre salário *in natura*:

> CLT: "Art. 458 – Além do pagamento em dinheiro, compreende-se no salário, para todos os efeitos legais, a alimentação, habitação, vestuário ou outras prestações 'in natura' que a empresa, por força do contrato ou do costume, fornecer habitualmente ao empregado. Em caso algum será permitido o pagamento com bebidas alcoólicas ou drogas nocivas.
>
> § 1º Os valores atribuídos às prestações 'in natura' deverão ser justos e razoáveis, não podendo exceder, em cada caso, os dos percentuais das parcelas componentes do salário-mínimo (arts. 81 e 82).
>
> § 2º Para os efeitos previstos neste artigo, não serão consideradas como salário as seguintes utilidades concedidas pelo empregador:
>
> I – vestuários, equipamentos e outros acessórios fornecidos aos empregados e utilizados no local de trabalho, para a prestação do serviço;
>
> II – educação, em estabelecimento de ensino próprio ou de terceiros, compreendendo os valores relativos a matrícula, mensalidade, anuidade, livros e material didático;
>
> III – transporte destinado ao deslocamento para o trabalho e retorno, em percurso servido ou não por transporte público;
>
> IV – assistência médica, hospitalar e odontológica, prestada diretamente ou mediante seguro-saúde;
>
> V – seguros de vida e de acidentes pessoais;
>
> VI – previdência privada;
>
> VII – (VETADO)

VIII – o valor correspondente ao vale-cultura.

§ 3º A habitação e a alimentação fornecidas como salário-utilidade deverão atender aos fins a que se destinam e não poderão exceder, respectivamente, a 25% (vinte e cinco por cento) e 20% (vinte por cento) do salário-contratual.

§ 4º Tratando-se de habitação coletiva, o valor do salário-utilidade a ela correspondente será obtido mediante a divisão do justo valor da habitação pelo número de coabitantes, vedada, em qualquer hipótese, a utilização da mesma unidade residencial por mais de uma família.

§ 5º O valor relativo à assistência prestada por serviço médico ou odontológico, próprio ou não, inclusive o reembolso de despesas com medicamentos, óculos, aparelhos ortopédicos, próteses, órteses, despesas médico-hospitalares e outras similares, mesmo quando concedido em diferentes modalidades de planos e coberturas, não integram o salário do empregado para qualquer efeito nem o salário de contribuição, para efeitos do previsto na alínea *q* do § 9º do art. 28 da Lei nº 8.212, de 24 de julho de 1991."

Na jurisprudência temos a seguinte Súmula:

Súmula 367 do TST: "UTILIDADES 'IN NATURA'. HABITAÇÃO. ENERGIA ELÉTRICA. VEÍCULO. CIGARRO. NÃO INTEGRAÇÃO AO SALÁRIO."

Observação

"I – A habitação, a energia elétrica e veículo fornecidos pelo empregador ao empregado, quando indispensáveis para a realização do trabalho, não têm natureza salarial, ainda que, no caso de veículo, seja ele utilizado pelo empregado também em atividades particulares." (ex-OJs da SBDI-1 131 - inserida em 20 de abril de 1998 e ratificada pelo Tribunal Pleno em 7 de dezembro de 2000 – e 246 – inserida em 20 de junho de 2001)

"II – O cigarro não se considera salário utilidade em face de sua nocividade à saúde." (ex-OJ 24 da SBDI-1 – inserida em 29 de março de 1996)

3 – ABONOS, ADICIONAIS, PRÊMIOS E GRATIFICAÇÕES

Gratificações – inicialmente visavam recompensar o empregado, sem o caráter de habitualidade, e em demonstração de agradecimento pelo serviço prestado.

Atualmente podem ser conceituadas como as parcelas contraprestativas pagas pelo empregador ao empregado, em decorrência de um evento ou circunstância tida como relevante pelo empregador (gratificações convencionais) ou por norma jurídica (gratificações normativas).

Ao contrário do adicional, o fato ensejador da gratificação (que tende a ser um fato objetivo) não é tido como gravoso ao obreiro ou às condições de exercício do trabalho. Também não dependem estritamente da conduta pessoal do trabalhador ou do grupo de trabalhadores (como se dá em relação aos prêmios).

Tem caráter contraprestativo, pois por meio dela o empregador eleva a retribuição pecuniária deferida ao obreiro no desenrolar do contrato de emprego. Integra-se ao salário, se for paga com habitualidade.

Para se aferir a natureza jurídica de tal parcela, a doutrina apega-se ao critério puramente objetivo, atribuindo feição salarial à gratificação, independentemente da intenção do empregador, sempre que ela for paga de modo habitual, periódico e uniforme.

Anteriormente à reforma trabalhista ela seria paga de forma ajustada (decorrente de ajuste prévio, tácito ou expresso, gerando expectativa de recebimento) e por mera liberalidade (sem ajuste prévio ou expectativa), na forma da Súmula 152 do TST: "O fato de constar do recibo de pagamento de gratificação o caráter de liberalidade não basta, por si só, para excluir a existência de ajuste tácito".

Após a reforma trabalhista, tem-se a seguinte situação no art. 457 e parágrafos da CLT:

> "§ 1º Integram o salário a importância fixa estipulada, as gratificações legais e as comissões pagas pelo empregador.
>
> § 2º As importâncias, ainda que habituais, pagas a título de ajuda de custo, auxílio-alimentação, vedado seu pagamento em dinheiro, diárias para viagem, prêmios e abonos não integram a remuneração do empregado, não se incorporam ao contrato de trabalho e não constituem base de incidência de qualquer encargo trabalhista e previdenciário."

Assim, integram ao salário as gratificações legais (art. 62, parágrafo único) e as gratificações criadas por normas jurídicas (por exemplo, convenções e acordos coletivos), que terão sua natureza definida pela norma instituidora.

A gratificação semestral é integrada pela média de horas extras (Súmula 115 do TST), mas não repercute no cálculo delas (Súmula 253 do TST). No entanto, reflete no 13º salário (Súmula 253).

Já a gratificação por tempo de serviço, na forma das Súmulas 225 e 226 do TST, integra o salário para todos os efeitos legais, inclusive o cálculo das horas extras, mas, ainda que paga mensalmente, não repercute no cálculo do repouso semanal remunerado (importante observar se mantida a redação dessas súmulas após a reforma trabalhista).

A gratificação natalina é parcela contraprestativa paga pelo empregador a todos os empregados, inclusive domésticos e trabalhadores avulsos, em caráter de gratificação legal, compulsória, no importe da remuneração devida em dezembro de cada ano ou no último mês contratual, caso rompido antecipadamente a dezembro o pacto. Utiliza-se como base 1/12 da remuneração por mês ou fração igual ou superior a 15 dias. Nos termos da CLT possui natureza salarial, sendo devida nas diversas situações de ruptura do contrato de emprego, independentemente do prazo contratual.

A parcela proporcional apenas não será devida nas dispensas por justa causa.

Pode ser paga em duas parcelas, sendo a primeira entre fevereiro e novembro, ou nas férias do empregado, se este a requerer no mês de janeiro do respectivo ano, e a segunda até o dia 20 de dezembro de cada ano (Lei 4.749/1965, arts. 1º e 2º).

A gratificação natalina deve ser paga a todos os empregados proporcionalmente na dispensa sem justa causa, no pedido de demissão, na aposentadoria que venha extinguir o contrato ou no término do contrato a prazo (tudo na forma da Lei 4.090/1962 e da Súmula 157 do TST).

No entanto, na extinção do contrato por culpa recíproca, o empregado tem direito a 50% do valor da gratificação natalina proporcional (Súmula 14 do TST).

Incluem-se em seu cálculo os adicionais e as horas extras habitualmente percebidos, e as gratificações salariais (Súmula 45 do TST).

O valor nominal do 13º salário não pode ser objeto de flexibilização por norma coletiva, conforme previsão no art. 611-B, V, da CLT, mas sobre seu valor há incidência de contribuição previdenciária (art. 28, § 7º, da Lei 8.212/1991) e gera recolhimento do FGTS (art. 15 da Lei 8.036/1990).

No caso de morte do empregado, seus dependentes receberão a gratificação natalina, integral ou proporcional, conforme o caso. Não havendo dependentes, a referida gratificação será recebida pelos sucessores na forma da lei civil (art. 1º da Lei 6.858/1980).

Prêmios – a partir da vigência da Lei 13.467/2017, os valores pagos a título de prêmio passaram a ter natureza indenizatória e não remuneratória.

Assim dispõe o art. 457 da CLT, nos §§ 2º e 4º:

> "§ 2º As importâncias, ainda que habituais, pagas a título de ajuda de custo, auxílio-alimentação, vedado seu pagamento em dinheiro, diárias para viagem, prêmios e abonos não integram a remuneração do empregado, não se incorporam ao contrato de trabalho e não constituem base de incidência de qualquer encargo trabalhista e previdenciário.
>
> (...)
>
> § 4º Consideram-se prêmios as liberalidades concedidas pelo empregador em forma de bens, serviços ou valor em dinheiro a empregado ou a grupo de empregados, em razão de desempenho superior ao ordinariamente esperado no exercício de suas atividades."

Assim, após a reforma, ainda que concedido de forma habitual, o prêmio não integra a remuneração e não tem reflexo em outras verbas contratuais (exemplo: FGTS, férias, 13º salário, DSR etc.), como também não gera encargos previdenciários.

Abonos – os abonos são adiantamentos concedidos pelo empregador ou classificados como antecipação de reajuste salarial. No entanto, apesar da clara natureza salarial (a nosso sentir), a reforma trabalhista inverteu essa ordem, e dispôs de forma diversa no art. 457, § 2º, da CLT, conferindo à parcela natureza indenizatória.

Para corroborar a agora natureza indenizatória da referida parcela tivemos alteração da Lei 8.212/1991, dispondo, no art. 28, § 9º, z, *in fine*, que os abonos não integram o salário de contribuição.

Adicionais – os adicionais, por sua vez, são parcelas contraprestativas suplementares, e devidas ao empregado pelo empregador em virtude do exercício do trabalho em condições mais gravosas. Atuam, assim, como uma compensação em virtude do desconforto gerado pelo trabalho mais gravoso.

Os adicionais possuem caráter nitidamente salarial e não indenizatório, bem como natureza de *salário condição*. Desta forma, podemos afirmar que

Cap. 10 – REMUNERAÇÃO E SALÁRIO | **141**

não há integração definitiva dos adicionais ao contrato de trabalho, pois os empregados os receberão enquanto estiverem laborando em situação mais gravosa. Como consequência, pode haver sua supressão caso a condição mais gravosa desapareça do contrato de trabalho.

Os adicionais podem ser *legais* (previstos em lei, e podem ser estendidos a todos os empregados ou a uma categoria determinada, a depender de cada caso) e *convencionais* (criados por acordos coletivos de trabalho ou convenções coletivas de trabalho).

Temos como exemplos mais comuns os adicionais de insalubridade e de periculosidade, e o adicional de transferência (esse último abordado no Capítulo 12, item 2, que trata de alteração do contrato de trabalho).

O adicional de insalubridade é devido a empregados que trabalham em contato com agentes nocivos à saúde, tendo como requisitos para recebimento o preenchimento cumulativo das condições expostas nos arts. 189 e 190 da CLT:

> CLT: "Art. 189. Serão consideradas atividades ou operações insalubres aquelas que, por sua natureza, condições ou métodos de trabalho, exponham os empregados a agentes nocivos à saúde, acima dos limites de tolerância fixados em razão da natureza e da intensidade do agente e do tempo de exposição aos seus efeitos."
>
> CLT: "Art. 190. O Ministério do Trabalho aprovará o quadro das atividades e operações insalubres e adotará normas sobre os critérios de caracterização da insalubridade, os limites de tolerância aos agentes agressivos, meios de proteção e o tempo máximo de exposição do empregado a esses agentes."

O adicional de insalubridade possui três valores a depender do enquadramento da insalubridade em grau mínimo, médio ou máximo, quais sejam 10%, 20% e 40%, e com base de cálculo sobre o valor do salário mínimo vigente, na forma do art. 192 da CLT:

> CLT: "Art. 192. O exercício de trabalho em condições insalubres, acima dos limites de tolerância estabelecidos pelo Ministério do Trabalho, assegura a percepção de adicional respectivamente de 40% (quarenta por cento), 20% (vinte por cento) e 10% (dez por cento) do salário-mínimo da região, segundo se classifiquem nos graus máximo, médio e mínimo."

O enquadramento da insalubridade dependerá de previsão legal, norma coletiva ou possível apuração em prova pericial:

CLT: "Art. 195. A caracterização e a classificação da insalubridade e da periculosidade, segundo as normas do Ministério do Trabalho, far-se-ão através de perícia a cargo de Médico do Trabalho ou Engenheiro do Trabalho, registrados no Ministério do Trabalho.

§ 1º É facultado às empresas e aos sindicatos das categorias profissionais interessadas requererem ao Ministério do Trabalho a realização de perícia em estabelecimento ou setor deste, com o objetivo de caracterizar e classificar ou delimitar as atividades insalubres ou perigosas.

§ 2º Arguida em juízo insalubridade ou periculosidade, seja por empregado, seja por Sindicato em favor de grupo de associado, o juiz designará perito habilitado na forma deste artigo, e, onde não houver, requisitará perícia ao órgão competente do Ministério do Trabalho."

A eliminação ou neutralização da insalubridade ocorrerá com a adoção de medidas preventivas pelo empregador no ambiente de trabalho, bem como com a utilização dos devidos equipamentos de proteção individual, na forma do art. 191 da CLT:

CLT: "Art. 191. A eliminação ou a neutralização da insalubridade ocorrerá:

I – com a adoção de medidas que conservem o ambiente de trabalho dentro dos limites de tolerância;

II – com a utilização de equipamentos de proteção individual ao trabalhador, que diminuam a intensidade do agente agressivo a limites de tolerância.

Parágrafo único – Caberá às Delegacias Regionais do Trabalho, comprovada a insalubridade, notificar as empresas, estipulando prazos para sua eliminação ou neutralização, na forma deste artigo."

Temos importantes súmulas do TST acerca do tema, conforme a seguir:

Súmula 448: "Atividade insalubre. Caracterização. Previsão na Norma Regulamentadora nº 15 da Portaria do Ministério do Trabalho nº 3.214/78. Instalações sanitárias.

I – Não basta a constatação da insalubridade por meio de laudo pericial para que o empregado tenha direito ao respectivo adicional, sendo

Cap. 10 – REMUNERAÇÃO E SALÁRIO | **143**

necessária a classificação da atividade insalubre na relação oficial elaborada pelo Ministério do Trabalho. II – A higienização de instalações sanitárias de uso público ou coletivo de grande circulação, e a respectiva coleta de lixo, por não se equiparar à limpeza em residências e escritórios, enseja o pagamento de adicional de insalubridade em grau máximo, incidindo o disposto no Anexo 14 da NR-15 da Portaria do MTE nº 3.214/78 quanto à coleta e industrialização de lixo urbano. Observação: conversão da Orientação Jurisprudencial 4 da SBDI-1 com nova redação do item II – Res. 194/2014, DEJT divulgado em 21, 22 e 23.05.2014".

Súmula 228: "Adicional de insalubridade. Base de cálculo.

A partir de 9 de maio de 2008, data da publicação da Súmula Vinculante nº 4 do Supremo Tribunal Federal, o adicional de insalubridade será calculado sobre o salário básico, salvo critério mais vantajoso fixado em instrumento coletivo. Observação: redação alterada na sessão do Tribunal Pleno em 26.06.2008 – Res. 148/2008, DJ 04 e 07.07.2008 – Republicada DJ 08, 09 e 10.07.2008. Súmula cuja eficácia está suspensa por decisão liminar do Supremo Tribunal Federal – Res. 185/2012, DEJT divulgado em 25, 26 e 27.09.2012".

Súmula 47: "Insalubridade.

O trabalho executado em condições insalubres, em caráter intermitente, não afasta, só por essa circunstância, o direito à percepção do respectivo adicional. Observação: mantida – Res. 121/2003, DJ 19, 20 e 21.11.2003".

Súmula 80: "Insalubridade.

A eliminação da insalubridade mediante fornecimento de aparelhos protetores aprovados pelo órgão competente do Poder Executivo exclui a percepção do respectivo adicional. Observação: mantida – Res. 121/2003, DJ 19, 20 e 21.11.2003".

Súmula 248: "Adicional de insalubridade. direito adquirido.

A reclassificação ou a descaracterização da insalubridade, por ato da autoridade competente, repercute na satisfação do respectivo adicional, sem ofensa a direito adquirido ou ao princípio da irredutibilidade salarial. Observação: mantida – Res. 121/2003, DJ 19, 20 e 21.11.2003".

Súmula 289: "Insalubridade. Adicional. Fornecimento do aparelho de proteção. efeito.

O simples fornecimento do aparelho de proteção pelo empregador não o exime do pagamento do adicional de insalubridade. Cabe-lhe tomar as medidas que conduzam à diminuição ou eliminação da nocividade, entre as quais as relativas ao uso efetivo do equipamento pelo empregado. Observação: mantida – Res. 121/2003, DJ 19, 20 e 21.11.2003".

Súmula 293: "Adicional de insalubridade. Causa de pedir. Agente nocivo diverso do apontado na inicial.

A verificação mediante perícia de prestação de serviços em condições nocivas, considerado agente insalubre diverso do apontado na inicial, não prejudica o pedido de adicional de insalubridade. Observação: mantida – Res. 121/2003, DJ 19, 20 e 21.11.2003".

Já o adicional de periculosidade é devido quando o trabalho do empregado, por sua natureza ou método, implique contato com risco acentuado ou exposição permanente a certos perigos, conforme previsão do art. 193 da CLT.

O adicional de periculosidade, em regra, possui valor único, no montante de 30%, e seu cálculo é realizado sobre o valor do salário do empregado, sem acréscimos resultantes de gratificações, prêmios e participação nos lucros.

Ainda que o empregado trabalhe em condições simultaneamente perigosas e insalubres, não há possibilidade de recebimento de ambos os adicionais de forma cumulativa, competindo ao trabalhador a escolha pelo adicional que pretende receber.

Em dezembro de 2012, foi incluído o inciso II ao art. 193 da CLT e, a partir de então, empregados que trabalham em atividades profissionais de segurança patrimonial ou pessoal, com exposição a roubos ou outras espécies de violência física, possuem direito ao adicional de periculosidade. No entanto, caso recebam adicional de risco em norma coletiva, o valor deste será descontado ou compensado do adicional de periculosidade devido, já que possuem o mesmo objetivo.

Por derradeiro, as atividades de trabalhador em motocicleta também são consideradas perigosas.

CLT: "Art. 193. São consideradas atividades ou operações perigosas, na forma da regulamentação aprovada pelo Ministério do Trabalho e Emprego, aquelas que, por sua natureza ou métodos de trabalho, impliquem risco acentuado em virtude de exposição permanente do trabalhador a:

I – inflamáveis, explosivos ou energia elétrica;

II – roubos ou outras espécies de violência física nas atividades profissionais de segurança pessoal ou patrimonial.

§ 1º O trabalho em condições de periculosidade assegura ao empregado um adicional de 30% (trinta por cento) sobre o salário sem os acréscimos resultantes de gratificações, prêmios ou participações nos lucros da empresa.

§ 2º O empregado poderá optar pelo adicional de insalubridade que porventura lhe seja devido.

§ 3º Serão descontados ou compensados do adicional outros da mesma natureza eventualmente já concedidos ao vigilante por meio de acordo coletivo.

§ 4º São também consideradas perigosas as atividades de trabalhador em motocicleta."

Temos importantes súmulas do TST acerca do tema, conforme a seguir:

Súmula 191: "Adicional de periculosidade. Incidência. Base de cálculo.

I – O adicional de periculosidade incide apenas sobre o salário básico e não sobre este acrescido de outros adicionais.

II – O adicional de periculosidade do empregado eletricitário, contratado sob a égide da Lei nº 7.369/1985, deve ser calculado sobre a totalidade das parcelas de natureza salarial. Não é válida norma coletiva mediante a qual se determina a incidência do referido adicional sobre o salário básico.

III – A alteração da base de cálculo do adicional de periculosidade do eletricitário promovida pela Lei nº 12.740/2012 atinge somente contrato de trabalho firmado a partir de sua vigência, de modo que, nesse caso, o cálculo será realizado exclusivamente sobre o salário básico, conforme determina o § 1º do art. 193 da CLT."

Súmula 364: "Adicional de periculosidade. exposição eventual, permanente e intermitente.

I – Tem direito ao adicional de periculosidade o empregado exposto permanentemente ou que, de forma intermitente, sujeita-se a condições de risco. Indevido, apenas, quando o contato dá-se de forma eventual, assim considerado o fortuito, ou o que, sendo habitual, dá-se por tempo extremamente reduzido. (ex-Ojs da SBDI-1 nºs 05 – inserida em 14.03.1994 – e 280 – DJ 11.08.2003)

II – Não é válida a cláusula de acordo ou convenção coletiva de trabalho fixando o adicional de periculosidade em percentual inferior ao estabelecido em lei e proporcional ao tempo de exposição ao risco, pois tal parcela constitui medida de higiene, saúde e segurança do trabalho, garantida por norma de ordem pública (arts. 7º, XXII e XXIII, da CF e 193, § 1º, da CLT)"

Súmula 453: "Adicional de periculosidade. pagamento espontâneo. Caracterização de fato incontroverso. Desnecessária a perícia de que trata o art. 195 da CLT.

O pagamento de adicional de periculosidade efetuado por mera liberalidade da empresa, ainda que de forma proporcional ao tempo de exposição ao risco ou em percentual inferior ao máximo legalmente previsto, dispensa a realização da prova técnica exigida pelo art. 195 da CLT, pois torna incontroversa a existência do trabalho em condições perigosas."

Súmula 447: "Adicional de periculosidade. Permanência a bordo durante o abastecimento da aeronave. Indevido.

Os tripulantes e demais empregados em serviços auxiliares de transporte aéreo que, no momento do abastecimento da aeronave, permanecem a bordo não têm direito ao adicional de periculosidade a que aludem o art. 193 da CLT e o Anexo 2, item 1, 'c', da NR 16 do MTE."

Súmula 132: "Adicional de periculosidade. Integração.

I – O adicional de periculosidade, pago em caráter permanente, integra o cálculo de indenização e de horas extras (ex-Prejulgado nº 3). (ex-Súmula nº 132 – RA 102/1982, DJ 11.10.1982/DJ 15.10.1982 – e ex-OJ nº 267 da SBDI-1 – inserida em 27.09.2002)

II – Durante as horas de sobreaviso, o empregado não se encontra em condições de risco, razão pela qual é incabível a integração do adicional de periculosidade sobre as mencionadas horas. (ex-OJ nº 174 da SBDI-1 – inserida em 08.11.2000"

Súmula 39: "Periculosidade.

Os empregados que operam em bomba de gasolina têm direito ao adicional de periculosidade (Lei nº 2.573, de 15.08.1955)."

Súmula 361: "Adicional de periculosidade. Eletricitários. Exposição intermitente.

O trabalho exercido em condições perigosas, embora de forma intermitente, dá direito ao empregado a receber o adicional de periculosidade de forma integral, porque a Lei nº 7.369, de 20.09.1985, não estabeleceu nenhuma proporcionalidade em relação ao seu pagamento."

4 – AJUDA DE CUSTO E DIÁRIAS DE VIAGEM

As duas parcelas, em sua origem, não teriam natureza salarial, já que visam ao ressarcimento de despesas feitas ou a se fazer em função do estrito cumprimento do contrato de trabalho, mas também são usadas como mecanismo de simulação de efetiva parcela salarial, o que asseveramos acima quando mencionamos as chamadas parcelas camufladas.

Enquanto o § 1º do art. 457 mencionava (antes da Reforma) que tais diárias integravam o salário do empregado a depender de seu valor, o que ocorreria somente se o montante mensal das diárias excedesse a 50% do salário percebido pelo empregado, a reforma trabalhista alterou totalmente a sistemática. A partir da alteração legal, não há que se conceder natureza salarial às diárias de viagem, independentemente de seu valor mensal.

Assim, em princípio, as diárias de viagem não ostentam natureza salarial, pois constituem valor despendido para viabilizar a prestação de serviços, mediante viagens.

No entanto, caracterizada a fraude (e ficando claro que a parcela foi utilizada de forma dissimulada), o que ocorreria quando o empregado recebe diárias, mas não realiza viagens, ou quando o empregado recebe um valor superior ao que seria despendido nas viagens, certamente o resultado será o reconhecimento do caráter salarial da verba em virtude da aplicação do art. 9º da CLT.

Já a ajuda de custo, como regra, corresponde a um valor pago ao empregado, em uma única parcela, por despesas que são de responsabilidade do empregador, mas cujos valores são adiantados pelo trabalhador. Tem sempre natureza indenizatória (art. 457, § 2º, da CLT) e, para tanto, demanda a existência dos requisitos de pagamento em uma única parcela e em despesas adiantadas pelo empregado.

Caso a ajuda de custo não decorra do ressarcimento de despesas para a prestação de serviços, mostrando-se claramente fraudulenta, será considerada verba salarial, também pela utilização do art. 9º da CLT.

5 – EQUIPARAÇÃO SALARIAL E REQUISITOS

A equiparação salarial, em linhas gerais, é o direito de empregados que exerçam a mesma função dentro de uma empresa receberem o mesmo salário.

É um direito decorrente do art. 7º, XXX, da CF/1988, que veda a diferença salarial.

Os requisitos para a equiparação salarial estão expostos no art. 461 da CLT:

"Art. 461. Sendo idêntica a função, a todo trabalho de igual valor, prestado ao mesmo empregador, no mesmo estabelecimento empresarial, corresponderá igual salário, sem distinção de sexo, etnia, nacionalidade ou idade.

§ 1º Trabalho de igual valor, para os fins deste Capítulo, será o que for feito com igual produtividade e com a mesma perfeição técnica, entre pessoas cuja diferença de tempo de serviço para o mesmo empregador não seja superior a quatro anos e a diferença de tempo na função não seja superior a dois anos.

§ 2º Os dispositivos deste artigo não prevalecerão quando o empregador tiver pessoal organizado em quadro de carreira ou adotar, por meio de norma interna da empresa ou de negociação coletiva, plano de cargos e salários, dispensada qualquer forma de homologação ou registro em órgão público.

§ 3º No caso do § 2º deste artigo, as promoções poderão ser feitas por merecimento e por antiguidade, ou por apenas um destes critérios, dentro de cada categoria profissional.

§ 4º O trabalhador readaptado em nova função por motivo de deficiência física ou mental atestada pelo órgão competente da Previdência Social não servirá de paradigma para fins de equiparação salarial.

§ 5º A equiparação salarial só será possível entre empregados contemporâneos no cargo ou na função, ficando vedada a indicação de paradigmas remotos, ainda que o paradigma contemporâneo tenha obtido a vantagem em ação judicial própria.

§ 6º No caso de comprovada discriminação por motivo de sexo ou etnia, o juízo determinará, além do pagamento das diferenças salariais devidas, multa, em favor do empregado discriminado, no valor de 50% (cinquenta por cento) do limite máximo dos benefícios do Regime Geral de Previdência Social."

Portanto, são os requisitos:

- identidade de função;
- serviço de igual valor;

Cap. 10 – REMUNERAÇÃO E SALÁRIO | **149**

- serviço prestado ao mesmo empregador;
- serviço prestado no mesmo estabelecimento empresarial;
- diferença de tempo de serviço não superior a dois anos na mesma função, nem superior a quatro anos para o mesmo empregador.

Identidade de função – quando as atividades desempenhadas pelos empregados são iguais, independentemente da nomenclatura do cargo ou função. Deve-se verificar quais são as atribuições ou tarefas do empregado e do paradigma (sendo esse aquele a quem o trabalhador quer se equiparar).

Serviços de igual valor – requisito verificado pela produtividade (quantidade) e perfeição técnica (qualidade).

Serviço prestado ao mesmo empregador – reclamante e paradigma devem trabalhar para a mesma pessoa, física ou jurídica. No caso de empregados de empresas diferentes, mas que pertencem ao mesmo grupo econômico, há divergência doutrinária quanto à possibilidade de equiparação (os que entendem pela possibilidade utilizam a tese de empregador único).

Serviço prestado no mesmo estabelecimento empresarial – entende-se, após a reforma trabalhista, que não é a localidade que define a equiparação, e sim o estabelecimento (assim, empregado e paradigma devem trabalhar no mesmo espaço físico).

OBS.: antes da reforma trabalhista o requisito era a "mesma localidade", entendido pelo TST como mesmo município, ou municípios distintos, mas que pertencessem à mesma região metropolitana.

Diferença de tempo de serviço – a diferença de tempo de serviço prestado ao mesmo empregador entre empregado e paradigma não pode ser superior a quatro anos, e a diferença de tempo na função não pode ser superior a dois anos.

OBS.: antes da reforma trabalhista era exigida uma diferença não superior a dois anos na função apenas, e não no emprego.

Outra questão que deve ser verificada é se o empregador tem ou não plano de cargos e salários ou quadro de carreira, independentemente de homologação pelo sindicato ou pelo Ministério do Trabalho. Se sim, é requisito que obsta o pleito de equiparação salarial, sendo hipótese de pedido de reenquadramento, caso os critérios do plano não estejam sendo cumpridos pelo empregador.

O direito à equiparação salarial nasce do preenchimento cumulativo de todos os requisitos acima.

6 – DESVIO DE FUNÇÃO E ACÚMULO DE FUNÇÃO

Desvio de função ocorre quando um empregado é contratado para determinada função, mas exerce outra que possui salário mais elevado. Nesse pleito não há necessidade de indicação de paradigma.

Já o acúmulo de função ocorre quando um empregado, além de exercer as tarefas da função para a qual foi contratado, também exerce atividades de outras funções não compatíveis com sua condição pessoal, e que nada têm a ver com aquilo para o qual foi contratado.

Importante observar o art. 456, parágrafo único, da CLT, *in verbis:* "A falta de prova ou inexistindo cláusula expressa e tal respeito, entender-se-á que o empregado se obrigou a todo e qualquer serviço compatível com a sua condição pessoal."

7 – DECISÕES DOS TRIBUNAIS ACERCA DO TEMA

Gueltas. Reflexos. Ainda que referida verba seja paga por terceiros, como incentivo e forma de retribuição pelo oferecimento dos seus serviços/produtos, a hipótese assemelha-se às gorjetas, sendo inegável o reconhecimento da sua natureza salarial. Os reflexos são devidos nos termos da Súmula nº 354 do C. TST. (Os bônus/prêmios, pagos por terceiros nada mais são do que as conhecidas gueltas, as quais, em minha visão, possuem natureza jurídica salarial, por se tratarem de parcelas quitadas com habitualidade, como decorrência dos serviços prestados à empregadora, embora repassadas por empresas proprietárias dos produtos vendidos. Enquadram-se, desta forma, na disposição contida no artigo 457 da CLT, recebendo o mesmo tratamento jurídico dado às gorjetas). 3. "Consta do v. acórdão que as 'comissões de agenciamento' têm natureza jurídica de gueltas, vantagens recebidas de terceiros pela negociação de seus produtos, ainda que em serviço e, assim, não vinculam o empregador, tampouco se agregam ao contrato de trabalho definitivamente, mas apenas integram tais parcelas a remuneração da autora, e não o seu salário, sendo devidos os reflexos em férias + 1/3, 13º salários e FGTS". (TRT-2 10008103920165020317 SP, Rel. Maria de Lourdes Antonio, 17ª Turma – Cadeira 2, publicado em 07.07.2022)

Prêmio previsto no § 4º do artigo 457 da CLT. Parcela paga de forma habitual. Natureza salarial. O prêmio previsto no § 4º do artigo 457 da CLT, pago por mera liberalidade, é o extraordinário, pago de forma eventual, cuja motivação foi o desempenho extraordinário do empregado, ou seja, aquela atuação não esperada que trouxe excelentes resultados para a empresa. Nesse tipo de prêmio não houve fixação de objetivos, mas tão somente premiação por ter o empregado ou grupo de empregados, desempenho superior ao ordinariamente esperado. Trata-se de prêmio pago eventualmente. **A estipulação de metas torna o prêmio a ser pago esperado e ordinário, bastando, para tanto, o empregado alcançar o resultado fixado pelo empregador. O prêmio pelo atingimento de metas pago de forma habitual e desvinculado de desempenho extraordinário do empregado nada mais é do que o pagamento de parcela de natureza jurídica salarial.** Recurso do reclamante provido. (TRT-2 – RORSum 1001129-67.2020.5.02.0381, Rel. Beatriz Helena Miguel Jiacomini, 6ª Turma, julgado em 02.06.2022, publicado em 09.06.2022)

Bancário e corretor de seguros. Acúmulo de função. (...) Acúmulo de função. Bancário e corretor de seguros. Não caracterizado. O TRT destacou que "Não há prova nos autos de que o autor exercia funções totalmente diversas daquelas para as quais foi contratado, pois todas as funções descritas por ele estão ligadas, de alguma maneira, à atividade de bancário, para a qual foi admitido". Extrai-se da decisão recorrida que as funções apontadas pelo laborista – venda de produtos, tais como seguros de vida, previdência privada e consórcios, dentre outros – eram tarefas inerentes à função desempenhada pelo autor, o que não afeta sua rotina de trabalho, muito menos a ponto de desvirtuar a atividade tipicamente bancária, preponderante na relação jurídica vivenciada, nem gera o locupletamento sem causa do réu. Recurso de revista não conhecido. (TST – RR-557-20.2012.5.03.0143, Rel. Min. Maria Helena Mallmann, 2ª Turma, julgado em 29.05.2019 – Informativo 197 do TST)

Gratificação de função recebida por mais de 10 anos. Incorporação. Período anterior à vigência da Lei 13.467/2017. Impossibilidade de aplicação retroativa do art. 468, § 2º, da CLT. Proteção ao ato jurídico perfeito, à estabilidade econômica e à irredutibilidade salarial. Súmula 372, I, do TST. A SBDI-1, considerando a premissa fática de que o reclamante exerceu função gratificada de 2002 a 2016 de modo praticamente ininterrupto, entendeu devida a incorporação pretendida pela parte, nos termos da Súmula 372, I, do TST. Com efeito, a inovação legislativa contida no art. 468, § 2º, da CLT, introduzida pela Lei 13.467/2017, não pode ser aplicada de forma retroativa, sob pena de violar ato jurídico perfeito. Ressaltou-se que, no plano dos direitos resultantes da relação de trabalho, a eficácia imediata de novas leis apenas é cabível para proteger o titular de direitos fundamentais, entre eles o da irredutibilidade salarial, não sendo possível que parcelas que compunham o salário sejam reduzidas ou suprimidas por lei ordinária. Ademais, a construção jurisprudencial sobre a matéria, consubstanciada na Súmula 372, I, do TST, teve como base preceitos normativos nos quais consagrada a estabilidade econômica dos trabalhadores. Argumentou-se, ainda, que a aplicação da nova norma constitui retrocesso social não justificado, em total afronta ao art. 26 da Convenção Americana de Direitos Humanos. Destacou-se, por fim, a possibilidade de se computar o período de 10 anos de forma descontínua, para fins de reconhecimento do direito à incorporação da gratificação de função. Sob esses fundamentos, a SBDI-I, por unanimidade, conheceu do recurso de embargos, por divergência jurisprudencial, e, no mérito, deu-lhe provimento para restabelecer o acórdão regional quanto ao direito do autor à referida incorporação. (TST-E-ED-RR-21424-76.2016.5.04.0010, SBDI-I, Rel. Min. Augusto César Leite de Carvalho, julgado em 24.03.2022 – Informativo 252 do TST)

Recurso ordinário em ação rescisória. Art. 966, V, do CPC/15. Município de São Joaquim da Barra. Educadora infantil. Diferenças salariais decorrentes do descumprimento do piso salarial. Inocorrência de reenquadramento funcional ou equiparação salarial. Inexistência de contrariedade às súmulas vinculantes nº 37 e 43. Precedentes do STF. Violação do art. 37, II, X, XIII e § 2º, da CF/88 afastada. A SBDI-II, por maioria, concluiu que a decisão que julga procedente a pretensão de diferenças salariais decorrentes da aplicação do piso salarial imposto pela lei do magistério do município de São Joaquim da Barra-SP (Lei Municipal nº144/2009), que incluiu o cargo de educadora infantil no Plano de Carreira do Magistério Público Municipal, não viola o disposto no art. 37, II, X, XIII e § 2º, da CF/88 nem contraria o disposto nas súmulas vinculantes nos 37 e 43 do STF. Consignou-se não ser o caso de transposição de regime jurídico nem de provimento derivado de cargo sem prévia aprovação em concurso público, pois houve somente a alteração do nome do cargo de "babá" para "educadora infantil", pela Lei Municipal nº 56/2008, registrando-se que a reclamante foi aprovada em concurso público para o cargo de "babá", sob o regime celetista, e que já era exigido como requisito para a ocupação do aludido cargo a formação em pedagogia. Além disso, salientou-se que não houve ofensa à regra do concurso público, visto que não ocorreu a transformação do cargo de educadora infantil ("babá") em cargo diverso (professora). Destacou-se também não se

Cap. 10 – REMUNERAÇÃO E SALÁRIO | **153**

tratar de hipótese de concessão de aumento ou equiparação salarial com base no princípio da isonomia, mas de pagamento de diferenças salariais decorrentes da inobservância do piso salarial. Além disso, consignou-se que o STF, em diversas Reclamações Constitucionais propostas pelo município de São Joaquim da Barra, tem afastado a alegação de contrariedade às súmulas vinculantes n°s 37 e 43. Assim, a SBDI-II, decidiu, por unanimidade, conhecer do recurso ordinário interposto pelo ente público municipal e, no mérito, por maioria, negar-lhe provimento, vencidos os Ministros Luiz José Dezena da Silva e Maria Cristina Irigoyen Peduzzi. (TST – ROT-8487-87.2018.5.15.0000, SBDI-II, Rel. Min. Maria Helena Mallmann, julgado em 01.12.2020 – Informativo 230 do TST)

8 – QUESTÃO DE SEGUNDA FASE ACERCA DO TEMA

A exigência da prova pericial prevista no art. 195, § 2º, da CLT tem caráter absoluto ou relativo? Há necessidade de produção de prova pericial em todas as hipóteses de pedido de adicional de insalubridade e de periculosidade? Responda de maneira fundamentada.

- **ASPECTOS IMPORTANTES PARA A RESPOSTA**

As parcelas intituladas adicionais são parcelas contraprestativas suplementares e devidas ao empregado pelo empregador em virtude do exercício do trabalho em condições mais gravosas.

O adicional de insalubridade, previsto nos arts. 189 e 190 da CLT, é devido ao empregado exposto por seu trabalho a agentes nocivos à saúde, e desde que a atividade conste do quadro de atividades e operações insalubres aprovado pelo Ministério do Trabalho.

Já o adicional de periculosidade, constante do art. 193 da CLT, resta devido a empregado em risco acentuado em virtude de seu trabalho em exposição permanente a explosivos, inflamáveis, energia elétrica, roubos ou outras formas de violência física nas atividades profissionais de segurança pessoal ou patrimonial.

Tais adicionais serão pagos enquanto o empregado estiver laborando sob as condições mais gravosas acima mencionadas.

Como regra, na forma do art. 195, § 2º, da CLT, o deferimento dos adicionais de insalubridade e de periculosidade depende da produção de prova pericial, que ficará a cargo de médico ou engenheiro do trabalho.

No entanto, temos na jurisprudência, e até mesmo na lei, diversas hipóteses de relativização do comando da produção de prova pericial, tais como: local de trabalho desativado, em que há a possibilidade de utilização de prova emprestada para comprovação do trabalho em condições especiais (OJ 278, SDI-1 do TST); pagamento do adicional realizado de forma espontânea pelo empregador (Súmula 453 do TST); quando se trata de questão eminentemente fática quanto à função desempenhada (art. 193, II, da CLT); o caso de empregados que operam bomba de gasolina (Súmula 39 do TST); quando o Juízo verificar as condições do local de trabalho pela análise de PPRA, LTCAT, PCMSO (documentação pertinente a riscos ambientais); ou na hipótese de determinação de pagamento previsto em norma coletiva da categoria.

É certo, portanto, que, apesar do comando legal, em alguns casos não há necessidade de produção de prova pericial para o deferimento dos pedidos de adicionais de insalubridade e de periculosidade, motivo pelo qual a exigência é relativa e não absoluta.

CAPÍTULO

11

DURAÇÃO DO TRABALHO

1 – TEMPO DE PRONTIDÃO E TEMPO DE SOBREAVISO

A duração do trabalho é a expressão mais genérica, que abrange tanto o horário de trabalho como a jornada, com os seus períodos de descanso, tratando-se, inclusive, de capítulo específico da Consolidação das Leis do Trabalho.

Jornada é a "quantidade de labor diário do empregado", correspondendo ao número de horas diárias de trabalho que o trabalhador realiza na empresa.

Para a composição da jornada algumas teorias são adotadas. São elas:

1) Teoria do tempo efetivamente trabalhado;
2) Teoria do tempo à disposição;
3) Teoria do deslocamento.

Na **teoria do tempo efetivamente trabalhado** só entraria na contagem da jornada de trabalho o tempo em que o empregado realmente estivesse realizando tarefas, sem contar possível tempo à disposição. Por certo, essa teoria não é utilizada, pois deslocaria ao empregado parte do risco do negócio.

Já na **teoria do tempo à disposição**, o cômputo da jornada leva em consideração todo o tempo, seja trabalhado, seja aquele em que o empregado está aguardando ordens, mas está à disposição do empregador.

Essa teoria é a utilizada pela CLT, conforme previsão no art. 4º. O que se considera tempo à disposição ou não também foi modificado pela reforma trabalhista, conforme o art. 4º, § 2º, da CLT.

Assim, *não haverá contagem da jornada quando houver interesse privado do empregado e sem qualquer obrigatoriedade imposta pelo empregador.*

Observe-se que para motoristas profissionais de passageiros e de cargas regidos pela Lei 13.103/2015, temos o tempo de espera, que compreende as horas em que o motorista profissional empregado fica aguardando carga ou descarga do veículo nas dependências do embarcador ou do destinatário e o período gasto com a fiscalização da mercadoria transportada em barreiras fiscais ou alfandegárias, que não são computados como jornada de trabalho e nem como horas extraordinárias. Essas horas, no entanto, serão pagas na proporção de 30% (trinta por cento) do salário-hora normal (art. 235-C, § 8º, da CLT).

Para a mesma categoria temos o tempo de repouso (antigo tempo de reserva), descrito no § 5º do art. 235-D: "nos casos em que o empregador adotar 2 (dois) motoristas trabalhando no mesmo veículo, o tempo de repouso poderá ser feito com o veículo em movimento, assegurado o repouso mínimo de 6 (seis) horas consecutivas fora do veículo em alojamento externo ou, se na cabine leito, com o veículo estacionado, a cada 72 (setenta e duas) horas".

Para compreendermos melhor o tema jornada, é imperioso destacar os conceitos de sobreaviso e prontidão.

O tempo de prontidão é o tempo gasto pelo ferroviário que ficar nas dependências da estrada, aguardando ordens, e tem previsão no art. 244, § 3º, da CLT.

O tempo de sobreaviso é período integrante do contrato de trabalho e do tempo de serviço em que o ferroviário permanece em sua casa aguardando, a qualquer momento, o chamado para ir trabalhar – art. 244, § 2º, da CLT. Assim, o empregado tem sua disponibilidade pessoal relativamente restringida, embora não esteja efetivamente laborando.

Na prontidão as horas são remuneradas à base de 2/3 e a escala será de no máximo 12 horas, e no sobreaviso as horas são remuneradas à base de 1/3 e a escala será de no máximo 24 horas.

Sobreaviso	Prontidão
Permanece em casa aguardando chamado	Permanece nas dependências da estrada (ou da empresa)
Escala máxima de 24 horas	Escala máxima de 12 horas
Horas remuneradas à base de 1/3	Horas remuneradas à base de 2/3

Caso o empregado seja convocado ao trabalho, a partir de então já começa a contagem de jornada de trabalho e o pagamento das horas no valor da hora normal de trabalho.

Atente-se para a redação da Súmula 428 do TST:

> **"Sobreaviso. Aplicação analógica do art. 244, § 2º da CLT.**
>
> I – O uso de instrumentos telemáticos ou informatizados fornecidos pela empresa ao empregado, por si só, não caracteriza o regime de sobreaviso. II – Considera-se em sobreaviso o empregado que, à distância e submetido a controle patronal por instrumentos telemáticos ou informatizados, permanecer em regime de plantão ou equivalente, aguardando a qualquer momento o chamado para o serviço durante o período de descanso. Observação: (redação alterada na sessão do Tribunal Pleno realizada em 14.09.2012) – Res. 185/2012, DEJT divulgado em 25, 26 e 27.09.2012".

Hoje em dia, qualquer empregado tem celular, e fica conectado por e-mail e grupos de WhatsApp. Desta forma, nem sempre a manutenção dos aparelhos ligados servirá como embasamento para pagamento do sobreaviso.

> "Assim, entendeu a Quinta Turma do Tribunal Superior do Trabalho que isentou a Centurylink Participações e Comercial Ltda., do Rio de Janeiro (RJ), de pagar adicional de sobreaviso a um analista de sistemas que deveria manter o aparelho celular fornecido pela empresa ligado, inclusive nos fins de semana. Conforme a decisão, sem escala de plantão, não há elementos para caracterizar o regime de sobreaviso. O relator do recurso de revista da empresa, desembargador convocado João Pedro Silvestrin, destacou que a Subseção I Especializada em Dissídios Individuais (SDI-1), órgão uniformizador do TST, interpretando a Súmula 428 do TST, concluiu que o simples uso de aparelho celular não configura sobreaviso. Para tanto, é necessário, também, que o empregado esteja em regime de prontidão, aguardando, a qualquer momento, o chamado para

o serviço durante o período de descanso. Essa situação, porém, não ficou caracterizada no caso."[1]

2 – HORAS EXTRAS

Existem fundamentos para a limitação da jornada, sendo estes de ordem psíquica (ou psicológica, como *burnout*), física, social, econômica e humana. Todos têm direito à desconexão, de se desconectar física e psicologicamente do seu trabalho. A limitação da jornada também tem um cunho econômico, uma vez que quando o empregado não está trabalhando está apto à aquisição de bens e serviços.

Assim, o art. 7º, XIII, da CF/1988 limitou a jornada do empregado a 8 horas diárias e 44 horas semanais. A hora extra se configura, portanto, como uma modalidade de extensão esporádica da jornada de trabalho.

O *caput* do art. 59 da CLT dita como regra que a extensão da jornada não pode ser superior a 2 horas, devendo esta possibilidade estar contida em acordo individual, convenção coletiva ou acordo coletivo de trabalho.

Havendo essa extensão, o serviço deve ser remunerado com acréscimo de no mínimo 50% sobre a hora normal, conforme o art. 7º, XVI, da CF/1988.

Essas horas extras em vez de pagas podem ser devidamente compensadas por meio do banco de horas, previsto no art. 59, § 2º, da CLT:

> "§ 2º Poderá ser dispensado o acréscimo de salário se, por força de acordo ou convenção coletiva de trabalho, o excesso de horas em um dia for compensado pela correspondente diminuição em outro dia, de maneira que não exceda, no período máximo de um ano, à soma das jornadas semanais de trabalho previstas, nem seja ultrapassado o limite máximo de dez horas diárias".

Em seguida falaremos mais especificamente sobre o tema.

O valor recebido a título de horas extras é salário condição, portanto, o empregado só recebe enquanto estiver exercendo esse trabalho. O valor recebido a título de horas extras reflete nas demais verbas trabalhistas.

---

[1] Disponível em: https://www.tst.jus.br/-/analista-de-sistemas-n%C3%A3o-receber%C3%A1-horas-de--sobreaviso-por-uso-cont%C3%ADnuo-de-celular. Acesso em: 3 mar. 2023.

Na forma do art. 61 da CLT, a prorrogação da jornada pode se dar por necessidade imperiosa, da qual são espécies a forma maior e a prorrogação para serviços inadiáveis.

3 – BANCO DE HORAS E ACORDO DE COMPENSAÇÃO

O labor extraordinário deve ser exceção, pois as horas extras prestadas de forma habitual agridem a saúde do trabalhador.

Os arts. 59 e 59-B da CLT e seus parágrafos mencionam:

> "Art. 59 (...)
>
> § 2º Poderá ser dispensado o acréscimo de salário se, por força de acordo ou convenção coletiva de trabalho, o excesso de horas em um dia for compensado pela correspondente diminuição em outro dia, de maneira que não exceda, no período máximo de um ano, à soma das jornadas semanais de trabalho previstas, nem seja ultrapassado o limite máximo de dez horas diárias.
>
> § 3º Na hipótese de rescisão do contrato de trabalho sem que tenha havido a compensação integral da jornada extraordinária, na forma dos §§ 2º e 5º deste artigo, o trabalhador terá direito ao pagamento das horas extras não compensadas, calculadas sobre o valor da remuneração na data da rescisão.
>
> § 5º O banco de horas de que trata o § 2º deste artigo poderá ser pactuado por acordo individual escrito, desde que a compensação ocorra no período máximo de seis meses.
>
> § 6º É lícito o regime de compensação de jornada estabelecido por acordo individual, tácito ou escrito, para a compensação no mesmo mês."
>
> "Art. 59-B. O não atendimento das exigências legais para compensação de jornada, inclusive quando estabelecida mediante acordo tácito, não implica a repetição do pagamento das horas excedentes à jornada normal diária se não ultrapassada a duração máxima semanal, sendo devido apenas o respectivo adicional.
>
> Parágrafo único. A prestação de horas extras habituais não descaracteriza o acordo de compensação de jornada e o banco de horas."

Na compensação (por acordo de compensação ou banco de horas) o empregado trabalha a mais em uns dias e menos em outros (o pagamento da hora se dá com o correspondente descanso).

Tendo em vista que a hora extra é um regime de exceção, para que a compensação fosse válida, antes da reforma, havia necessidade do ajuste por acordo ou convenção coletiva, ou acordo individual escrito. Com o advento da reforma temos a possibilidade de se estabelecer a compensação por acordo individual tácito.

No banco de horas temos o limite de jornada de 10 horas para que as horas sejam direcionadas para a respectiva compensação, e a compensação deve se dar no prazo máximo de um ano.

A reforma trouxe a possibilidade de previsão de banco de horas para compensação semestral, e que pode ser estabelecido por mero acordo individual escrito. A compensação para acordo dentro do próprio mês pode ser ajustada por acordo individual, tácito ou escrito.

Caso o empregador não respeite os requisitos do acordo de compensação terá de pagar a hora excedente com o adicional de 50%, caso a hora não tenha sido compensada. Caso já tenha sido objeto de compensação, o pagamento será apenas do adicional (visto que a hora em si já foi objeto de descanso).

Durante a pandemia, de forma excepcional e somente durante a vigência da MP 927/2020 – art. 14, que não foi convertida em lei, foi instituído o banco de horas antecipado. Assim, durante a paralisação do trabalho decorrente da pandemia, as horas em que o empregado ficou em casa eram contabilizadas, e quando do retorno ao trabalho essas horas seriam compensadas caso o empregado realizasse horas extras. A compensação deveria ocorrer em 18 meses após o fim da pandemia, e poderia ser instituído mediante acordo coletivo ou individual formal.

4 – JORNADA 12 X 36

Acrescido pela reforma trabalhista o regime de 12 x 36 foi legalmente instituído (antes a previsão era apenas em leis esparsas ou norma coletiva). Essa jornada também é considerada uma forma de compensação, pois o empregado trabalha durante 12 horas em um dia e folga por 36 horas de forma subsequente.

> CLT: "Art. 59-A. Em exceção ao disposto no art. 59 desta Consolidação, é facultado às partes, mediante acordo individual escrito, convenção coletiva ou acordo coletivo de trabalho, estabelecer horário de trabalho

de doze horas seguidas por trinta e seis horas ininterruptas de descanso, observados ou indenizados os intervalos para repouso e alimentação.

Parágrafo único. A remuneração mensal pactuada pelo horário previsto no *caput* deste artigo abrange os pagamentos devidos pelo descanso semanal remunerado e pelo descanso em feriados, e serão considerados compensados os feriados e as prorrogações de trabalho noturno, quando houver, de que tratam o art. 70 e o § 5º do art. 73 desta Consolidação."

Após a reforma trabalhista, o regime 12 x 36 pode ser estabelecido por acordo individual escrito ou por convenção ou acordo coletivo.

Diversamente do exposto na Súmula 444 do TST, o trabalhador não tem direito, por conta do texto reformista, ao pagamento dos feriados laborados em dobro, nem mesmo à continuação de recebimento do adicional noturno após a prorrogação da jornada noturna (assim, a eles não se aplica a Súmula 60, II, do TST). Além disso, para eles o intervalo intrajornada pode ser concedido ou indenizado, a critério do empregador.

Para o motorista, por força do art. 235-F da CLT, a previsão do regime 12 x 36 deve estar exposta em acordo ou convenção coletivos.

5 – TURNOS ININTERRUPTOS DE REVEZAMENTO

O turno ininterrupto de revezamento é caracterizado pela necessidade da empresa de funcionar sem que haja paralisação. Assim, o trabalho é prestado nos horários diurno, vespertino e noturno. **Profissionais dessa modalidade empregatícia não têm um horário e turno fixos de trabalho**.

De acordo com a Constituição da República, trabalhadores vinculados a esse tipo de jornada devem trabalhar 6 horas por dia, salvo previsão em norma coletiva (art. 7º, inciso XIV, da CF/1988). Essa jornada reduzida se dá pelo desgaste decorrente das constantes trocas de horário e turnos de trabalho.

Atente-se para a redação das Súmulas 360 e 423 do TST, e da Orientação Jurisprudencial 360 da SDI-1 do TST.

6 – JORNADA NOTURNA

Segundo o art. 73, § 2º, da CLT, **a hora noturna é aquela realizada entre às 22 horas de um dia e às 5 horas da manhã do dia seguinte, em áreas urbanas**.

MANUAL PRÁTICO DE DIREITO DO TRABALHO – *Aline Leporaci e Bianca Merola da Silva*

Para trabalhadores rurais, a legislação determina que o trabalho noturno está compreendido entre 21 horas e 5 horas em lavouras, e entre 20 horas e 4 horas na atividade pecuária – Lei 5.889/1973, art. 7º.

JORNADAS NOTURNAS (URBANO)

A regra geral é que as jornadas noturnas ocorrem das 22 horas às 5 horas. Assim, a hora noturna corresponde a 52' 30", com adicional de 20% (art. 73 da CLT), mas existem algumas particularidades. São elas:

Ocupação	Horário noturno considerado	Hora noturna corresponde a	Percentual de adicional	Previsão
Advogado	20 horas às 5 horas	60 minutos	25%	Art. 20 da Lei 8.906/1994
Petroleiro	22 horas às 5 horas	60 minutos	20%	Súmula 112 do TST
Portuário	19 horas às 7 horas	60 minutos	20%	OJ 60 SDI1
Aeronauta	18 horas às 6 horas (no ar)	52' 30"	20%	Art. 38 da Lei 13.475/2017
Engenheiro	22 horas às 5 horas	60 minutos	25%	Art. 7º da Lei 4.950-A/1966

Conforme previsão da Súmula 60, II, do TST, e jurisprudência majoritária do TST, o trabalho prestado após as 5 horas da manhã, depois de integralmente (ou grande parte dela) cumprida a jornada noturna, deverá ser considerado ficticiamente noturno, mesmo sendo diurno. Assim, o empregado continua, mesmo após a hora passar a ser diurna, com direito a receber o adicional noturno e com contagem de hora noturna reduzida, se isso a ele se aplicar.

Como o adicional noturno é adicional condição, a transferência do empregado do período noturno para o diurno implica a perda do pagamento do referido adicional (Súmula 265 do TST).

7 – TRABALHADOR EXTERNO

Em regra, os empregados estão sujeitos ao controle de jornada, devendo o empregador fiscalizar o horário e a jornada realizados pelo empregado. A lei somente estabelece procedimentos especiais para esse controle em estabelecimentos com mais de 20 empregados, em que os empregados deverão realizar marcação da jornada, permitida a pré-assinalação do intervalo (art. 74, § 2º, da CLT).

Contudo, em situações excepcionais o empregado não está sujeito a uma jornada e, por conseguinte, ao controle.

O art. 62 da CLT informa três espécies de empregados que não estão sujeitos a controle de jornada, dentre eles os exercentes de atividade externa e incompatível com a fixação de horário de trabalho (previsto no inciso I).

O ônus da prova compete ao empregador, e a prova normalmente é testemunhal, mas pode se dar por meio de perícia ou documentos, mormente quando a parte pode se valer de subsídios gráficos (extratos emitidos por computadores mediante senhas específicas; registros de entrada e de saída de pessoas/veículos em livro de ocorrência de portarias; relatórios produzidos por empresas de segurança etc.) ou técnicos (dados extraídos de discos de tacógrafo, por exemplo).

Os motoristas profissionais no transporte rodoviário de passageiros ou de cargas – trabalhadores que normalmente, antes dessa lei, se viam turbados pelo conteúdo do art. 62, I, da CLT – passaram a ter o direito à jornada de trabalho controlada e registrada de maneira fidedigna mediante anotação em diário de bordo, papeleta ou ficha de trabalho externo, ou sistema e meios eletrônicos instalados nos veículos, a critério do empregador.

8 - TELETRABALHO

Inicialmente, cabe esclarecer que o tema do teletrabalho, embora há muito tempo existente, ganhou muita força a partir de 2020, em que muitas empresas tiveram que adotar o regime de *home office* no período da pandemia.

O teletrabalho e o *home office* não são a mesma coisa, pois enquanto o *home office* se refere às atividades prestadas na residência do empregado, o teletrabalho é serviço prestado em locais que não sejam considerados como estabelecimento do empregador, e desde que se utilize de meios tecnológicos.

O inciso III do art. 62 da CLT foi inserido com a reforma trabalhista, e excluiu os empregados em teletrabalho do regime de limitação de jornada de uma forma geral. Recentemente, mais precisamente pela Lei 14.442/2022, os empregados em teletrabalho excluídos do capítulo de duração do trabalho são os que recebem por produção ou tarefa apenas.

164 | MANUAL PRÁTICO DE DIREITO DO TRABAHO – *Aline Leporaci e Bianca Merola da Silva*

Assim, não seria conferido a tais trabalhadores horas extras caso excedessem as 8 horas, adicional noturno, intervalos etc.

São características do teletrabalho: (a) ser prestado preponderantemente fora das dependências do empregador ou não; (b) utilizar tecnologia da informação e de comunicação; (c) não poder ser configurado como trabalho externo.

Além da disposição que exclui o teletrabalhador do percebimento de horas extras, conta ainda com as disposições previstas nos arts. 75-A a 75-E da CLT para disciplinar suas atividades, estando os referidos artigos com a seguinte redação:

> "Art. 75-A. A prestação de serviços pelo empregado em regime de teletrabalho observará o disposto neste Capítulo.
>
> Art. 75-B. Considera-se teletrabalho ou trabalho remoto a prestação de serviços fora das dependências do empregador, de maneira preponderante ou não, com a utilização de tecnologias de informação e de comunicação, que, por sua natureza, não configure como trabalho externo.
>
> § 1º O comparecimento, ainda que de modo habitual, às dependências do empregador para a realização de atividades específicas que exijam a presença do empregado no estabelecimento não descaracteriza o regime de teletrabalho ou trabalho remoto.
>
> § 2º O empregado submetido ao regime de teletrabalho ou trabalho remoto poderá prestar serviços por jornada ou por produção ou tarefa.
>
> § 3º Na hipótese da prestação de serviços em regime de teletrabalho ou trabalho remoto por produção ou tarefa, não se aplicará o disposto no Capítulo II do Título II desta Consolidação.
>
> § 4º O regime de teletrabalho ou trabalho remoto não se confunde nem se equipara à ocupação de operador de telemarketing ou de teleatendimento.
>
> § 5º O tempo de uso de equipamentos tecnológicos e de infraestrutura necessária, bem como de *softwares*, de ferramentas digitais ou de aplicações de internet utilizados para o teletrabalho, fora da jornada de trabalho normal do empregado não constitui tempo à disposição ou regime de prontidão ou de sobreaviso, exceto se houver previsão em acordo individual ou em acordo ou convenção coletiva de trabalho.
>
> § 6º Fica permitida a adoção do regime de teletrabalho ou trabalho remoto para estagiários e aprendizes.

§ 7º Aos empregados em regime de teletrabalho aplicam-se as disposições previstas na legislação local e nas convenções e nos acordos coletivos de trabalho relativas à base territorial do estabelecimento de lotação do empregado.

§ 8º Ao contrato de trabalho do empregado admitido no Brasil que optar pela realização de teletrabalho fora do território nacional aplica-se a legislação brasileira, excetuadas as disposições constantes da Lei nº 7.064, de 6 de dezembro 1982, salvo disposição em contrário estipulada entre as partes.

§ 9º Acordo individual poderá dispor sobre os horários e os meios de comunicação entre empregado e empregador, desde que assegurados os repousos legais.

Art. 75-C. A prestação de serviços na modalidade de teletrabalho deverá constar expressamente do instrumento de contrato individual de trabalho.

§ 1º Poderá ser realizada a alteração entre regime presencial e de teletrabalho desde que haja mútuo acordo entre as partes, registrado em aditivo contratual.

§ 2º Poderá ser realizada a alteração do regime de teletrabalho para o presencial por determinação do empregador, garantido prazo de transição mínimo de quinze dias, com correspondente registro em aditivo contratual.

§ 3º O empregador não será responsável pelas despesas resultantes do retorno ao trabalho presencial, na hipótese de o empregado optar pela realização do teletrabalho ou trabalho remoto fora da localidade prevista no contrato, salvo disposição em contrário estipulada entre as partes.

Art. 75-D. As disposições relativas à responsabilidade pela aquisição, manutenção ou fornecimento dos equipamentos tecnológicos e da infra-estrutura necessária e adequada à prestação do trabalho remoto, bem como ao reembolso de despesas arcadas pelo empregado, serão previstas em contrato escrito.

Parágrafo único. As utilidades mencionadas no *caput* deste artigo não integram a remuneração do empregado.

Art. 75-E. O empregador deverá instruir os empregados, de maneira expressa e ostensiva, quanto às precauções a tomar a fim de evitar doenças e acidentes de trabalho.

Parágrafo único. O empregado deverá assinar termo de responsabilidade comprometendo-se a seguir as instruções fornecidas pelo empregador.

Art. 75-F. Os empregadores deverão dar prioridade aos empregados com deficiência e aos empregados com filhos ou criança sob guarda judicial até 4 (quatro) anos de idade na alocação em vagas para atividades que possam ser efetuadas por meio do teletrabalho ou trabalho remoto."

9 – REPOUSO SEMANAL REMUNERADO

O repouso semanal remunerado encontra previsão no art. 7º, XV, da CF/1988 e no art. 67 da CLT.

Com a reforma trabalhista, o RSR não pode ser objeto de negociação coletiva (art. 611-B, IX, da CLT).

A sua caracterização se dá pelo lapso temporal de 24 horas de duração, ocorrência regular ao longo das semanas em que se dá o contrato de trabalho, sendo preferencialmente aos domingos.

É uma hipótese de interrupção contratual.

Para ter direito ao RSR é necessário que o empregado preencha dois requisitos: (a) frequência no trabalho (assiduidade); (b) pontualidade – tudo na forma da Lei 605/1949, art. 6º. Portanto, faltas injustificadas ou atrasos permitem o desconto do RSR (que será usufruído regularmente pelo trabalhador, mas sem o competente pagamento).

Se houver trabalho no dia do RSR, deverá o empregador conceder folga compensatória ou pagamento do dia em dobro (OJ 410 da SDI-1 do TST).

Por ter um lapso temporal mínimo de 24 horas de duração consecutiva, não pode ser fracionado em unidade de tempo menor do que o previsto em lei. O prazo do repouso é fixado em horas. Assim, a cada módulo de 44 horas trabalhadas por semana (pelo menos esta é a regra geral) o trabalhador adquire o direito a um RSR no total de 24 horas consecutivas de descanso. A exceção é prevista no art. 235-D da CLT.

Em regra, o RSR é concedido aos domingos. Em havendo trabalho aos domingos, o RSR deve ser concedido em outro dia, mas atentando-se às regras especiais do art. 386 da CLT e do art. 6º, parágrafo único, da Lei 10.101/2000.

10 – FÉRIAS

As férias são, em termos básicos, o período de descanso que deve ser concedido ao empregado após o exercício de atividades por um ano. Ou seja, após a prestação de trabalho por 12 meses, o empregado adquire o direito a tirar férias, pois já completado o chamado período "**aquisitivo**". Assim, as férias devem ser concedidas dentro dos 12 meses subsequentes à aquisição do direito, período este chamado de "**concessivo**".

As férias devem ser remuneradas com o valor do salário com acréscimo de 1/3, previsto no art. 7º, XVII, da CF/1988, comumente chamado de terço constitucional.

É proibido ao empregado vender todo o seu período de férias, podendo, a seu critério e vontade, disponibilizar 1/3 do correspondente período, convertendo-o em pecúnia, no denominado abono pecuniário.

O período em que o empregado goza suas férias é definido pelo empregador, desde que respeitados os 12 meses do período concessivo. Trata-se de uma modalidade de interrupção do contrato de trabalho, pois o empregado não trabalha, mas recebe como se trabalhando estivesse.

A reforma trabalhista possibilitou o fracionamento das férias em até 3 (três) períodos, sendo que um deles não poderá ser inferior a 14 dias corridos e os demais não poderão ser inferiores a 5 (cinco) dias corridos, cada um, desde que haja concordância do empregado.

Caso as férias não sejam concedidas ao empregado dentro do período concessivo, haverá o pagamento em dobro do período que estiver fora do prazo correto.

Em recente julgamento o STF (ADPF 501) entendeu que a Súmula 450 do TST é inconstitucional, pois o pagamento em dobro das férias, caso sua quitação não ocorresse dentro do prazo constante da CLT, apesar de terem sido concedidas corretamente, não tem previsão legal.

Demais normas atinentes a férias, como prazos, incidência de faltas e afastamentos, pagamentos e instituto das férias coletivas encontram-se a partir do art. 130 na CLT.

11 – DECISÕES DOS TRIBUNAIS ACERCA DO TEMA

Segundo o relator do recurso na Primeira Turma, ministro Walmir Oliveira da Costa, "a exigência de assinatura do empregado no cartão de ponto carece de previsão legal, razão pela qual não pode ser invalidado como meio probatório e, consequentemente, transferir o ônus da prova

168 | MANUAL PRÁTICO DE DIREITO DO TRABAHO – *Aline Leporaci e Bianca Merola da Silva*

para a empregadora". Para chegar a esse entendimento, ele se baseou nos artigos 74, parágrafo 2º, da CLT e 13 da Portaria 3.626/91. O relator destacou, ainda, que a apresentação dos controles de frequência pelo empregador gera presunção de veracidade da jornada ali registrada, conforme prevê a Súmula 338, itens I e II, do TST. Caberia, então, ao empregado, ainda segundo o ministro, "comprovar a falta de fidedignidade do horário registrado, o que deve ser aferido em concreto no caso". Processo: RR – 302-72.2010.5.01.0051.[2]

Recurso de revista interposto na vigência da Lei 13.467/2017. Cartões de ponto apócrifos infirmados pela prova oral produzida. Validade. Não se verifica nenhum dos indicadores de transcendência previstos no art. 896-A, § 1º, da CLT. Com efeito, o valor da causa não é elevado, o acórdão que considerou inválidos os cartões de ponto apócrifos com base na prova oral produzida pelo reclamante, ressoa na jurisprudência pacífica do TST, no sentido de que, a ausência de assinatura nos cartões de ponto apresentados pela empresa não tem o condão de, por si só, invalidar os registros de horário neles consignados, a controvérsia não afeta matéria nova atinente à interpretação da legislação trabalhista, tampouco se trata de recurso interposto por reclamante, na defesa de direito social constitucionalmente assegurado. Recurso de revista não conhecido, por ausência de transcendência. (TST – RR: 605-87.2014.5.05.0131, Rel. Min. Delaíde Miranda Arantes, 2ª Turma, julgado em 19.02.2020, publicado em 21.02.2020)

Recurso ordinário. Cartões de ponto apócrifos. Prova quanto à existência de espelhos de ponto com a assinatura do empregado. Inversão do ônus da prova. Os registros de ponto configuram prova pré-constituída da jornada de trabalho ativada pelo trabalhador, sendo deste o encargo de comprovar a sua inidoneidade. E a despeito da assinatura do empregado nos cartões de ponto não se tratar de uma imposição legal, é certo que a prova quanto à assinatura dos mesmos faz emergir a inidoneidade dos espelhos apócrifos juntados aos autos, invertendo-se o ônus da prova. (TRT-1 – ROT: 0100148-40.2021.5.01.0063 RJ, Rel. Carina Rodrigues Bicalho, 7ª Turma, julgado em 27.04.2022, publicado em 11.05.2022)

Recurso ordinário. Horas extras. ponto eletrônico apócrifo. A ausência de assinatura do empregado nos documentos relativos ao ponto eletrônico não o tornam inidôneos para comprovação da jornada de trabalho neles

---

[2] Disponível em: https://www.tst.jus.br/-/cartoes-de-ponto-sem-assinatura-do-empregado-sao-validos--para-apurar-horas-extras. Acesso em: 3 mar. 2023.

registrada. O legislador trabalhista quando teve a intenção de exigir a assinatura do trabalhador, o fez expressamente, o que não ocorreu com os cartões de ponto. (TRT-1 – ROT: 0101013-70.2019.5.01.0245 RJ, Rel. Flavio Ernesto Rodrigues Silva, 10ª Turma, julgado em 06.04.2022, Décima Turma, publicado em 13.04.2022)

O Supremo Tribunal Federal (STF), por maioria de votos, declarou inconstitucional a Súmula 450 do Tribunal Superior do Trabalho (TST), que estabelece que o empregado receberá a remuneração das férias em dobro, incluído o terço constitucional, se o empregador atrasar o pagamento da parcela. A decisão se deu no julgamento da Arguição de Descumprimento de Preceito Fundamental (ADPF) 501, na sessão virtual encerrada em 5/8. A súmula do TST estabelece que o pagamento em dobro, sanção legalmente prevista para a concessão das férias com atraso (artigo 137 da Consolidação das Leis do Trabalho – CLT), seja também aplicado no caso de pagamento fora do prazo legal, que é de dois dias antes do início do período (artigo 145 da CLT), ainda que a concessão tenha ocorrido no momento apropriado. A maioria do Plenário acompanhou o entendimento do ministro Alexandre de Moraes (relator) de que o verbete ofende os preceitos fundamentais da legalidade e da separação dos Poderes. O Plenário também invalidou decisões judiciais não definitivas (sem trânsito em julgado) que, amparadas na súmula, tenham aplicado, por analogia, a sanção de pagamento em dobro com base no artigo 137 da CLT. **Legislação vigente:** Em seu voto pela procedência do pedido, formulado pelo governo do Estado de Santa Catarina, o relator afirmou que a jurisprudência que subsidiou o enunciado acabou por penalizar, por analogia, o empregador pela inadimplência de uma obrigação (pagar as férias) com a sanção prevista para o descumprimento de outra obrigação (conceder as férias). A seu ver, o propósito de proteger o trabalhador não pode se sobrepor a ponto de originar sanções não previstas na legislação vigente, em razão da impossibilidade de o Judiciário atuar como legislador. "Em respeito à Constituição Federal, os Tribunais não podem, mesmo a pretexto de concretizar o direito às férias do trabalhador, transmudar os preceitos sancionadores da CLT, dilatando a penalidade prevista em determinada hipótese de cabimento para situação que lhe é estranha", disse. **Penalidade cabível:** Em relação ao uso de construção analógica, ele explicou que a técnica pressupõe a existência de uma lacuna a ser preenchida. No caso, no entanto, a própria CLT, no artigo 153, previu a penalidade cabível para o descumprimento da obrigação de pagar as férias com antecedência de dois dias. O ministro ressaltou, também, que não é possível transportar a sanção fixada para determinado caso de inadimplemento para uma situação distinta, em razão da necessidade de conferir interpretação restritiva a normas sancionadoras. Lembrou, ainda, que o próprio TST, em julgados mais recentes, tem adotado postura mais restritiva em relação à matéria, para atenuar o alcance da súmula em casos de atraso ínfimo no pagamento das férias. O voto do relator foi acompanhado pelos ministros Dias Toffoli, André Mendonça, Luís Roberto Barroso, Gilmar Mendes, Luiz Fux (presidente) e Nunes Marques. **Efetiva proteção:** Primeiro a divergir, o ministro Edson Fachin votou pela improcedência do pedido. Para ele, o enunciado deriva da interpretação de que a efetiva e concreta proteção do direito constitucional de férias depende da sua remuneração a tempo, e seu inadimplemento deve implicar a mesma consequência jurídica do descumprimento da obrigação de concessão do descanso no período oportuno. A seu ver, o TST formulou seu entendimento à luz da CLT, adotando interpretação possível dentre mais de uma hipótese de compreensão sobre a matéria. Seguiram essa posição, vencida, as ministras Cármen Lúcia e Rosa Weber e o ministro Ricardo Lewandowski. (Notícia de 12 de agosto de 2022)[3]

12 – QUESTÃO DE SEGUNDA FASE ACERCA DO TEMA

Luciana ajuíza reclamação trabalhista requerendo o pagamento do RSR em dobro alegando que seu dia de repouso sempre recaía fora do domingo. Assim, requer pagamento do dia de repouso de todas as semanas com a dobra. A Reclamada rechaça a alegação da Autora confirmando que o dia de folga recaía sempre às quartas-feiras, mas que o dispositivo constitucional é claro em mencionar o repouso preferencialmente aos domingos. Como Juiz da causa, como o candidato julgaria o presente pedido?

■ **ASPECTOS IMPORTANTES PARA A RESPOSTA**

O repouso semanal remunerado constitui um descanso de 24 horas consecutivas durante a semana de trabalho, tendo *status* constitucional previsto no art. 7º, XV, em que há previsão de que deva recair preferencialmente aos domingos.

No entanto, a legislação infraconstitucional trouxe previsão no art. 67 da CLT de que o dia de repouso deve coincidir com o domingo, salvo motivo de conveniência pública ou necessidade imperiosa de serviço.

---

[3] Disponível em: https://portal.stf.jus.br/noticias/verNoticiaDetalhe.asp?idConteudo=492245&ori=1. Acesso em: 3 mar. 2023.

Além disso, a Lei 10.101/2000, no art. 6º, parágrafo único, dispõe que nas atividades do comércio em geral o repouso semanal remunerado deverá coincidir, pelo menos uma vez no período máximo de três semanas, com o domingo. Prevê, ainda, que devem ser respeitadas outras normas de proteção ao trabalho.

E é justamente o que ocorre no caso da proteção ao trabalho da mulher que, segundo os arts. 385 e 386 da CLT, tem direito a que seja organizada pelo empregador uma escala de revezamento quinzenal, a fim de favorecer o repouso dominical.

É certo, assim, que essas previsões especiais em sede infraconstitucional têm objetivo de que o repouso semanal remunerado atinja seu real sentido, que é não só de descanso do trabalhador, mas também de encontro com a família e os amigos, prestigiando o direito ao lazer e desconexão.

Desta forma, no caso concreto, ainda que a empregada tenha usufruído de uma folga semanal, não havia o respeito ao disposto no art. 386 da CLT, pois não usufruía do RSR aos domingos conforme escala quinzenal. E assim vem se posicionando o TST.

Portanto, com base no acima exposto, entendendo que à Reclamante se aplica o art. 386 da CLT, como Juiz da causa deferiria o pedido de pagamento do RSR em dobro a cada 15 dias.

CAPÍTULO

12

ALTERAÇÃO DO CONTRATO DE TRABALHO

1 – ALTERAÇÃO CONTRATUAL – *JUS VARIANDI* E DIREITO DE RESISTÊNCIA

Na formação do contrato de trabalho há o estabelecimento de uma série de regras, a maioria imposta pelo ordenamento jurídico, mas também uma gama de tantas outras estabelecidas pela vontade das partes, constantes do contrato, ou até mesmo impostas pelo empregador por meio do regulamento empresarial.

E por certo que dificilmente um contrato de trabalho permanecerá sob as mesmas condições durante toda a relação empregatícia, sendo necessário sabermos quais os limites para as possíveis alterações contratuais. Basta saber, portanto, se a alteração contratual pode ocorrer, e como ela deve acontecer na prática de forma a garantir segurança a empregados e empregadores.

Assim, devemos inicialmente dividir as alterações contratuais em dois tipos, as enquadradas como irrelevantes e as chamadas de relevantes.

As primeiras são aquelas cuja mudança não altera significativamente a rotina do trabalhador, razão pela qual o empregador poderá alterar a condição contratual independentemente da concordância do empregado, quando aquele utilizará o chamado *jus variandi* (observando-se, claro, que dessa alteração não podem advir prejuízos diretos ou indiretos para o empregado).

Um bom exemplo seria a alteração do horário de intervalo intrajornada do empregado de 12h30 às 13h30 para 13h00 às 14h00. Alteração irrelevante que pode ser determinada unilateralmente pelo empregador, quando da utilização do seu *jus variandi*.

Por outro lado, as alterações relevantes são aquelas que modificam de forma significativa o dia a dia do empregado, motivo pelo qual necessário o preenchimento dos requisitos constantes do art. 468 da CLT, quais sejam o mútuo consentimento (empregado e empregador devem concordar com a alteração) e desde que essa alteração não traga prejuízos diretos ou indiretos para o empregado, sob pena de nulidade.

> CLT: "Art. 468 – Nos contratos individuais de trabalho, só é lícita a alteração das respectivas condições por mútuo consentimento, e ainda assim desde que não resultem, direta ou indiretamente, prejuízos ao empregado, sob pena de nulidade da cláusula infringente desta garantia."

Caso o empregador pretenda impor ao empregado uma alteração relevante de forma unilateral, caberá a este último utilizar o chamado direito de resistência, em que ele poderá se opor, até mesmo judicialmente, ao determinado pelo empregador.

Nesse caso, um exemplo seria alterar o turno de trabalho do empregado, que trabalhava no turno diurno e o empregador pretende sua mudança para o turno noturno. Claro que tal alteração presume-se prejudicial, mas caso não haja prejuízos efetivos e o empregado consinta, será considerada regular.

E desta forma devemos pautar todas as alterações contratuais, numa tentativa de equilíbrio entre a possibilidade de o empregador utilizar o *jus variandi* e o direito de o empregado aplicar o direito de resistência quando necessário.

2 – ALTERAÇÃO DE LOCAL DE TRABALHO: TRANSFERÊNCIA

A alteração do local de trabalho é uma alteração do tipo circunstancial, pois diz respeito à situação ambiental ou organizativa das prestações contratuais.

Inicialmente cabe dizer que nem toda alteração de local de trabalho significará efetiva transferência, pois essa apenas ocorrerá quando a mudança

Cap. 12 – ALTERAÇÃO DO CONTRATO DE TRABALHO | 175

de local de trabalho tiver como consequência a mudança de domicílio do empregado, na forma do art. 469 da CLT.

> "Art. 469 – Ao empregador é vedado transferir o empregado, sem a sua anuência, para localidade diversa da que resultar do contrato, não se considerando transferência a que não acarretar necessariamente a mudança do seu domicílio."

Como é uma alteração relevante, em regra, é necessária a concordância do empregado. O mútuo consentimento, no entanto, não será necessário quando se tratar de transferência de empregado de confiança ou de empregado que tenha a transferência como condição implícita ou explícita do contrato, mas desde que decorra de real necessidade do serviço, conforme previsão do art. 469, § 1º, da CLT.

> "§ 1º Não estão compreendidos na proibição deste artigo: os empregados que exerçam cargo de confiança e aqueles cujos contratos tenham como condição, implícita ou explícita, a transferência, quando esta decorra de real necessidade de serviço."

Independentemente da espécie de empregado o empregador ficará obrigado ao pagamento de adicional de transferência, no valor de 25% sobre o montante do salário que o empregado recebia na localidade base do contrato, tendo em vista a previsão do art. 469, § 3º, da CLT.

> "§ 3º Em caso de necessidade de serviço o empregador poderá transferir o empregado para localidade diversa da que resultar do contrato, não obstante as restrições do artigo anterior, mas, nesse caso, ficará obrigado a um pagamento suplementar, nunca inferior a 25% (vinte e cinco por cento) dos salários que o empregado percebia naquela localidade, enquanto durar essa situação."

No entanto, o pagamento do adicional não será devido em todas as transferências, mas apenas naquelas tidas como provisórias, na forma da Orientação Jurisprudencial 113 da SDI-1/TST:

> "Adicional de transferência. Cargo de confiança ou previsão contratual de transferência. Devido. Desde que a transferência seja provisória. O fato de o empregado exercer cargo de confiança ou a existência de previsão de

transferência no contrato de trabalho não exclui o direito ao adicional. O pressuposto legal apto a legitimar a percepção do mencionado adicional é a transferência provisória."

3 – ALTERAÇÃO DE FUNÇÃO

A alteração da função exercida pelo empregado constitui alteração objetiva do contrato de trabalho do tipo qualitativa, pois diz respeito à própria prestação de serviços e à modificação do trabalho pactuado.

Função diz respeito a todas as atividades exercidas pelo empregado, sendo um conjunto de tarefas, atribuições e poderes. Assim, para que essas sejam alteradas, inicialmente devemos atentar às cláusulas contratuais, depois pesquisar o real exercício das funções para as quais o empregado foi contratado (verificando se há compatibilidade entre o que foi ajustado no contrato e o que realmente ocorre), e por fim verificar o que foi alterado neste contexto contratual.

Existem diversas alterações lícitas de função, como aquelas decorrentes de situações pontuais e de emergência, em que o empregador pode utilizar o *jus variandi* e alterar a função unilateralmente, já que essas mudanças ocorrem a título excepcional e são de curta duração, não acarretando para o empregador sequer a necessidade de pagamento de eventuais diferenças salariais; as hipóteses de substituições temporárias, motivadas por fatores previsíveis e comuns na dinâmica de qualquer empresa, como licença-gestante e férias de funcionários, quando empregador substituirá o empregado que está se afastando por outro, e esse, em regra, terá direito a eventuais diferenças salariais existentes entre seu salário do cargo efetivo e o do cargo que passará a ocupar de forma temporária (TST, Súmula 159 do TST: "Substituição de caráter não eventual e vacância do cargo (incorporada a Orientação Jurisprudencial nº 112 da SBDI-1) – Res. 129/2005, DJ 20, 22 e 25.04.2005 – I – Enquanto perdurar a substituição que não tenha caráter meramente eventual, inclusive nas férias, o empregado substituto fará jus ao salário contratual do substituído"); a destituição do cargo de confiança, também chamada de reversão, merece uma análise mais atenta, o que faremos a partir de agora.

Um empregado que exerce determinado cargo efetivo pode ter sua função alterada e passar a exercer uma função de confiança, com todos os poderes inerentes a ela, bem como recebendo o pagamento da gratificação, tudo previsto no art. 62, II e parágrafo único, da CLT.

> "Art. 62 – Não são abrangidos pelo regime previsto neste capítulo: (...)
>
> II – os gerentes, assim considerados os exercentes de cargos de gestão, aos quais se equiparam, para efeito do disposto neste artigo, os diretores e chefes de departamento ou filial. (...)
>
> Parágrafo único – O regime previsto neste capítulo será aplicável aos empregados mencionados no inciso II deste artigo, quando o salário do cargo de confiança, compreendendo a gratificação de função, se houver, for inferior ao valor do respectivo salário efetivo acrescido de 40% (quarenta por cento)."

No entanto, como bem se sabe, toda confiança é transitória, razão pela qual o trabalhador pode ser retirado, a qualquer tempo, do exercício do cargo de confiança com retorno ao cargo efetivo anteriormente ocupado, quando ocorre a chamada reversão, o que não é considerado pela lei como alteração unilateral – art. 468, § 1º, da CLT:

> "§ 1º Não se considera alteração unilateral a determinação do empregador para que o respectivo empregado reverta ao cargo efetivo, anteriormente ocupado, deixando o exercício de função de confiança."

Antes mesmo da reforma trabalhista já era possível ao empregador efetuar a reversão a qualquer tempo. No entanto, o entendimento jurisprudencial acerca da manutenção ou não do pagamento da gratificação da função de confiança derivava do tempo que o empregado exerceu a função, e se a reversão se deu com ou sem justo motivo.

> Súmula 372 do TST: "Gratificação de função. supressão ou redução. Limites (conversão das Orientações Jurisprudenciais nᵒˢ 45 e 303 da SBDI-1) – Res. 129/2005, DJ 20, 22 e 25.04.2005
>
> I – Percebida a gratificação de função por dez ou mais anos pelo empregado, se o empregador, sem justo motivo, revertê-lo a seu cargo efetivo, não poderá retirar-lhe a gratificação tendo em vista o princípio da estabilidade financeira (ex-OJ 45 da SBDI-1 – inserida em 25 de novembro de 1996)".

Com a reforma trabalhista tivemos a superação do entendimento acima, pois independentemente do tempo de exercício da função de confiança, a reversão sempre importará na perda da gratificação de função, conforme § 2º do art. 468 da CLT:

> "§ 2º A alteração de que trata o § 1º deste artigo, com ou sem justo motivo, não assegura ao empregado o direito à manutenção do pagamento da gratificação correspondente, que não será incorporada, independentemente do tempo de exercício da respectiva função."

4 – ALTERAÇÃO DE HORÁRIO DE TRABALHO

A alteração de horário de trabalho consiste numa alteração contratual do tipo quantitativo, pois diz respeito a modificações no objeto do contrato de trabalho em que se atinge o montante das prestações pactuadas.

Essas alterações podem ser ampliativas, que elastecem a duração do trabalho, e serão tidas por regulares após analisadas a causa da prorrogação (requerimento do empregador, previsão contratual ou de norma coletiva, força maior etc.), o título jurídico da prorrogação (sobrejornada, banco de horas, acordo de compensação etc.), a tipologia pelo tempo lícito de prorrogação (horas extras ou horas suplementares), e os efeitos jurídicos do trabalho sobrejornada (a retribuição da sobrejornada ocorrerá com pagamento ou mediante compensação).

As alterações também podem ser redutoras de jornada, que são aquelas que diminuem o tempo de labor ou a quantidade de tempo em que o empregado estaria à disposição do empregador. Podem derivar de ato uniliteral do empregador, desde que esse respeite a inalterabilidade contratual lesiva, de ajuste bilateral entre as partes, e de negociação coletiva.

Quanto às alterações de horário de trabalho, aquelas que ocorram dentro do mesmo padrão de horário, ou seja, dentro do diurno ou do noturno, estão inseridas no *jus variandi* do empregador e podem ser realizadas unilateralmente pelo empregador.

Já a alteração de turno de trabalho, em regra, depende de concordância do empregado, vez que se trata de alteração relevante. A jurisprudência tem considerado válida a transferência para o turno diurno, uma vez que é claramente desgastante o trabalho noturno, mesmo havendo a supressão do adicional – TST, Súmula 265:

> "Adicional noturno. Alteração de turno de trabalho. Possibilidade de supressão (mantida) – Res. 121/2003, DJ 19, 20 e 21.11.2003

Cap. 12 – ALTERAÇÃO DO CONTRATO DE TRABALHO | **179**

A transferência para o período diurno de trabalho implica a perda do direito ao adicional noturno."

Não há dúvidas em se considerar, a princípio, ilícita a alteração do horário de trabalho do empregado do turno diurno para o noturno, pois, mesmo havendo acréscimo salarial (pelo pagamento do adicional noturno), há o desgaste físico e o distanciamento da família. No entanto, se não houver prejuízos diretos ou indiretos e o empregado concordar explicitamente, a jurisprudência também vem considerando válida essa alteração.

5 – DECISÕES DO TST ACERCA DO TEMA

Gerente-geral recebe horas extras após a sexta hora com base em PCS anterior

Mudança de jornada para oito horas configurou alteração contratual lesiva.

A Segunda Turma do Tribunal Superior do Trabalho decidiu que um gerente-geral de agência tem direito a receber horas extras da Caixa Econômica Federal (CEF) após a sexta hora de trabalho, porque a jornada de seis horas para gerente estava prevista no regulamento interno da empresa quando o profissional foi contratado. Mesmo com a mudança posterior da norma, manteve-se o direito dele de receber as horas extras a partir da sexta hora, e não somente após a oitava.

O bancário trabalhava, em média, das 9h às 18h, com uma hora de intervalo para descanso e refeição, de segunda a sexta-feira. Contratado em junho de 1984, ele era vinculado ao Plano de Cargos e Salários (PCS) da CEF de 1989 até 17/3/1998, quando foi enquadrado no PCS de 1998. O PCS/89 estabelecia que o cargo de gerente estava sujeito à jornada de seis horas, nos termos do Ofício Circular "DIRHU 009/88".

Ao julgar o caso, o juízo da 2ª Vara do Trabalho de Colombo (PR) entendeu que, mesmo tendo sido gerente-geral de agência desde 2004, seria aplicável ao empregado o limite de seis horas diárias previsto no regulamento interno. Considerou que as disposições dessa norma interna aderiram ao contrato de trabalho, passando a fazer parte do seu patrimônio jurídico, de forma que as alterações prejudiciais só se aplicariam aos novos empregados.

O juízo de primeiro grau destacou que, apesar de o economiário ter exercido a função de gerente de agência, não se aplicava à situação dele o artigo 62 da CLT (Súmula 287 do TST), porque o regulamento da empresa o beneficiava. Deferiu-lhe, então, o pagamento, como extras, das horas trabalhadas além da sexta diária.

Horas extras a partir da oitava

Após recurso ordinário da Caixa, o Tribunal Regional do Trabalho da 9ª Região mudou a sentença. Conforme o TRT, no período em que esteve vinculado ao PCS/89 (até 17/3/1998), o empregado tinha direito ao pagamento, como extras, das horas excedentes da sexta diária, ainda que investido nas funções de gerente. Mas, em relação ao período a partir de 18/12/2007, o TRT entendeu que o gerente estaria vinculado ao PCS/98 e ao que dispõe o normativo interno denominado "CI GEARU 055/98", tendo o direito de receber, como extras, apenas as horas excedentes da oitava diária, pois o regulamento interno da CEF aplicável limitaria a jornada do gerente-geral a oito horas.

O empregado recorreu ao TST contra a decisão do Tribunal Regional. Conforme as alegações dele, a CEF praticou "alteração unilateral ilícita" do contrato, pois majorou a sua jornada de trabalho para oito horas, sem que houvesse modificação nas atribuições das funções.

Ao examinar o recurso de revista, a ministra Delaíde Miranda Arantes, relatora, destacou que o TST, no item I da Súmula 51, pacificou o entendimento de que as cláusulas regulamentares que revoguem ou alterem vantagens deferidas anteriormente só atingirão os empregados admitidos após a revogação ou alteração do regulamento.

Portanto, segundo a ministra, "o benefício da jornada de seis horas, uma vez instituído pela empresa, incorpora-se ao contrato de trabalho de seus empregados, sendo irrelevante, na hipótese dos autos, a discussão sobre as atribuições do economiário, com o fito de caracterizar a fidúcia bancária, seja na forma do artigo 62, inciso II, ou do artigo 224, parágrafo 2º, da CLT", ressaltou.

Alteração contratual lesiva

"Em se tratando de norma mais benéfica, que, portanto, diante dos princípios do Direito do Trabalho, incorpora-se ao contrato de trabalho, a circunstância de o empregado – admitido à época em que estava em vigor o PCS/89 – ter sido promovido à função gerente-geral em 1/9/2004, quando já estava em vigor o PCS/98, não exclui direito que já havia se incorporado ao seu patrimônio jurídico, haja vista não ser possível a imposição unilateral de jornada de oito horas, por configurar alteração contratual lesiva", avaliou.

Segundo a ministra Delaíde Miranda, a decisão do Tribunal Regional, ao aplicar o PCS/98, não obstante o empregado tenha sido contratado em 6/6/1984, na vigência do PCS/89, contraria a jurisprudência do TST. A Segunda Turma, então, seguindo o voto da relatora, deu provimento ao recurso do empregado para condenar a CEF ao pagamento, como extras,

Cap. 12 – ALTERAÇÃO DO CONTRATO DE TRABALHO | **181**

das horas excedentes da sexta diária, com divisor 180, nos termos do IRR-849-83.2013.5.03.0138 do TST.

A decisão foi unânime, mas a Caixa apresentou embargos de declaração, ainda não julgados.

(LT/GS)

Processo: RR – 10193-68.2012.5.09.0684.[1]

Mantida decisão que assegura feriado concedido por 15 anos pela Energisa (SE)

A mudança foi considerada alteração contratual ilícita.

19/02/21 – A Segunda Turma do Tribunal Superior do Trabalho rejeitou recurso da Energisa Sergipe Distribuidora de Energia S.A. contra decisão em que foi reconhecido o direito adquirido de seus empregados ao feriado na quinta-feira da Semana Santa, concedido pela empresa por mais de 15 anos. Segundo o colegiado, o fato de apenas a sexta-feira ser prevista como feriado na legislação não exclui a possibilidade de acréscimo do dia anterior, por meio de cláusula contratual tácita mais benéfica.

Feriado

Durante 15 anos, a Energisa havia adotado a prática de dispensar os empregados do expediente na quinta-feira da Semana Santa. Em 2014, por meio de uma circular, a folga foi suprimida, levando o Sindicato dos Trabalhadores na Indústria de Energia Elétrica no Estado de Sergipe a ajuizar a reclamação trabalhista visando ao seu restabelecimento.

Direito adquirido

O juízo de primeiro grau e o Tribunal Regional do Trabalho da 20ª Região (SE) reconheceram que os empregados admitidos até abril de 2014, quando foi editada a circular, tinham direito ao feriado. Segundo o TRT, a condição mais benéfica concedida pelo empregador, ainda que não haja exigência legal nesse sentido, não pode ser suprimida, sob pena de ofensa ao direito adquirido.

No recurso de revista, a Energisa sustentou que a concessão da folga se tratava de mera liberalidade e que a decisão acarretaria discriminação dos empregados não abrangidos por ela.

---

[1] Disponível em: https://www.tst.jus.br/-/gerente-geral-recebe-horas-extras-apos-a-sexta-hora-com-base-em-pcs-anterior. Acesso em: 3 mar. 2023.

Base contratual

A relatora do recurso, ministra Maria Helena Mallmann, assinalou que o benefício oferecido por liberalidade está na base contratual, sobre a qual atuam os princípios da condição mais benéfica, do direito adquirido e da impossibilidade de alteração contratual lesiva. Assim, a folga, mesmo sem previsão em norma coletiva ou na lei, adere ao contrato de trabalho dos empregados admitidos até a sua supressão. "Eles vivenciaram essa realidade, e o benefício não pode ser excluído", concluiu.

A decisão foi unânime.

(GL/CF)

Processo: ARR-459-79.2015.5.20.0006.[2]

Alteração de turno noturno para diurno é considerada lícita

30/01/20 – A Quarta Turma do Tribunal Superior do Trabalho entendeu que foi lícita a mudança para o horário diurno de um agente de apoio socioeducativo da Fundação Centro de Atendimento Socioeducativo ao Adolescente (Fundação Casa), de São Paulo, que havia trabalhado por 12 anos à noite. Entre outros motivos, a Turma considerou que a alteração é benéfica para o empregado.

Vida adaptada

Contratado em março de 1989 sob o regime da CLT após aprovação em concurso público, o agente de apoio socioeducativo ajuizou a ação em 2012, com pedido de antecipação de tutela. Argumentou que, por mais de 12 anos, havia trabalhado na Unidade de Internação Rio Novo, em Iaras (SP), das 19h às 7h, no sistema 2 x 2 (dois dias de trabalho e dois de folga). Segundo ele, sua vida estava totalmente adaptada a esse horário e, em suas despesas, contava com a parcela do adicional noturno.

No entanto, a partir de novembro daquele ano, o agente disse que seria obrigado a cumprir escala mista de revezamento que traria prejuízos às suas finanças, à saúde e à sua vida social e familiar.

Em sua defesa, a Fundação Casa argumentou que a transferência para o turno diurno seria benéfica ao empregado. Segundo ela, a possibilidade de alteração faz parte do poder diretivo do empregador e decorre da necessidade dos serviços na instituição.

---

[2] Disponível em: https://www.tst.jus.br/-/mantida-decis%C3%A3o-que-assegura-feriado-concedido--por-15-anos-pela-energisa-se-#:~:text=19%2F02%2F21%20%2D%20A,por%20mais%20de%2015%20anos. Acesso em: 3 mar. 2023.

Alteração repentina

O juízo de primeiro grau e o Tribunal Regional do Trabalho da 15ª Região (Campinas/SP) julgaram procedente o pedido do agente. Para o TRT, embora o interesse público deva prevalecer sobre o particular, a fundação pública admitiu o empregado sob o regime celetista e, por isso, deveria respeitar as regras da **CLT**, que, no artigo 468, exige mútuo consentimento para que a alteração contratual seja considerada lícita. "A alteração repentina, sem nenhuma consulta ao trabalhador ou justificativa plausível, extrapolou o poder diretivo e violou o artigo 468 da CLT", concluiu o Tribunal Regional.

Necessidade do rodízio

No recurso de revista, a Fundação Casa argumentou que o poder de direção dá ao empregador a possibilidade de alteração unilateral do contrato, "desde que não implique prejuízos ao empregado". De acordo com a fundação, o rodízio implantado visa à adequação dos servidores às funções inerentes ao cargo de agente de apoio socioeducativo e atende às diretrizes do Sistema Nacional de Atendimento Socioeducativo (Sinase) e do Estatuto da Criança e do Adolescente.

Alteração benéfica

Para o relator do recurso, ministro Alexandre Ramos, cabe ao empregador organizar o sistema de trabalho de acordo com suas necessidades. "Além disso, a alteração de turno de trabalho do período noturno para o diurno é benéfica para o trabalhador e amplamente admitida pela jurisprudência do TST", assinalou.

A decisão foi unânime.

(LT/CF)

Processo: RR-2002-85.2012.5.15.0031.[3]

Gerente transferido a pedido não poderá incorporar gratificação recebida por quase dez anos

A Sexta Turma do Tribunal Superior do Trabalho julgou improcedente o pedido de um ex-gerente de equipe da Cobra Tecnologia S.A. de pagamento de diferenças relativas à supressão da gratificação de função recebida por quase dez anos ao ser transferido do Rio de Janeiro (RJ) para Salvador (BA).

---

[3] Disponível em: https://www.tst.jus.br/-/alteracao-de-turno-noturno-para-diurno-e-considerada-licita#:~:text=%E2%80%9CAl%C3%A9m%20disso%2C%20a%20altera%C3%A7%C3%A3o%20de,jurisprud%C3%AAncia%20do%20TST%E2%80%9D%2C%20assinalou. Acesso em: 3 mar. 2023.

A Turma entendeu que o fato de a transferência ter ocorrido a pedido do empregado afasta o direito à incorporação prevista na Súmula 372 do TST.

Na reclamação trabalhista, o empregado narrou que foi contratado em Maceió (AL) como técnico de manutenção e, cinco anos depois, em 2003, foi para o Rio de Janeiro, onde passou a exercer o cargo gerencial. Em 2014, a fim de ficar mais próximo dos familiares, foi transferido inicialmente para Salvador (BA) e depois para Maceió. Ainda conforme seu relato, três meses depois da transferência, a empresa retirou a gratificação da função, o que implicou redução de mais de 40% em sua remuneração. A supressão da gratificação, a seu ver, contrariou a Súmula 372 do TST.

O juízo da 6ª Vara do Trabalho de Maceió e o Tribunal Regional do Trabalho da 19ª Região deferiram o pagamento das diferenças relativas à gratificação por entender que a supressão violou o princípio da estabilidade financeira. Entre outros fundamentos, o TRT observou que a Constituição da República, no inciso VI do artigo 7º, prevê como direito dos trabalhadores urbanos e rurais a irredutibilidade do salário, e a CLT, no artigo 468, proíbe a alteração unilateral dos contratos individuais de trabalho.

No recurso de revista ao TST, a Cobra sustentou ser inaplicável a Súmula 372 do TST porque o gerente não chegou a completar dez anos na função e porque houve justo motivo para que a gratificação fosse retirada, uma vez que a alteração ocorreu somente em razão de seu requerimento. Segundo a empresa, o empregado, ao requerer a transferência sabendo da ausência de cargo idêntico para que fosse mantida a função, teria concordado com a alteração.

Ao apreciar o recurso, a Sexta Turma entendeu que a incorporação da gratificação pressupõe o preenchimento concomitante de dois requisitos: a percepção por dez ou mais anos e a supressão do seu pagamento pelo empregador sem justo motivo. Porém, sendo do empregado a iniciativa de deixar de exercer o cargo que lhe assegurava o recebimento da parcela, não cabe falar no direito à incorporação, uma vez que, nessa hipótese, não se caracteriza a ausência de justo motivo para a supressão. "Para que houvesse o direito à incorporação, a dispensa do exercício do cargo de confiança deveria ter partido da empresa sem justo motivo, hipótese não configurada nos autos", explicou a relatora, desembargadora convocada Cilene Amaro Santos.

Por maioria, a Turma deu provimento ao recurso da Cobra Tecnologia e julgou improcedente o pedido de diferenças. Ficou vencido o ministro Augusto César Leite de Carvalho, que entendeu haver outros fundamentos no acórdão regional não relacionados à Súmula 372 do TST.

(GL/CF)

Processo: ARR-166-39.2015.5.19.0006.

6 - QUESTÃO DE SEGUNDA FASE ACERCA DO TEMA

É possível o empregado recusar uma promoção?

- **ASPECTOS IMPORTANTES PARA A RESPOSTA**

A promoção constitui na ascensão do empregado dentro do mesmo cargo ou a transferência para outro cargo hierarquicamente superior.

Em decorrência da promoção teremos, em regra, uma alteração contratual benéfica, pois como consequência da ascensão profissional o empregado acabará experimentando majoração de salário.

Assim, a princípio não haveria motivos ou interesse para que o empregado recusasse a promoção.

No entanto, com a promoção também nascem maiores atribuições ou novos deveres por parte do empregado, o que pode trazer-lhe prejuízos de ordem profissional e/ou pessoal.

Portanto, devemos fazer uma análise pela ótica da alteração contratual relevante que, para ser regular, dependerá do mútuo consentimento entre empregado e empregador e da ausência de prejuízos diretos ou indiretos ao trabalhador, na forma do art. 468 da CLT.

Desta forma, caso o empregado comprove que a promoção lhe trará efetivos prejuízos (em um processo o ônus da prova competirá ao trabalhador em razão da presunção de que a promoção é alteração benéfica), ele terá direito a se recusar, na forma do art. 468 da CLT.

Pontuamos, no entanto, a exceção para empresas organizadas em quadro de carreiras ou plano de cargos e salários. Nessas, a promoção já é intrínseca à condição dos empregados desde sua contratação, e ocorrerá por antiguidade e/ou merecimento. Portanto, o empregado já tem ciência de que será promovido a depender do preenchimento dos requisitos do plano, que integra seu contrato de trabalho desde o início. Desta forma, nesse caso, não poderia haver recusa à promoção.

CAPÍTULO

13

INTERRUPÇÃO E SUSPENSÃO DO CONTRATO DE TRABALHO

1 – CONCEITOS E DIFERENÇAS

Mesmo havendo a prevalência do princípio da continuidade da relação de emprego, há hipóteses previstas pela lei, ou em norma coletiva, que permitem temporariamente a paralisação da prestação de serviços. Essa paralisação tem por fundamentos fatores que podem ser biológicos, econômicos, políticos, e até penais.

Em virtude de alguma causa específica o contrato continua vigorando, mas um de seus principais efeitos deixa de ser verificado, que é a continuidade do trabalho em si.

Essa paralisação pode ser:

a) total – quando empregador e empregado ficam desobrigados, transitoriamente, do cumprimento das principais obrigações pertinentes ao contrato (trabalho e pagamento de salários);

b) parcial – quando o empregador deve remunerar o empregado sem que haja a prestação de serviços.

A CLT faz menção à **suspensão** para as hipóteses de paralisação total dos efeitos do contrato de trabalho, e **interrupção** quando a paralisação é parcial.

Na **suspensão** há a sustação dos principais efeitos do contrato de emprego, preservando-se a sua vigência. Já na **interrupção** há a inexecução provisória da prestação de serviços (ou seja, o empregado não trabalha), mas as demais obrigações contratuais permanecem.

As hipóteses de interrupção e suspensão podem advir de contrato, de lei (arts. 471 a 476-A da CLT) ou de previsão em acordo ou convenção coletiva.

2 – CONSEQUÊNCIAS CONTRATUAIS

Quando do encerramento da causa interruptiva ou suspensiva do contrato temos assegurado o retorno do empregado ao cargo que exercia, bem como a concessão de todas as vantagens que, em sua ausência, tenham sido atribuídas à categoria a que pertence na empresa, tanto as derivadas de lei ou de normas coletivas, como aquelas concedidas por ato espontâneo do próprio empregador.

Hipóteses de interrupção do contrato de trabalho:

a) licença-gestante;

b) aborto espontâneo – art. 611-B, XXX c/c o art. 395 da CLT;

c) licença-paternidade – art. 7º, XIX, da CF/1988 c/c o art. 473, III, da CLT. A Lei 11.770/2008, que instituiu o Programa Empresa Cidadã, prevê a prorrogação da licença-paternidade por 15 dias além do período previsto no art. 10, § 1º, do ADCT a empregado da pessoa jurídica que aderir ao programa, desde que o empregado a requeira no prazo de 2 (dois) dias úteis após o parto e comprove participação em programa ou atividade de orientação sobre paternidade responsável (art. 1º).

A prorrogação também é garantida na mesma proporcionalidade ao empregado adotante ou que obtiver a guarda judicial para fins de adoção de criança (art. 1º, § 2º).

O STF decidiu em maio de 2022 que a licença-maternidade de 180 dias também se estende a servidores federais que sejam pais solo, tendo em vista a prioridade absoluta da proteção integral à criança.

A tese de repercussão geral fixada foi a seguinte (Tese 1.182):

> "À luz do art. 227 da CF, que confere proteção integral da criança com absoluta prioridade e do princípio da paternidade responsável,

a licença-maternidade, prevista no art. 7º, XVIII, da CF/88 e regulamentada pelo art. 207 da Lei 8.112/1990, estende-se ao pai genitor monoparental".

d) férias – art. 7º, XVII, da CF/1988 e 130 da CLT;

e) demais descansos trabalhistas, desde que remunerados – intervalos intrajornada remunerados, repouso semanal remunerado;

f) faltas justificadas – art. 473 da CLT;

g) licença remunerada concedida pelo empregador.

Hipóteses de suspensão do contrato de trabalho:

a) suspensão disciplinar – art. 474 da CLT;

b) eleição para cargo de diretor de sociedade anônima – Súmula 269 do TST. É possível a manutenção dos depósitos do FGTS do trabalhador durante o período do mandato, caso assim queira o empregador (art. 16 e art. 15, § 4º, da Lei 8.036/1990), sem que isso desnature a suspensão do contrato de trabalho;

c) licença não remunerada – para atendimento de necessidades pessoais do empregado (é necessário que haja formalização expressa por parte do empregado com a concordância do empregador);

d) afastamento para participação em curso de qualificação profissional do empregado – art. 476-A da CLT;

e) programa emergencial de manutenção do Emprego e da Renda – Lei 14.020/2020, art. 8º.

Situações controvertidas de interrupção e suspensão do contrato de trabalho:

a) Afastamento por doença ou acidente – conforme o art. 75 do Decreto 3.048/1999, incumbe ao empregador o pagamento do salário referente aos 15 primeiros dias de afastamento do empregado em decorrência de acidente ou de doença. Assim, durante referido período, o contrato de trabalho fica interrompido.

Assim dita a Súmula 15 do TST: "A justificação da ausência do empregado motivada por doença, para a percepção do salário-enfermidade e da remuneração do repouso semanal, deve observar a ordem preferencial dos atestados médicos estabelecida em lei."

Menciona a Súmula 282 do TST: "Ao serviço médico da empresa ou ao mantido por esta última mediante convênio compete abonar os primeiros 15 (quinze) dias de ausência ao trabalho."

Assim, a doença do empregado deve ser comprovada por meio de atestado médico, devendo, a princípio, ser observada a ordem preferencial estabelecida em lei (art. 6º, § 2º, da Lei 605/1949): médico da Previdência Social ou, na falta deste e sucessivamente, médico do Serviço Social do Comércio ou da Indústria, médico da empresa ou por ela designado, médico de instituições federais, estaduais ou municipais de saúde e, por último, não existindo os anteriores na localidade em que trabalhar, médico de livre escolha do trabalhador.

Havendo necessidade de prolongamento do afastamento, a partir do 16º dia o empregado deve submeter-se a perícia médica do INSS, e o encargo de pagamento (não mais do salário, mas do benefício) é transferido para o órgão previdenciário (art. 476 da CLT, e art. 75, § 2º, do Decreto 3.048/1999). Desta forma, passando a situação a ser de suspensão contratual.

Posteriormente, considerado apto pela perícia do órgão previdenciário, o empregado retorna ao trabalho e o contrato retoma seu curso normal. Se concedido novo benefício decorrente do mesmo motivo que gerou a incapacidade no prazo de 60 dias, contado da data da cessação do benefício anterior, a empresa ficará desobrigada do pagamento relativo aos 15 primeiros dias de afastamento, prorrogando-se o benefício anterior e descontando-se os dias trabalhados, se for o caso, conforme previsto no art. 75, § 3º, do Decreto 3.048/1999.

Já se o segurado empregado, por motivo de incapacidade, afastar-se do trabalho durante o período de 15 dias, retornar à atividade no 16º dia e voltar a se afastar no prazo de 60 dias, contado da data de seu retorno, em decorrência do mesmo motivo que gerou a incapacidade, este fará jus ao auxílio por incapacidade temporária a partir da data do novo afastamento, conforme previsto no art. 75, § 4º, do Decreto 3.048/1999.

Muito embora o afastamento por doença profissional ou por acidente de trabalho, após o 16º dia, seja considerado como período de suspensão do contrato de trabalho, alguns dos seus efeitos são mantidos em favor do trabalhador: (a) contagem do tempo de serviço dos períodos em que tenha recebido auxílio-doença ou benefício por acidente do trabalho; (b) cômputo do período de afastamento previdenciário por acidente do trabalho ou doença, desde que não superior a seis meses, para fins de período aquisitivo do direito a férias (art. 133 da CLT); (c) obrigatoriedade de continuidade dos depósitos do FGTS durante o tempo de afastamento por acidente do trabalho (art. 15, § 5º, da Lei 8.036/1990). Desta forma, a doutrina costuma enquadrar essa hipótese como de suspensão atípica (não há pagamento de salários, mas alguns benefícios contratuais continuam em vigor).

Serão computados na contagem de tempo de serviço, para efeito de indenização e estabilidade, os períodos em que o empregado estiver afastado do trabalho por motivo de acidente do trabalho (art. 4º, § 1º, da CLT).

Se o benefício for enquadrado como auxílio-doença previdenciário (atual benefício por incapacidade temporária), a hipótese é de suspensão típica (não há pagamento de salário nem incidência dos demais efeitos contratuais).

b) Aposentadoria por incapacidade – a aposentadoria por incapacidade permanente, uma vez cumprido o período de carência exigido, quando for o caso, será devida ao segurado que, em gozo ou não de auxílio por incapacidade temporária, for considerado incapaz para o trabalho e insuscetível de reabilitação para o exercício de atividade que lhe garanta a subsistência, que lhe será paga enquanto permanecer nessa condição (art. 43 do Decreto 3.048/1999).

A sua concessão dependerá da verificação da condição de incapacidade, mediante exame médico pericial a cargo da Perícia Médica Federal.

O empregado que for aposentado por invalidez terá suspenso o seu contrato de trabalho durante o prazo correspondente ao período em que perceber o benefício (art. 475 da CLT), estando obrigado, a qualquer tempo, sob pena de suspensão do benefício, a submeter-se a exame médico-pericial pela Perícia Médica Federal, a processo de reabilitação profissional a cargo do INSS e a tratamento dispensado gratuitamente, exceto o cirúrgico e a transfusão de sangue, que são facultativos (art. 46, § 1º, do Decreto 3.048/1999).

Verificada a recuperação da capacidade de trabalho do aposentado por incapacidade permanente há que se observar o disposto no art. 49 do Decreto 3.048/1999.

Durante o período de afastamento do empregado em razão de acidente do trabalho ou doença profissional, com percepção de auxílio-doença acidentário, ou aposentadoria por invalidez, o plano de saúde ou assistência médica oferecido pela empresa deve ser mantido.

> Súmula 440 do TST: "Auxílio-doença acidentário. Aposentadoria por invalidez. Suspensão do contrato de trabalho. Reconhecimento do direito à manutenção de plano de saúde ou de assistência médica: Assegura-se o direito à manutenção de plano de saúde ou de assistência médica oferecido pela empresa ao empregado, não obstante suspenso o contrato de trabalho em virtude de auxílio-doença acidentário ou de aposentadoria por invalidez."

c) Prestação do serviço militar obrigatório: art. 473 da CLT c/c o art. 60 da Lei 4.375/1964.

Quando do afastamento para o serviço militar obrigatório, ficam mantidos os seguintes efeitos, mesmo o contrato de trabalho estando suspenso: contagem de tempo de serviço, salvo se já contado para inatividade remunerada nas Forças Armadas ou auxiliares; cômputo do período de trabalho anterior à prestação do serviço militar, para fins de período aquisitivo do direito a férias, desde que o empregado retorne ao trabalho dentro de 90 dias da data em que se verificar a respectiva baixa (art. 132 da CLT); obrigatoriedade de continuidade dos depósitos do FGTS durante o período de prestação do serviço militar (art. 15, § 5º, da Lei 8.036/1990).

Desta forma, temos o enquadramento como hipótese de suspensão atípica. O empregado tem assegurado o retorno ao emprego dentro dos 30 dias que se seguirem ao licenciamento, salvo se declarar, por ocasião da incorporação, que não pretende voltar (art. 60 da Lei 4.375/1964).

Na hipótese do art. 473, VI, da CLT há típico caso de interrupção contratual.

Já no caso previsto no art. 61 da Lei 4.375/1964, quando brasileiro puder ser convocado para manobras especiais, temos a possibilidade de o empregado escolher receber 2/3 da remuneração ou os vencimentos das Forças Armadas. Na primeira hipótese temos a interrupção contratual, e na segunda a suspensão do contrato de trabalho.

d) Desempenho de encargo público: art. 472 da CLT – mandato eletivo com suspensão do contrato de trabalho.

e) Eleição para cargo sindical – art. 543 da CLT (interrupção do contrato de trabalho).

Cap. 13 – INTERRUPÇÃO E SUSPENSÃO DO CONTRATO DE TRABALHO | **193**

f) Greve – art. 7º da Lei 7.783/1989 (suspensão do contrato de trabalho).

g) Afastamento de empregado estável durante inquérito para apuração de falta grave – situação que leva à sustação dos efeitos contratuais, determinada pelo empregador, preventivamente à propositura do inquérito para apuração de falta grave, requisito necessário para que se reconheça a prática de justa causa pelo empregado detentor de estabilidade (ou de garantia de emprego do dirigente sindical – Súmula 379 do TST) – hipótese de suspensão do contrato de trabalho.

3 – DECISÕES DOS TRIBUNAIS ACERCA DO TEMA

Recurso de revista. Lei nº 13.467/2017. Greve. Incidência do único dia de paralisação no descanso semanal remunerado. Desconto de três dias de remuneração. Restituição devida. Transcendência jurídica reconhecida. A controvérsia diz respeito aos efeitos da suspensão do contrato de trabalho em decorrência de paralisação, ocorrida em um único dia, no repouso semanal remunerado, a fim de justificar o desconto de três dias de remuneração. O TRT entendeu que, à luz do art. 6º da Lei nº 605/49, o empregado perde o direito ao descanso semanal remunerado na hipótese de ausência injustificada ao trabalho, ao passo que, no caso dos autos, a paralisação justifica o afastamento dos trabalhadores, não havendo, por isso, motivo para a perda do aludido repouso. Ficou consignado que a convocação foi de greve geral no dia 14/06/2019, e não a partir do dia 14/06/2019, inexistindo prova de que tenha ocorrido paralisação além do dia para o qual estava prevista. Há transcendência jurídica da causa, nos termos do art. 896-A, § 1º, IV, da CLT, uma vez que a questão atinente à validade do desconto da remuneração relativa também ao sábado e ao domingo quando há paralisação apenas na sexta-feira ainda não foi debatida do âmbito deste TST. Nos termos do art. 7º da Lei nº 7.783/89, que dispõe sobre o exercício do direito de greve, observadas as condições ali previstas, a participação em greve suspende o contrato de trabalho. Significa dizer que, em regra, durante a greve, o empregador fica autorizado a descontar os salários dos dias parados. O art. 6º da Lei nº 605/49 preconiza que não será devida a remuneração (do repouso semanal remunerado) quando, sem motivo justificado, o empregado não tiver trabalhado durante toda a semana anterior, cumprindo integralmente o seu horário de trabalho. Já o § 1º do citado artigo, ao listar os motivos justificados, faz referência, dentre outros, àqueles previstos no artigo 473 da CLT, contido no capítulo que trata da suspensão e interrupção do contrato de trabalho. Fazendo uma interpretação sistemática do art. 6º, *caput* e § 1º, da Lei nº 605, de 1949, em conjunto com o art. 7º da Lei nº 7.783, de 1989, entende-se que aquela norma, 40 anos mais velha do que essa, considera como motivo justificado para a manutenção do pagamento integral do repouso semanal remunerado as hipóteses de suspensão do contrato de trabalho, aí incluído os dias de paralisação em decorrência de greve. Em outras palavras, se a Lei da greve já estivesse em vigência quando do surgimento da Lei do RSR, os dias de paralização não iriam ser deduzidos do pagamento do descanso semanal remunerado, haja vista configurem suspensão do contrato de trabalho. Com efeito, registrado pelo TRT que a greve aconteceu somente na sexta-feira, não se há falar em subtração da remuneração correspondente ao sábado e ao domingo com arrimo no art. 6º da Lei nº 605/49. Deve ser mantida, portanto, a decisão que autoriza a ECT a descontar um único dia de trabalho dos empregados ausentes no dia 14/06/2019. Transcendência reconhecida. Recurso de revista conhecido e não provido. (TST – RR-450-82.2019.5.13.0003, Rel. Min. Aloysio Silva Corrêa da Veiga, 8ª Turma, julgado em 16.08.2022 – Informativo 259 do TST)

(...) 2. Anistia. Lei 8.878/94. Efeitos. OJT 56/SDI/TST. A SDI-1/TST, na sessão do dia 09.10.2014, no julgamento do processo E-ED-RR-47400-11.2009.5.04.0017, firmou o entendimento de que a exegese do art. 6º da Lei n. 8.878/94, juntamente com o disposto na Orientação Jurisprudencial nº 56 da SBDI-1/TST, autoriza concluir que a anistia deve equivaler à suspensão do contrato de trabalho, nos termos do art. 471 da CLT, de modo que "ao empregado, afastado do emprego, são assegurados, por ocasião de sua volta, todas as vantagens que, em sua ausência, tenham sido atribuídas à categoria a que pertencia na empresa". Com efeito, a jurisprudência atual e notória desta Corte Superior, inclusive mediante decisões da SBDI-1 do TST, entende que ao empregado readmitido em razão da anistia restam asseguradas, em relação ao período do afastamento, todas as vantagens gerais conferidas aos demais empregados, seja em decorrência de lei, de norma coletiva ou de norma interna, que tenham repercussão sobre a carreira de um modo amplo e geral – tais como reajustes salariais, promoções gerais lineares, concedidos indistintamente a todos os empregados da mesma categoria do Reclamante, no período de afastamento. Esse entendimento busca dar efetividade ao princípio da isonomia, sem importar, portanto, na concessão de efeitos financeiros retroativos, haja vista que se trata de mera recomposição salarial do cargo. Ademais, enfatize-se que essa tese enseja a conclusão de que se encontram excluídas quaisquer vantagens de natureza pessoal. Recurso de revista conhecido e parcialmente provido. (TST – RR-100420-57.2016.5.01.0015, Rel. Min. Mauricio Godinho Delgado, 3ª Turma, julgado em 23.02.2022 – Informativo 250 do TST)

Recurso de revista. Acórdão regional publicado na vigência das Leis nº 13.015/2014 e 13.467/2017. Aposentadoria por invalidez. Suspensão do contrato de trabalho. Participação nos resultados (PR) e gratificação de permanência em área remota. Ausência de previsão expressa em norma coletiva. Transcendência reconhecida. Há de se reconhecer a transcendência política do recurso de revista quando a decisão regional se mostra contrária à jurisprudência deste c. Tribunal Superior. No caso, o Tribunal Regional entendeu que, diante da existência de previsão genérica de pagamento das parcelas "Participação nos Resultados (PR) e gratificação de permanência em área remota" aos empregados afastados em razão de acidente do trabalho conferiria ao autor, aposentado por invalidez, o direito ao recebimento da parcela. Ocorre, entretanto, que a jurisprudência desta C. Corte estabelece que os direitos previstos em norma coletiva só atingirão os empregados com o contrato suspenso por aposentadoria por invalidez mediante previsão expressa em norma coletiva, o que não se observa nos autos. Precedentes. Recurso de revista conhecido por violação do artigo 7º, XXVI, da CF e provido. (TST – RR-1276-24.2017.5.08.0131, Rel. Min. Alexandre de Souza Agra Belmonte, 3ª Turma, julgado em 29.09.2021 – Informativo 245 do TST)

Agravo em agravo de instrumento em recurso de revista. Lei 13.015/14. Greve política. Deflagração em âmbito nacional. Abusividade. Descontos salariais. Legalidade. Discute-se nos autos a legalidade (ou não) dos descontos dos dias de paralisação noticiado nos autos, para a participação dos ora substituídos em manifestações contrárias às reformas trabalhista e previdenciária. Como se nota, a Corte Regional consignou que a greve aventada no v. acórdão recorrido ostentou caráter político, não tendo, portanto, objetivado efetivar direitos trabalhistas, razão pela qual a reputou ilegal e reconheceu a validade dos descontos salariais. Nessa linha, o v. acórdão recorrido guarda fina sintonia com a jurisprudência firmada no âmbito desta Corte Superior que entende que a paralisação constitui suspensão do contrato de trabalho, não sendo devido o pagamento do dia de paralisação, não estando presente, no caso *sub judice*, nenhuma das excepcionalidades prevista na lei. A jurisprudência uníssona desta Corte acerca da legitimação do desconto dos salários relativos aos dias de paralisação do movimento grevista firmou-se a partir da interpretação dos institutos da interrupção e da suspensão do contrato, os quais não se confundem: na interrupção há paralisação parcial das cláusulas contratuais, permanecendo o dever de assalariar; já na suspensão há total inexecução das cláusulas – nesta o empregado não trabalha e o empregador não precisa remunerá-lo nesse interregno. No caso da greve, a lei é taxativa ao determinar a suspensão do contrato durante o movimento paredista. E assim o faz para evitar que a greve termine sendo financiada pelo empregador, o que aconteceria se precisasse pagar os dias parados, fazendo com que, em última análise, arcasse duplamente com o ônus das reinvindicações do empregado: primeiro, com o prejuízo na produção imanente à falta do empregado ao trabalho e, segundo, com o próprio pagamento do dia de paralisação. Daí por que a jurisprudência somente excepciona do alcance da lei os casos em que há paralisação motivada em face do descumprimento de instrumento normativo coletivo vigente, não pagamento dos próprios salários e más condições de trabalho, que decorrem de inexecução do contrato provocadas pelo próprio empregador. Logo, não se enquadrando o caso *sub judice* em nenhuma dessas hipóteses excepcionais, os dias de paralisação, independentemente da legalidade ou ilegalidade da greve, devem ser objeto de negociação, a qual restou demonstrada, *in casu*. Precedentes. Incidentes, pois, os óbices do art. 896, § 7º, da CLT e das Súmulas 126 e 333 do c. TST ao destrancamento do recurso. Ilesos os preceitos indicados. Agravo conhecido e desprovido. (TST – Ag-AIRR-821-67.2017.5.09.0863, Rel. Min. Alexandre de Souza Agra Belmonte, 3ª Turma, julgado em 23.06.2021 – Informativo 240 do TST)

TST: alegado o limbo previdenciário, é ônus do trabalhador comprovar a recusa da empresa quanto ao seu retorno ao trabalho

A 5ª Turma do Tribunal Superior do Trabalho (TST) decidiu que, na hipótese de limbo previdenciário, é do empregado o ônus de demonstrar que a empresa recusou a sua volta ao trabalho (RRAg – 1000254-19.2018.5.02.0074, DEJT 04/02/2022).

O chamado "limbo previdenciário" é a situação que ocorre quando o INSS encerra o pagamento do benefício previdenciário ao trabalhador, afastado do trabalho por motivo de doença, e determina o seu retorno à atividade, mas, contrariamente, o médico da empresa atesta a inaptidão do trabalhador no exame de retorno, e recomenda que permaneça afastado.

No caso em questão, a trabalhadora alegou que recebeu alta previdenciária, mas que a empresa, discordando dessa alta médica, impediu o seu retorno ao trabalho. Pediu, assim, que a empresa fosse condenada a pagar os salários referentes a esse período em que permaneceu "no limbo". Para o Tribunal de origem (Tribunal Regional do Trabalho da 2ª Região – TRT/SP), no entanto, não ficou comprovada a negativa da empresa em permitir o retorno da trabalhadora.

O TST, corroborando o que concluiu o TRT/SP, constatou que ficou incontroverso que a trabalhadora recebeu alta do INSS, mas, como que, como a causa de pedir dizia respeito à recusa da empresa quanto à tentativa da trabalhadora de voltar ao trabalho, caberia a esta comprovar tal fato, o que não o fez.

Com efeito, consignou o TST que: "não havendo dúvidas quanto à ocorrência de [alta previdenciária], e sendo causa de pedir a recusa da empresa à

> tentativa de retorno ao trabalho, incumbe à reclamante o ônus de comprovar tal fato, encargo do qual não se desvencilhou. Nesse contexto, percebe-se que o e. TRT, ao assim decidir, não incorreu em ofensa aos dispositivos invocados, na medida em que bem aplicadas as regras de distribuição do ônus da prova".[1]

Banco pagará salários a empregada considerada inapta após alta previdenciária

A decisão segue o entendimento do TST sobre o chamado limbo previdenciário

05/05/22 – A Subseção II Especializada em Dissídios Individuais (SDI-2) do Tribunal Superior do Trabalho decidiu que cabe ao Banco Bradesco S.A. pagar os salários de uma bancária de Porto Velho (RO) que ficou em situação de limbo jurídico-trabalhista-previdenciário após alta pelo INSS. Segundo o colegiado, ainda que ela tenha sido considerada inapta pela empresa, o contrato de trabalho voltou a gerar seus efeitos após a cessação do benefício.

Auxílio-doença

A bancária foi contratada em janeiro de 2012 para a função de escriturária, e seu último cargo era de gerente de pessoa física. De abril a maio de 2019, ela recebeu auxílio-doença previdenciário, em decorrência de LER/DORT, e, após a alta do INSS, fez exame médico de retorno e foi avaliada como inapta pelo banco. Ela disse que se colocou, desde junho de 2019, à disposição para retornar ao trabalho, mas, em razão do Atestado de Saúde Ocupacional (ASO) que a considerara inapta, o Bradesco não a aceitava de volta.

Seu pedido de antecipação de tutela para que pudesse voltar ao emprego em função adaptada, formulado na reclamação trabalhista ajuizada contra o banco, foi negado pelo juízo de primeiro grau. Segundo a decisão, a empregada não havia comprovado documentalmente a recusa do Bradesco em readmiti-la, e a simples juntada do ASO não servia de prova irrefutável de suas alegações.

Mandado de segurança

A alternativa encontrada foi impetrar mandado de segurança reiterando o pedido de recondução imediata, com o mesmo salário e lotação e em função adequada à sua limitação física, além da condenação da empresa ao pagamento de todas as remunerações.

No exame desse pedido, o Tribunal Regional do Trabalho da 14ª Região (RO/AC) cassou a decisão que indeferira a antecipação de tutela e

---

[1] Disponível em: https://conexaotrabalho.portaldaindustria.com.br/noticias/detalhe/trabalhista/-geral/tst-alegado-o-limbo-previdenciario-e-onus-do-trabalhador-comprovar-recusa-da-empresa-quanto-ao--seu-retorno-ao-trabalho/#:~:text=A%205%C2%AA%20Turma%20do%20Tribunal,04%2F02%2F2022). Acesso em: 3 mar. 2023.

determinou que o banco pagasse os salários da bancária até o julgamento da ação trabalhista, além de restabelecer todas as vantagens decorrentes do contrato do trabalho. Segundo o TRT, se não houver impedimento médico, a empregada deve retornar ao trabalho, mediante readaptação.

Contraprestação

Foi a vez, então, de o Bradesco recorrer ao TST, com o argumento de que não poderia reintegrá-la, sobretudo em função readaptada, "considerando que o caso é de incapacidade médica atestada". O banco sustentou, ainda, que o próprio INSS havia barrado a prorrogação do benefício e que não houvera contraprestação de serviços para o pagamento de salários.

Limbo

O relator, ministro Amaury Rodrigues, observou que o caso evidencia a situação conhecida na jurisprudência como "limbo jurídico trabalhista-previdenciário" – quando a empregada, ao comparecer ao trabalho após alta previdenciária, é impedida de desempenhar suas atividades sob a justificativa da empresa de que permanece incapacitada para o trabalho.

Segundo o ministro, a jurisprudência do TST é de que a discussão quanto ao acerto ou não da alta previdenciária não afasta o fato de que, com fim do benefício, a pessoa fica à disposição do empregador, e este, caso entenda que ela não está apta ao serviço, deve pagar os salários devidos até que possa ser reinserida no trabalho ou que o auxílio previdenciário seja estabelecido.

Dignidade

Na avaliação do ministro, o TRT decidiu em conformidade com a jurisprudência do TST. "A recusa do empregador ao pagamento dos salários, sob o argumento de que é indevida a cessação do benefício previdenciário, não se coaduna com os princípios constitucionais da dignidade da pessoa humana e do valor social do trabalho", concluiu.

A decisão foi unânime.

(RR/CF)

Processo: ROT-3-08.2021.5.14.0000.[2]

No julgamento a seguir, o TST firmou entendimento no sentido de que, na ocorrência do limbo jurídico previdenciário, o dano sofrido pelo trabalhador é presumido.

---

[2]   Disponível em: https://www.tst.jus.br/web/guest/-/banco-pagar%C3%A1-sal%C3%A1rios-a-empregada-considerada-inapta-ap%-C3%B3s-alta-previdenci%C3%A1ria. Acesso em: 3 mar. 2023.

Limbo jurídico. Conclusão do instituto nacional do seguro social – INSS pela aptidão para o retorno ao trabalho. Conclusão da empresa em sentido contrário. Ausência de salário e benefício previdenciário. Indenização por danos morais. A egrégia Sexta Turma, no tema, conheceu do recurso de revista da reclamada, por violação do art. 7º, XXVIII, da Constituição, e, no mérito, deu-lhe provimento para excluir da condenação o pagamento da indenização por danos morais. A c. Turma, assentando estar a reclamante, desde a alta previdenciária, sem receber salários em razão de o INSS constatar a aptidão para o trabalho e o serviço médico da empresa atestar inaptidão total para a atividade que realizava, concluiu que nessas situações, não está configurada a culpa ou dolo da empresa, justificada a conduta da empresa de demonstrar vigilância quanto à situação psicobiofísica da reclamante, que foi posteriormente confirmada pela perícia realizada nos autos (incapacidade total e permanente para a atividade exercida e parcial para o trabalho em geral). A conduta da empresa, ao impedir o retorno do empregado à atividade laboral e, consequentemente, inviabilizar o percebimento da contraprestação pecuniária, mesmo após a alta previdenciária, se mostra ilícita, nos termos do artigo 187 do Código Civil. O sofrimento ensejado pela atitude abusiva da empregadora, ao sonegar direitos básicos do trabalhador, independe de comprovação fática do abalo moral (é presumido em razão do próprio fato), configurando-se, *in re ipsa*, sendo desnecessário qualquer tipo de prova. Assim, demonstrada a existência da conduta patronal abusiva e ilícita no acometimento do dano sofrido pelo reclamante e do nexo de causalidade entre eles, exsurge a responsabilidade civil da reclamada, nos termos do artigo 5º, X, da Constituição Federal, revelando-se despicienda a configuração do elemento subjetivo da conduta do empregador (dolo ou culpa). Precedentes. (TST – E-ED-RR-51800-33.2012.5.17.0007, Rel. Min. Breno Medeiros, Subseção I Especializada em Dissídios Individuais, julgado em 02.09.2021, publicado em 25.03.2022)

4 – QUESTÃO DE SEGUNDA FASE ACERCA DO TEMA

Empregado recebeu alta do benefício do INSS e requereu seu retorno ao trabalho. No entanto, ao realizar o exame médico de retorno, o médico da empresa verificou que ele ainda estava doente, e recusou seu retorno ao trabalho, indicando necessidade de manutenção do afastamento. No presente caso, até que o INSS venha se manifestar perante possível recurso interposto, a quem compete realizar os pagamentos ao trabalhador? De quem é ônus de comprovar a alegada recusa?

- **ASPECTOS IMPORTANTES PARA A RESPOSTA**

O caso descrito na questão é a hipótese clássica do chamado limbo previdenciário, em que o INSS concede a alta ao beneficiário para que retorne ao trabalho, enquanto o empregador recusa a volta do empregado sob o argumento de que ele continua doente, conforme laudo/atestado do médico da empresa.

Esse período é chamado de limbo previdenciário porque o trabalhador fica sem qualquer fonte de renda, seja o benefício do INSS, seja o salário decorrente do contrato de trabalho.

No entanto, tendo em vista a presunção de veracidade das decisões da autarquia federal (por se tratar de ato administrativo), competiria ao empregador, a princípio, manter o empregado no trabalho. E mais, ainda que entenda que o empregado não tem condições de retornar, competiria ao empregador, pelas mesmas razões acima, manter o pagamento dos salários, tendo em vista o Princípio Protetivo, a função social da empresa, e a característica da alteridade, em que o empregador possui o ônus de suportar os riscos do empreendimento.

É claro que a presunção de veracidade que paira sobre a decisão do INSS é relativa, e admite prova em contrário, que pode vir por intermédio de possível recurso administrativo interposto pelo beneficiário ou até mesmo em processo por ele ajuizado em face do INSS na Justiça Federal.

De qualquer forma, as decisões mais recentes do TST, com as quais concordamos, são no sentido de que é do empregador a obrigação de efetuar o pagamento dos salários a partir da alta previdenciária, pois se entende que desse momento em diante o empregado já estaria à sua disposição.

Quanto à segunda indagação, se o empregado alega que o empregador recusou seu retorno ao trabalho, como regra, temos que é do trabalhador o ônus de comprovar tal alegação, tendo em vista as regras de distribuição do ônus da prova, na forma do art. 818, I, da CLT, já que se trata de fato constitutivo do seu direito.

CAPÍTULO
14

EXTINÇÃO DO CONTRATO DE TRABALHO

1 - EXTINÇÃO NOS CONTRATOS A TERMO

São contratos por prazo determinado aqueles que possuem termo inicial e termo final, ambos já conhecidos pelas partes.

Verbas devidas – Extinção normal

Quando o lapso temporal é atingido, não há necessidade de uma indenização pela extinção, pois o prazo final já é de conhecimento das partes.

Nesse caso, **são devidas as seguintes verbas:**

a) saldo de salário dos dias trabalhados;

b) férias vencidas se houver, e proporcionais, ambas acrescidas de 1/3 constitucional (arts. 146 e 147 da CLT);

c) 13º salário integral, se houver, e o proporcional (art. 3º da Lei 4.090/1962);

d) liberação do FGTS – art. 20, IX, da Lei 8.036/1990, sem acréscimo de 40%;

e) liberação do seguro-desemprego, a depender do tempo do contrato de trabalho.

Verbas devidas – Extinção antecipada

Ocorre quando o contrato se encerra antes do tempo estipulado, e haverá indenização, devendo-se verificar quem deu causa à ruptura do contrato.

Se foi o empregador quem deu causa (art. 479 da CLT), deverá pagar ao empregado, como forma de indenização, a metade da remuneração a que o empregado teria direito se o contrato fosse cumprido até o prazo final.

Além disso, deverá pagar:

a) saldo de salário dos dias trabalhados;

b) férias vencidas se houver, e proporcionais, ambas acrescidas de 1/3 constitucional (arts. 146 e 147 da CLT);

c) 13º salário integral, se houver, e o proporcional (art. 3º da Lei 4.090/1962);

d) liberação do FGTS – art. 20, IX, da Lei 8.036/1990;

e) liberação do seguro-desemprego, a depender do tempo do contrato de trabalho.

Se foi o empregado quem deu causa (art. 480 da CLT), o empregado deverá pagar ao empregador uma indenização, pelos prejuízos causados pelo rompimento antecipado do contrato. O valor da indenização **não poderá ser superior à indenização** a que o empregado teria direito caso a rescisão ocorresse por vontade do empregador.

Ressalta-se que é necessária a comprovação do prejuízo para que a indenização acima seja devida.

Além disso, o empregador deverá pagar:

a) saldo de salário dos dias trabalhados;

b) férias vencidas se houver, e proporcionais, ambas acrescidas de 1/3 constitucional (arts. 146 e 147 da CLT);

c) 13º salário integral, se houver, e o proporcional (art. 3º da Lei 4.090/1962).

Nesse caso o empregado não poderá sacar seu FGTS, nem receberá o seguro-desemprego.

No entanto, tudo muda quando o contrato a prazo determinado possuir cláusula assecuratória do direito recíproco de rescisão antecipada. Nesses casos, na forma do art. 481 da CLT, as verbas devidas são aquelas inerentes à rescisão dos contratos a prazo indeterminado. Portanto, a parte que quiser rescindir o contrato de forma antecipada, deverá conceder aviso-prévio à outra (e não haverá qualquer pagamento das indenizações dos arts. 478 ou 479 da CLT).

Assim, se o empregado der fim ao contrato de forma antecipada, receberá: (a) saldo de salário dos dias trabalhados, (b) férias vencidas, se houver, e proporcionais acrescidas de 1/3 constitucional (arts. 146 e 147 da CLT); (c) 13º salário integral, se houver, e proporcional (art. 3º da Lei 4.090/1962). Não há saque do seu FGTS (com os 40%), nem recebimento o seguro-desemprego.

Se o empregador der fim ao contrato de forma antecipada, o empregado receberá: (a) saldo de salário dos dias trabalhados, (b) férias vencidas, se houver, e proporcionais acrescidas de 1/3 constitucional (arts. 146 e 147 da CLT); (c) 13º salário integral, se houver, e proporcional (art. 3º da Lei 4.090/1962); (d) aviso-prévio; (e) liberação do FGTS – art. 20, IX, da Lei 8.036/1990, **com acréscimo de 40%**; (f) liberação do seguro-desemprego, a depender do tempo do contrato de trabalho.

2 – EXTINÇÃO NOS CONTRATOS A PRAZO INDETERMINADO – DISPENSA SEM JUSTA CAUSA

O contrato de trabalho é um negócio jurídico e, como tal, está sujeito a um ciclo existencial. Muitas podem ser as formas de extinção desse clico, no entanto, uma vez que nos contratos de trabalho a prazo indeterminado vigora o princípio da continuidade da relação de emprego, quando uma das partes resolve terminar a relação, deverá, em regra, pré-avisar a outra parte.

Assim, **quando o empregador dispensa o empregado sem justa causa (num contrato a prazo indeterminado), são devidas as seguintes verbas:** aviso-prévio proporcional, saldo de salário e salários em atraso (caso haja), férias vencidas e proporcionais acrescidas de 1/3, 13º salário vencido e proporcional, liberação do FGTS acrescido da indenização compensatória de 40%.

Há ainda a comunicação de dispensa para obtenção do seguro-desemprego (que será recebido a depender do preenchimento dos requisitos legais), e deve o empregador proceder a baixa na CTPS do empregado com inclusão do aviso-prévio (baixa digital a partir de setembro de 2019).

Orientação Jurisprudencial 82 do TST: "AVISO PRÉVIO. BAIXA NA CTPS. Observação: (inserida em 28.04.1997).

A data de saída a ser anotada na CTPS deve corresponder à do término do prazo do aviso prévio, ainda que indenizado."

AVISO-PRÉVIO

O aviso-prévio proporcional foi regulamentado pela Lei 12.506/2011, e o instituto do aviso-prévio está previsto nos arts. 487 a 491 da CLT.

Assim, o empregado tem direito a no mínimo 30 dias de aviso-prévio, acrescido de três dias para cada ano trabalhado, até o máximo de 60, chegando a um total de 90 dias (30 do mínimo, mais o limite de 60).

O prazo de aviso-prévio integra o tempo de serviço para todos os fins, inclusive em caso de reajuste salarial coletivo ocorrido no período.

Algumas Súmulas e Orientações Jurisprudenciais importantes sobre o assunto

- **Súmula 305 do TST: "FUNDO DE GARANTIA DO TEMPO DE SERVIÇO. INCIDÊNCIA SOBRE O AVISO PRÉVIO.**

  O pagamento relativo ao período de aviso prévio, trabalhado ou não, está sujeito a contribuição para o FGTS."

- **OJ 42 da SDI-1: "FGTS. MULTA DE 40%.**

  I – É devida a multa do FGTS sobre os saques corrigidos monetariamente ocorridos na vigência do contrato de trabalho. Art. 18, § 1º, da Lei nº 8.036/90 e art. 9º, § 1º, do Decreto nº 99.684/90. (ex-OJ nº 107 da SDI-1 – inserida em 01.10.1997)II – O cálculo da multa de 40% do FGTS deverá ser feito com base no saldo da conta vinculada na data do efetivo pagamento das verbas rescisórias, desconsiderada a projeção do aviso prévio indenizado, por ausência de previsão legal. (ex-OJ nº 254 da SDI-1 – inserida em 13.03.2002)"

- **OJ 82 da SDI-1: "AVISO PRÉVIO. BAIXA NA CTPS.**

  A data de saída a ser anotada na CTPS deve corresponder à do término do prazo do aviso prévio, ainda que indenizado.

  Observação: (inserida em 28.04.1997)."

Cap. 14 – EXTINÇÃO DO CONTRATO DE TRABALHO | **205**

- **OJ 367 da SDI-1: "AVISO PRÉVIO DE 60 DIAS. ELASTECI-MENTO POR NORMA COLETIVA. PROJEÇÃO. REFLEXOS NAS PARCELAS TRABALHISTAS.**

  O prazo de aviso prévio de 60 dias, concedido por meio de norma coletiva que silencia sobre alcance de seus efeitos jurídicos, computa-se integralmente como tempo de serviço, nos termos do § 1º do art. 487 da CLT, repercutindo nas verbas rescisórias."

Conforme previsão legal, o reajustamento salarial coletivo, determinado no curso do aviso-prévio, beneficia o empregado pré-avisado da despedida, mesmo que tenha recebido antecipadamente os salários correspondentes ao período do aviso, que integra seu tempo de serviço para todos os efeitos legais – art. 487, § 6º, da CLT.

No caso de acidente de trabalho (ou doença profissional adquirida ou constatada durante o curso do aviso-prévio), a jurisprudência majoritária tem entendido que o ajuste somente terminará depois de findo o auxílio por incapacidade temporária acidentária e, se for o caso, também depois de fruído o período estabilitário previsto no art. 118 da Lei 8.213/1991.

Não há forma especial na CLT para a concessão do aviso-prévio (decerto que a dação de aviso-prévio de forma escrita é de mais fácil comprovação).

Consoante o disposto no art. 491 da CLT, e entendimento consagrado na Súmula 73 do C. TST, a conversão da dispensa sem justa causa em dispensa com justa causa só é possível quando a falta grave for cometida pelo empregado durante a constância do aviso-prévio.

- **Súmula 73 do TST: "DESPEDIDA. JUSTA CAUSA.**

  A ocorrência de justa causa, salvo a de abandono de emprego, no decurso do prazo do aviso prévio dado pelo empregador, retira do empregado qualquer direito às verbas rescisórias de natureza indenizatória."

Uma vez que o período do aviso-prévio faz parte do contrato de trabalho, pode ser reconsiderado. Assim, no caso de aceitação de ambas as partes em reconsiderar o aviso-prévio, o contrato continuará **vigorando normalmente, como se o aviso**-prévio nunca tivesse sido dado.

Conforme dispõe a **Súmula 276 do TST** o direito ao aviso-prévio é irrenunciável pelo empregado. Assim, o pedido de dispensa de cumprimento não exime o empregador de pagar o respectivo valor, salvo comprovação de haver o prestador dos serviços obtido novo emprego.

3 – EXTINÇÃO NOS CONTRATOS A PRAZO INDETERMINADO – DISPENSA POR JUSTA CAUSA DE EMPREGADO E EMPREGADOR

Nesse caso, tanto empregado quanto empregador cometem faltas que tornam inviável a continuidade da relação de emprego.

As hipóteses de justa causa provocada pelo empregado estão no art. 482 da CLT:

"Art. 482. Constituem justa causa para rescisão do contrato de trabalho pelo empregador:

a) ato de improbidade;

b) incontinência de conduta ou mau procedimento;

c) negociação habitual por conta própria ou alheia sem permissão do empregador, e quando constituir ato de concorrência à empresa para a qual trabalha o empregado, ou for prejudicial ao serviço;

d) condenação criminal do empregado, passada em julgado, caso não tenha havido suspensão da execução da pena;

e) desídia no desempenho das respectivas funções;

f) embriaguez habitual ou em serviço;

g) violação de segredo da empresa;

h) ato de indisciplina ou de insubordinação;

i) abandono de emprego;

j) ato lesivo da honra ou da boa fama praticado no serviço contra qualquer pessoa, ou ofensas físicas, nas mesmas condições, salvo em caso de legítima defesa, própria ou de outrem;

k) ato lesivo da honra ou da boa fama ou ofensas físicas praticadas contra o empregador e superiores hierárquicos, salvo em caso de legítima defesa, própria ou de outrem;

l) prática constante de jogos de azar;

m) perda da habilitação ou dos requisitos estabelecidos em lei para o exercício da profissão, em decorrência de conduta dolosa do empregado.

Parágrafo único. Constitui igualmente justa causa para dispensa de empregado a prática, devidamente comprovada em inquérito admi-

Cap. 14 – EXTINÇÃO DO CONTRATO DE TRABALHO | **207**

nistrativo, de atos atentatórios à segurança nacional. [Entendido como não recepcionado pela CF/1988]"

Em decorrência da justa causa do empregado, são devidas parcelas vencidas (possíveis férias integrais e 13º salário integral), e saldo de salário, se houver. De resto, tal modalidade retira do empregado o direito de recebimento de qualquer parcela rescisória, sendo apenas devida a baixa na CTPS e a entrega do Termo de Rescisão do Contrato de Trabalho (TRCT) com referência ao tipo de ruptura.

Em que pese no TRCT conste a modalidade de extinção (o que é autorizado por questões administrativas junto ao órgão gestor de FGTS e Ministério do Trabalho), na CTPS do empregado não pode haver qualquer menção da modalidade de dispensa, cabendo, inclusive, indenização por danos morais, caso o empregador assim o faça.

CLT: "Art. 29, § 4º. É vedado ao empregador efetuar anotações desabonadoras à conduta do empregado em sua Carteira de Trabalho e Previdência Social."

Caso a justa causa tenha sido provocada pelo empregador, chama-se de rescisão indireta. Nesse caso, temos que para o empregado tornou-se inviável a continuação da relação de emprego, motivo pelo qual ajuizará reclamação trabalhista, requerendo a rescisão do contrato de trabalho.

CLT: "Art. 483. O empregado poderá considerar rescindido o contrato e pleitear a devida indenização quando:

a) forem exigidos serviços superiores às suas forças, defesos por lei, contrários aos bons costumes, ou alheios ao contrato;

b) for tratado pelo empregador ou por seus superiores hierárquicos com rigor excessivo;

c) correr perigo manifesto de mal considerável;

d) não cumprir o empregador as obrigações do contrato;

e) praticar o empregador ou seus prepostos, contra ele ou pessoas de sua família, ato lesivo da honra e boa fama;

f) o empregador ou seus prepostos ofenderem-no fisicamente, salvo em caso de legítima defesa, própria ou de outrem;

g) o empregador reduzir o seu trabalho, sendo este por peça ou tarefa, de forma a afetar sensivelmente a importância dos salários.

§ 1º O empregado poderá suspender a prestação dos serviços ou rescindir o contrato, quando tiver de desempenhar obrigações legais, incompatíveis com a continuação do serviço.

§ 2º No caso de morte do empregador constituído em empresa individual, é facultado ao empregado rescindir o contrato de trabalho.

§ 3º Nas hipóteses das letras 'd' e 'g', poderá o empregado pleitear a rescisão de seu contrato de trabalho e o pagamento das respectivas indenizações, permanecendo ou não no serviço até final decisão do processo."

Nesse caso o empregado terá os mesmos direitos que teria caso fosse dispensado sem justa causa, quais sejam: saldo de salário, aviso-prévio, décimo terceiro integral e/ou proporcional, férias vencidas e/ou proporcionais acrescidas de 1/3, FGTS acrescido da indenização compensatória de 40%; e habilitação no seguro-desemprego (recebimento deste último a depender do preenchimento dos requisitos legais).

Pode ainda empregado e empregador cometerem faltas simultaneamente, quando teremos a ruptura por culpa recíproca. Tal modalidade de ruptura contratual depende de decisão judicial que a reconheça.

Em sendo reconhecida, será devida pela metade a indenização compensatória sobre os depósitos de FGTS (Lei 8.036/1990, art. 18, § 2º). Também deve receber tão somente a metade dos valores de aviso-prévio, décimo terceiro proporcional e férias acrescidas de 1/3, de acordo com Súmula 14 do C. TST, sendo devidas na integralidade as demais verbas.

4 – EXTINÇÃO NOS CONTRATOS A PRAZO INDETERMINADO – PEDIDO DE DEMISSÃO

Trata-se de quando o empregado é quem decide romper com o contrato de trabalho, por qualquer circunstância, desde que seja uma vontade provocada exclusivamente pelo empregado.

Nesse caso são devidas as verbas de férias integrais e/ou proporcionais acrescidas de 1/3, décimos terceiros salários integrais e/ou proporcionais, e saldo de salário.

Não há o recebimento de aviso-prévio (que, aliás, deve ser cumprido pelo empregado a favor do empregador), liberação de FGTS acrescido de 40%, há consequente perda de garantias de emprego e não recebimento de guias para saque do seguro-desemprego.

O empregado é que fica obrigado a conceder o aviso-prévio ao empregador por 30 dias, sob pena de ver o período descontado quando do pagamento das verbas rescisórias (neste caso, o empregador pode liberar o empregado do cumprimento do aviso-prévio, não havendo que se falar em renúncia) – CLT, art. 487, § 2º.

5 – MULTAS DOS ARTS. 467 E 477 DA CLT

> CLT: "Art. 467. Em caso de rescisão de contrato de trabalho, havendo controvérsia sobre o montante das verbas rescisórias, o empregador é obrigado a pagar ao trabalhador, à data do comparecimento à Justiça do Trabalho, a parte incontroversa dessas verbas, sob pena de pagá-las acrescidas de cinquenta por cento."

Sempre que houver verbas rescisórias incontroversas, estas devem ser pagas na primeira oportunidade de comparecimento em juízo, sob pena de pagamento com acréscimo de 50%.

A incidência de multa não depende da modalidade de extinção contratual, mas sim da controvérsia ou não das verbas quando da primeira oportunidade de comparecimento em Juízo.

> CLT: "Art. 477. Na extinção do contrato de trabalho, o empregador deverá proceder à anotação na Carteira de Trabalho e Previdência Social, comunicar a dispensa aos órgãos competentes e realizar o pagamento das verbas rescisórias no prazo e na forma estabelecidos neste artigo.
>
> (...) § 6º A entrega ao empregado de documentos que comprovem a comunicação da extinção contratual aos órgãos competentes bem como o pagamento dos valores constantes do instrumento de rescisão ou recibo de quitação deverão ser efetuados até dez dias contados a partir do término do contrato.
>
> § 8º A inobservância do disposto no § 6º deste artigo sujeitará o infrator à multa de 160 BTN, por trabalhador, bem assim ao pagamento da multa a favor do empregado, em valor equivalente ao seu salário, devidamente corrigido pelo índice de variação do BTN, salvo quando, comprovadamente, o trabalhador der causa à mora."

Se o empregador descumprir o prazo para pagamento das verbas rescisórias e deixar de entregar os documentos que comprovem essa ruptura, incidirá em multa no valor equivalente ao salário do empregado, salvo se foi o empregado quem deu causa à mora.

Tal multa incide sobre contratos a prazo determinado e indeterminado, ainda que o vínculo tenha sido reconhecido em juízo, e independentemente da modalidade de rescisão do contrato, bastando que se verifique o não cumprimento do prazo legal para pagamento das verbas rescisórias.

Súmula 462 do TST: "Multa do art. 477, § 8º, da CLT. Incidência. Reconhecimento judicial da relação de emprego.

A circunstância de a relação de emprego ter sido reconhecida apenas em juízo não tem o condão de afastar a incidência da multa prevista no art. 477, § 8º, da CLT. A referida multa não será devida apenas quando, comprovadamente, o empregado der causa à mora no pagamento das verbas rescisórias."

Surge a questão de incidência da multa ou não no caso de parcelamento das verbas rescisórias. A jurisprudência majoritária menciona caber a incidência da multa, uma vez que a lei não autoriza o parcelamento das verbas, salvo no caso de previsão desse permissivo em norma coletiva (na forma do art. 611-A da CLT, que tem rol exemplificativo, e não taxativo, para permissão de flexibilização).

6 – DECISÕES DOS TRIBUNAIS ACERCA DO TEMA

Agravo. Agravo de instrumento. Recurso de revista. Dispensa discriminatória. Empregado portador de doença grave. Transtornos psicóticos agudos com sintomas esquizofrênicos. Ausência de apresentação do exame demissional. Despedida no dia imediatamente posterior ao término do benefício previdenciário. Súmula 443 do TST. 1. A jurisprudência desta Corte Superior firmou-se no sentido de ser presumidamente discriminatória a dispensa, sem justa causa, de trabalhador portador de doença grave ou estigmatizante, invertendo-se, assim, o ônus da prova, de forma a caber à empresa comprovar que a dispensa não ocorrera de forma discriminatória, conforme preconiza a Súmula 443 do TST. 2. Na hipótese, caberia à ré provar que dispensou a autora, portadora de doença grave psiquiátrica (transtorno psicótico agudo polimorfo, com sintomas esquizofrênicos), por algum motivo plausível, razoável e socialmente justificável, de modo a afastar o caráter discriminatório da rescisão contratual, o que não ocorreu no caso dos autos. 3. Salienta-se que o fato de a ré ter comprovado a despedida

Cap. 14 – EXTINÇÃO DO CONTRATO DE TRABALHO | **211**

de outros sessenta e oito empregados no mês não é suficiente, por si só, para comprovar a ausência de caráter discriminatório, uma vez que o empregador tinha ciência da situação singular de transtorno de comportamento apresentado pela autora. Acrescenta-se que a empregada foi despedida no dia imediatamente posterior ao término do benefício previdenciário e que não houve apresentação do seu exame demissional. 4. Assim, o entendimento adotado pelo Tribunal Regional está em consonância com a jurisprudência pacífica desta Corte Superior, consubstanciado na Súmula 443. Agravo a que se nega provimento. (TST – Ag-AIRR-20820-61.2019.5.04.0382, Rel. Min. Amaury Rodrigues Pinto Junior, 1ª Turma, julgado em 09.11.2022 – Informativo 264 do TST)

Agravo patronal – justa causa para a demissão – condenação criminal transitada em julgado – ausência de imediatidade na aplicação da pena – perdão tácito – má aplicação da Súmula 126 do TST – violação do art. 482, "d", da CLT – provimento. 1. A decisão agravada considerou carente de transcendência o apelo da Reclamada que versava sobre a justa causa para a demissão, uma vez que não atendidos os requisitos do art. 896-A, § 1º, da CLT, bem como em face do óbice da Súmula 126 do TST, que também contaminaria a transcendência da causa. 2. A Reclamada traz à baila ponderações quanto à particularidade do caso concreto, concernente à demora da Vara Criminal em extrair a certidão de trânsito em julgado da ação penal condenatória com a pena de reclusão, a afastar a alegada ausência de imediatidade na aplicação da pena de demissão. 3. Superada, no presente caso, a aplicação da Súmula 126 do TST porque delineados no acórdão regional todos os dados fáticos relativos à coleta de provas pela comissão de procedimento disciplinar, possibilitando a esta Corte avaliar a ocorrência ou não do alegado perdão tácito para a falta grave. 4. E da cronologia do andamento do procedimento disciplinar descrita no acórdão regional, constata-se que a demora no ajuizamento do presente inquérito judicial deu-se pela ausência da certidão de trânsito em julgado da ação penal que condenou o empregado à reclusão em regime fechado, documento este essencial para a configuração ou não da falta grave, nos exatos termos da alínea "d" do art. 482 da CLT. E, de fato, a obtenção deste documento dependia exclusivamente de ato administrativo da 3ª Vara Criminal de Itanhaém por correr a ação penal em segredo de justiça e não haver outro meio de extração da referida certidão por terceiros senão mediante solicitação oficial justificada. 5. Assim, resta afastada a ausência de imediatidade entre a ciência do fato e o ajuizamento do presente inquérito, pois tão logo comunicada da detenção do funcionário, instaurou o competente procedimento administrativo disciplinar. E tão logo cientificada do trânsito em julgado da ação com pena de reclusão, determinou o ajuizamento do inquérito para apuração de falta grave. 6. Desse modo, tendo o agravo da Autora logrado êxito em infirmar os óbices erigidos pela decisão agravada, seu provimento é medida que se impõe. Agravo provido. II) Agravo de instrumento patronal – justa causa para a demissão – condenação criminal transitada em julgado – imediatidade na aplicação da pena – violação do art. 482, "d", da CLT – transcendência política – provimento. 1. Afastada a ausência de imediatidade na apuração dos fatos e na aplicação da respectiva penalidade, e preenchido o pressuposto objetivo para configuração da justa causa para a demissão, qual seja, condenação criminal transitada em julgado, patente a violação do art. 482, "d", da CLT pelo Tribunal Regional. 2. Demonstrada a transcendência política da causa, bem como a violação do art. 482, "d", da CLT, dá-se provimento ao agravo de instrumento para determinar o processamento do recurso de revista. Agravo de instrumento provido. III) Recurso de revista patronal – justa causa para a demissão – condenação criminal transitada em julgado a pena de reclusão em regime fechado – violação do art. 482, "d", da CLT – transcendência política da causa – provimento. 1. Disciplina o art. 482, "d", da CLT que a condenação criminal do empregado, passada em julgado, constitui justa causa para a rescisão do seu contrato de trabalho. 2. Nesses termos, preenchidos os pressupostos objetivos da referida norma, reconhece-se a procedência do presente inquérito para reconhecer a falta grave autorizadora da demissão por justa causa de empregado condenado a pena de reclusão em regime fechado, posteriormente atenuado para prisão domiciliar, em face da gravidade dos atos por ele praticados, aqui não explicitados em face do processo correr em segredo de justiça. Recurso de revista provido. (TST – RR-1001844-16.2017.5.02.0446, Rel. Min. Ives Gandra da Silva Martins Filho, 4ª Turma, julgado em 25.10.2022 – Informativo 264 do TST)

Agravo de instrumento. Recurso de revista. Reclamadas. Rito sumaríssimo. Lei nº 13.467/2017. Rescisão contratual após 11 de novembro de 2017. Pagamento das verbas rescisórias dentro do prazo previsto em lei. Entrega de documentos em atraso. Multa do art. 477 da CLT. 1 – Há transcendência jurídica, pois se constata em exame preliminar controvérsia sobre questão nova em torno da interpretação da legislação trabalhista, relativa à aplicabilidade da norma do art. 477, §§ 6º e 8º, da CLT, com as alterações da Lei nº 13.467/2017. 2 – Cinge-se a presente controvérsia em saber se o atraso na entrega ao empregado de documentos que comprovem a comunicação da extinção contratual aos órgãos competentes, uma vez tendo ocorrido o pagamento dos valores constantes do instrumento de rescisão ou recibo de quitação dentro do prazo do artigo 477, § 6º, da CLT, enseja a aplicação da multa do artigo 477, § 8º, da CLT. 3 – O entendimento desta Corte Superior era no sentido de que a aplicação da penalidade do artigo 477, § 8º, da CLT dava-se, exclusivamente, na hipótese de quitação a destempo das verbas rescisórias. 4 – Antes da vigência da Lei nº 13.467/2017, os §§ 6º e 8º do art. 477 da CLT possuíam a seguinte redação: "§ 6º O pagamento das parcelas constantes do instrumento de rescisão ou recibo de quitação deverá ser efetuado nos seguintes prazos: a) até o primeiro dia útil imediato ao término do contrato; ou b) até o décimo dia, contado da data da notificação da demissão, quando da ausência do aviso-prévio, indenização do mesmo ou dispensa de seu cumprimento. (...) § 8º A inobservância do disposto no § 6º deste artigo sujeitará o infrator à multa de 160 BTN, por trabalhador, bem assim ao pagamento da multa a favor do empregado, em valor equivalente ao seu salário, devidamente corrigido pelo índice de variação do BTN, salvo quando, comprovadamente, o trabalhador der causa à mora". 5 – Com a alteração legislativa, o § 6º do art. 477 da CLT passou a ter a seguinte redação: "§6º A entrega ao empregado de documentos que comprovem a comunicação da extinção contratual aos órgãos competentes bem como o pagamento dos valores constantes do instrumento de rescisão ou recibo de quitação deverão ser efetuados até dez dias contados a partir do término do contrato". 6 – No caso, conforme se infere do trecho do acórdão recorrido transcrito pela parte, o TRT, após a análise do conjunto fático-probatório, reformou a sentença, para condenar as reclamadas ao pagamento da multa prevista no art. 477, § 8º, da CLT. Para tanto, registrou que "a partir da vigência da Lei 13.467/17, a penalidade prevista na sobredita disposição legal não mais se limita à hipótese de atraso no pagamento, abrangendo também a situação de mora na entrega da documentação rescisória. A pretensão do autor de pagamento da penalidade em destaque resulta do atraso na entrega dos documentos relativos à ruptura contratual, mesmo porque o acerto rescisório foi depositado na conta bancária do autor dentro do prazo previsto no art. 477, § 6º, da CLT (vide fls. 454/456 – ID. 8ffb692/ID. a5cbc36). O reclamante se demitiu em 21/05/2021 (fl. 452 – ID. 632adff) e o único documento que deveria receber nessa modalidade rescisória era o TRCT, que lhe foi entregue mediante recibo em 15/06/2021 (fls. 454/455 – ID. 8ffb692), fora do prazo legal, portanto". Nesse sentido, destacou que "É certo que as normas que preveem penalidades devem ser interpretadas de forma restritiva, contudo, o fato de ter o acionante ter [sic] se demitido não é justificativa para o empregador extrapolar o decêndio previsto para a entrega da correlata documentação, porquanto, independentemente da forma de dissolução do contrato de trabalho, seja por dispensa imotivada ou por demissão, cabia à empregadora cumprir sua obrigação no prazo previsto no parágrafo 6º do artigo 477 da CLT". 7 – Desse modo, constata-se que a Corte regional, ao reformar a sentença para condenar as reclamadas ao pagamento da multa prevista no artigo 477, § 8º, da CLT em decorrência de atraso na entrega dos documentos relativos à ruptura contratual, deu a exata subsunção dos fatos aos comandos insertos no artigo 477, §§ 6º e 8º, da CLT. 8 – Agravo de instrumento a que se nega provimento. (...) (TST – AIRR-10849-48.2021.5.03.0111, Rel. Min. Kátia Magalhães Arruda, 6ª Turma, julgado em 09.11.2022 – Informativo 264 do TST)

Agravo de instrumento em recurso de revista. Acórdão do regional publicado sob a égide da Lei 13.467/2017. Sumaríssimo. Rescisão do contrato de trabalho em face do alegado motivo de força maior decorrente da pandemia do coronavírus. Conversão para dispensa imotivada. A Corte Regional deu parcial provimento ao recurso ordinário da reclamada, que atua no ramo de postos de combustível, a fim de manter a r. sentença no ponto em que converteu a dispensa decorrente de força maior para dispensa sem justa causa, com a consequente condenação ao pagamento de aviso prévio e reflexos e a complementação dos valores referentes aos 20% restantes da indenização do FGTS. O fundamento central da insurgência da reclamada é o de que o acórdão do Regional, ao afastar a dispensa decorrente de força maior em imotivada, deixou de observar a MP 927/2020, então vigente ao tempo da dispensa, que reconhece a pandemia como hipótese de força maior para fins trabalhistas. A pandemia gerada pelo novo coronavírus ensejou impactos inimagináveis em toda a sociedade, em especial nas relações de trabalho e nas obrigações dela decorrentes. Sem receita em decorrência da paralisação de negócios, não há como cumprir obrigações. Sob tal perspectiva, diante da excepcionalidade de uma realidade transformada, há sempre a necessidade da intervenção estatal, tanto na esfera legislativa quanto na judiciária, cada um sob seu enfoque e no seu limite de atuação. Editada sob os impactos da Segunda Guerra Mundial e distanciando-se da solução prevista pelo Código Civil de 1916, a CLT deu aos fortuitos humano e natural contornos próprios para situações duradouras: a possibilidade de rompimento contratual parcialmente oneroso ou a possibilidade de redução salarial de 25%, com manutenção do contrato. A CLT define "força maior", como sendo o acontecimento inevitável em relação à vontade do empregador, para o qual não tenha concorrido, ainda que de maneira indireta, mas que seja suscetível de afetar a situação econômica e financeira da empresa (art. 501, *caput*, e §§ 1º e 2º, da CLT). O próprio Tribunal Superior do Trabalho, em diversos julgados, já se manifestou no sentido de que não pode ser configurado como força maior o evento que está inserido nos riscos do empreendimento, diante do que dispõe o art. 2º, *caput*, da CLT. Dessa forma, evento extraordinário é aquele que impossibilita, por si só, o cumprimento da obrigação trabalhista, sem que haja meios de o empregador evitar ou impedir seus efeitos e sem que tenha a ele dado causa, ainda que indiretamente. Com base nesses conceitos, pode-se extrair que a situação de grave crise econômica gerada pela pandemia do novo coronavírus ao empresariado brasileiro, que da noite para o dia teve que paralisar suas atividades, ou mesmo sem a paralisação, teve redução significativa nos seus ganhos em face da diminuição da procura por produtos e serviços, foi por lei considerada um evento de força maior. Saliente-se que a manutenção das atividades das empresas privadas e do pleno emprego são os dois postulados mais importantes da ordem econômica de uma Nação democrática e pluralista como o Brasil. Nos momentos de grave crise econômica é conveniente assegurar a liberdade econômica das empresas, a fim de se garantir esses postulados, com medidas de flexibilização ajustadas ao caráter protetivo das leis trabalhistas, em prol de uma adaptação à realidade momentânea provocada pela crise econômica, dentro, é claro, dos limites constitucionais de proteção dos trabalhadores (art. 7º da Constituição Federal). Atento a essa nova realidade, o Governo Federal, em decorrência do estado de calamidade pública reconhecido pelo Decreto Legislativo nº 6, de 20 de março de 2020, editou a Medida Provisória nº 927, de 22 de março de 2020 (vigorou até 20/7/2020), que traçou medidas alternativas trabalhistas para enfrentamento do estado de calamidade pública decorrente do coronavírus (covid19) para a preservação do emprego e da renda. O art. 1º da referida Medida Provisória dispõe sobre a sua finalidade, que se assenta na preservação do emprego e da renda durante o enfrentamento da pandemia e, no seu Parágrafo Único, expressamente reconhece que para fins trabalhistas, a pandemia constitui hipótese de força maior. No caso dos autos, é indene de dúvida que a notória pandemia afetou a intensidade dos serviços prestados pela reclamada, que atua no ramo de combustíveis. E, apesar de no Decreto Federal 10.282, de 20 de março de 2020 (que Regulamenta a Lei nº 13.979/20, para definir os serviços públicos e as atividades essenciais), no seu art. 3º, § 1º, XXVII, constar a distribuição e a comercialização de combustíveis como atividades essenciais, algumas circunstâncias decorrentes da pandemia geraram uma diminuição significativa da demanda por esse produto, que resultaram desde o isolamento, com fechamento de empresas ou paralisação parcial, até a diminuição do fluxo de pessoas em face do teletrabalho. Esse evento inesperado (a pandemia), embora tenha alterado de forma significativa o equilíbrio financeiro das empresas, por outro lado gerou para os empregados o risco iminente da perda de seus postos de trabalho. E não se olvida que em circunstâncias tais, o eventual equilíbrio das prestações às quais as empresas se obrigaram sofreu alteração significativa, tornando o pactuado, muitas vezes, impossível de ser cumprido naquele momento, sem o comprometimento de outras obrigações trabalhistas e fiscais, a ponto de aproximar, nas relações de trabalho, tamanho o impacto, a teoria do fortuito com a da imprevisão na busca de soluções de enfrentamento. São vários os dispositivos legais, civis, trabalhistas e processuais que, com base na força maior e na imprevisão, dão suporte a essa conclusão: arts. 317, 413, 478 a 480 do Código Civil; 873 da CLT; e 505, I, do CPC, sem falar na Lei nº 14.010/2020, que suspendeu, dentre outras providências, até mesmo prazos prescricionais e decadenciais, liminares para desocupação de imóveis. Em que pese a toda a fundamentação, cabe salientar que o art. 502 da CLT, que estabelece a indenização a ser paga no caso de extinção da empresa por motivo de força maior, plenamente válido no período de vigência da MP 927/2020, sequer nela foi mencionado. Portanto, não se acolherá a arguição de força maior como justificativa para rescindir contratos de trabalho se a empresa não foi extinta, ou seja, se não encerrou suas atividades. Efetivamente, o foco dos normativos editados pelo governo federal para o enfrentamento da crise mundial, notadamente as caducas MP 927/20 e 928/20 e da MP 936/20, esta convertida na Lei 14.020/20, que promoveram a flexibilização temporária em pontos sensíveis da legislação trabalhista, não foi permitir rescisões contratuais ou a mera supressão de direitos de forma unilateral e temerária por parte do empregador, mas exclusivamente proporcionar meios mais céleres e menos burocráticos, prestigiando o diálogo e o bom senso, para garantir a continuidade das atividades laborais e empresariais e, por consequência, preservar o pleno emprego e a renda do trabalhador. Saliente-se, ademais, que a Medida Provisória 927/2020, invocada pela reclamada para justificar a redução das verbas rescisórias da reclamante, a despeito da ocorrência da força maior, instituiu o Programa Emergencial de Manutenção do Emprego e da Renda, e possibilitou a suspensão temporária do contrato de trabalho ou redução de jornada e salário, visando a continuidade das relações de emprego, ao que não aderiu a reclamada. Conforme se constata da referida Medida Provisória, o seu intuito foi a manutenção do emprego e da renda, não se podendo agora invocar a "força maior" para justificar a supressão dos direitos frente à rescisão do contrato de trabalho. Intacto, portanto, o art. 5°, II, da Constituição Federal. Agravo de instrumento conhecido e desprovido. (TST – AIRR-410-68.2020.5.07.0024, Rel. Min. Alexandre de Souza Agra Belmonte, 3ª Turma, julgado em 07.12.2021 – Informativo 249 do TST)

(...) Recurso de revista interposto pela ré. Lei n° 13.467/2017. Estabilidade provisória. Empregado dirigente de cooperativa de consumo. Ausência de conflito entre o objeto social da cooperativa e a atividade principal do empregador. Ausência de confronto com o empregador na livre persecução dos fins sociais da cooperativa. Incabível o usufruto da benesse da estabilidade aos dirigentes de cooperativa de consumo. Transcendência política constatada. A garantia concedida ao empregado eleito diretor de cooperativa criada pelos próprios empregados tem por escopo resguardar o emprego do dirigente, a fim de permitir a livre persecução dos fins sociais da cooperativa, previstos no artigo 4° da Lei n° 5.764/71, sem qualquer pressão por parte da empresa ou de seus prepostos. A proteção legal ao dirigente visa a assegurar o empregado que defende a coletividade, muitas vezes

Cap. 14 – EXTINÇÃO DO CONTRATO DE TRABALHO | **217**

em nítido confronto com o empregador, evitando, assim, a interferência nas decisões e na luta dos interesses coletivos. Logo, a garantia prevista no artigo 55 da Lei do Cooperativismo visa à devida proteção daqueles que, por ocuparem posições de poder e tomada de decisão nessas sociedades, acabam se expondo aos empregadores, por vezes, como resultado da defesa dos interesses da categoria econômica ou classe de empregados. Nesse contexto, se o objeto social da cooperativa não conflita com a atividade principal do empregador, ou seja, se a cooperativa não possui interação ou conflito com os empregadores ou seus diretores, não há embasamento para o usufruto de benesse da estabilidade aos dirigentes de cooperativa de consumo. De mais a mais, o artigo 3º da referida lei é expresso no sentido de que, embora exerça atividade econômica, as cooperativas não visam lucro. No caso concreto, a cooperativa, apesar de não possuir tal objetivo, tem por finalidade a aquisição de gêneros de consumo visando o repasse aos cooperados, em melhores condições de qualidade e preço, ou seja, por meio do cooperativismo possibilita que seus membros possam adquirir, em uma sociedade de consumo de massa, produtos de maior qualidade e de maneira menos onerosa, com um poder maior de negociação. Não se tratando, portanto, de uma cooperativa de empregados, não pode gerar a estabilidade para seus diretores. Recurso de revista conhecido e provido. (TST – RR-1299-79.2016.5.05.0036, Rel. Min. Cláudio Mascarenhas Brandão, 7ª Turma, julgado em 01.12.2021 – Informativo 249 do TST)

7 – QUESTÃO DE SEGUNDA FASE ACERCA DO TEMA

A demora no ajuizamento de uma ação com pedido de rescisão indireta traz prejuízos à tese exposta na petição inicial? Faça uma análise fundamentada sob o ponto de vista da imediaticidade na justa causa.

- **ASPECTOS IMPORTANTES PARA A RESPOSTA**

A rescisão indireta é modalidade de extinção do contrato de trabalho por justo motivo praticado pelo empregador, na forma do art. 483 da CLT. Assim, o empregado ajuíza reclamação trabalhista requerendo que o juízo declare extinto o contrato de trabalho por ato de justa causa praticado pelo empregador.

No curso da ação o trabalhador poderá optar entre continuar trabalhando ou não, conforme previsto no art. 483, § 3º, da CLT.

Diversos são os requisitos para o deferimento da rescisão indireta, e quanto à possível demora no ajuizamento da ação, muito se discute se aplicável o princípio da imediaticidade, tal como ocorre nas hipóteses de aplicação de justa causa por ato do empregado.

Existe entendimento minoritário de que tal requisito tem plena aplicação, ou seja, caso o trabalhador demore a ajuizar a ação, o pedido há de ser julgado improcedente pela ocorrência de perdão tácito.

No entanto, tendo em vista a hipossuficiência do trabalhador, sua necessidade e dependência econômica do emprego, a questão da imediaticidade, conforme entendimento majoritário, não deve ser analisada de forma concreta, tal como ocorre na justa causa do trabalhador. Aqui a análise é feita em abstrato, e não se falará em perdão tácito do trabalhador diante de seu estado de vulnerabilidade. Até pelo receio de não encontrar nova colocação no mercado de trabalho, o trabalhador, em muitos casos, suporta situações prejudiciais, e que lhes são extremamente gravosas, pensando no sustento próprio e no de sua família.

Assim, a configuração da rescisão indireta decorre do inadimplemento por parte do empregador de suas obrigações trabalhistas, e para tanto não há necessidade de que o requisito da imediaticidade seja preenchido, motivo pelo qual, conforme entendimento do TST, eventual demora no ajuizamento não retira qualquer legitimidade do pleito do empregado.

CAPÍTULO

15

GARANTIA DE EMPREGO

1 - CONCEITO E CONSEQUÊNCIA CONTRATUAL

Embora o ato de terminar o contrato por iniciativa do empregador esteja dentro do seu direito potestativo (art. 477 da CLT), há um limite nesse exercício, em virtude de circunstâncias especiais, que podem advir da lei, de norma coletiva ou do próprio contrato individual de trabalho.

Quando esse direito do empregador é cerceado estamos diante de uma hipótese de garantia de emprego, que pode ser assim conceituada:

> "Garantia de emprego, por sua vez, conforme já definido, é a vantagem jurídica de caráter transitório deferida ao empregado em virtude de uma circunstância contratual ou pessoal obreira de caráter especial, de modo a assegurar a manutenção do vínculo empregatício por um lapso temporal definido, independentemente da vontade do empregador. Tais garantias têm sido chamadas, também, de estabilidades temporárias ou estabilidades provisórias."[1]

Inicialmente cabe diferenciar estabilidade de garantia de emprego. A estabilidade se refere ao direito conquistado pelo empregado de não perder o emprego de forma definitiva, desde que preenchidos os requisitos legais, e não cometa o empregado qualquer ato de justa causa.

---

[1]   DELGADO, Mauricio Godinho. *Curso de Direito do Trabalho*. 18. ed. São Paulo: LTr, p. 1.496.

Já a garantia de emprego (ou estabilidade provisória) consiste na aquisição provisória do direito de não ser dispensado sem justa causa, desde que presentes as circunstâncias especiais previstas em lei, e a depender de o empregado não cometer qualquer ato de justa causa.

A estabilidade definitiva é aquela que produz efeito para toda a relação de emprego, sendo um exemplo a estabilidade decenal.

A garantia provisória, como o próprio nome diz, confere um direito temporário ao empregado em que o empregador não pode romper o contrato de forma injusta ou arbitrária.

2 - HIPÓTESES E PRAZOS LEGAIS

Estabilidade definitiva

Estabilidade decenal – essa estabilidade foi instituída primeiramente como especial, já que prevista para um determinado grupo de empregados (a Lei Elói Chaves, de 1923, a instituiu para os trabalhadores ferroviários). Depois foi estendida a todos os industriários e comerciários (Lei 62/1935) e, por fim, a todos os empregados urbanos, exceto aos domésticos (CF/1937, art. 137, *f*, depois a CLT, art. 492, e a CF/1946, art. 157, XII).

Também foi estendida aos empregados rurais por meio da Lei 4.214/1963.

Consistia em uma garantia de emprego concedida a empregados após completarem 10 (dez) anos de serviço para o mesmo empregador. Adquirida a estabilidade, a dispensa somente era possível caso o empregado cometesse uma falta grave passível de ser caracterizada como justa causa (e ainda assim mediante decisão judicial em um inquérito judicial para apuração de falta grave), ou em caso de força maior (art. 492 da CLT). O empregado que contasse com menos de 10 (dez) anos de serviço para o mesmo empregador poderia ser dispensado sem justa causa, recebendo uma indenização correspondente a 1 (um) mês de remuneração por ano de serviço efetivo, ou por fração igual ou superior a 6 (seis) meses (art. 478 da CLT).

Autores relatam em seus livros que à época empregadores começaram a promover uma dispensa de empregados próximos a completarem 10 anos de contrato de trabalho, ou ainda realizaram transferências desses empregados para locais bem distantes, com o intuito de forçá-los a pedir demissão. Isso levou a um enfraquecimento da estabilidade definitiva no emprego, com a adoção pelo ordenamento jurídico de sistema alternativo do FGTS.

Na época, ao ser contratado, o empregado deveria optar entre o regime da estabilidade decenal e o regime do FGTS, passando o regime escolhido a ser adotado em relação ao seu contrato de trabalho. A opção do trabalhador pelo FGTS importava em renúncia à estabilidade.

Os dois regimes coexistiram até o advento da Constituição Federal de 1988, que tornou obrigatório o regime do FGTS para todos os empregados urbanos e rurais (art. 7º, III), eliminando do ordenamento jurídico o sistema da estabilidade definitiva.

Os empregados que se tornaram estáveis de forma definitiva antes da CF/1988 mantiveram o direito adquirido, conforme previsão no art. 14 da Lei 8.036/1990. Os §§ 2º, 3º e 4º do art. 14 da Lei 8.036/1990 contêm previsões sobre a possibilidade de transição do trabalhador detentor do direito à estabilidade definitiva, para o sistema do FGTS, sendo que o tempo de serviço anterior à Constituição Federal de 1988 poderia ser transacionado entre empregador e empregado, respeitando o limite mínimo de 60 (sessenta) por cento da indenização prevista (§ 2º).

A rescisão do contrato de trabalho do empregado, detentor da estabilidade decenal, e que, após a Constituição de 1988, optou pelo regime do FGTS poderia se dar por meio de acordo com o empregador, sendo-lhe, porém, assegurada indenização, conforme a Súmula 54 do C. TST.

Estabilidade provisória

a) **dirigente sindical**: com previsão no art. 8º, VIII, da CF/1988 e no art. 543 da CLT, tem como fundamento a proteção de toda a categoria que representa, já que visa permitir a tranquilidade e a permanência no exercício do mandato, com objetivo na defesa dos interesses dos trabalhadores. A referida garantia tem início com o registro da candidatura para o cargo de dirigente sindical.

Em caso de eleição, a estabilidade persistirá até um ano após o término do mandato.

Se não for eleito, após a aferição do resultado da eleição, não haverá prorrogação da estabilidade. A garantia de emprego findar-se-á em caso de extinção do estabelecimento; no entanto, se o empregado for transferido

MANUAL PRÁTICO DE DIREITO DO TRABALHO – *Aline Leporaci e Bianca Merola da Silva*

para outro estabelecimento da empresa dentro na mesma base territorial do sindicato que representa, a garantia de emprego permanecerá.

O suplente do cargo de direção ou representação sindical também terá direito à estabilidade, e a garantia é destinada aos membros que atuam na defesa da categoria, excluindo-se os membros do conselho fiscal e os delegados sindicais. Da mesma forma, os dirigentes de centrais sindicais e de associação profissional não gozam de estabilidade.

> **OJ 369 da SDI-1 do TST: "Estabilidade provisória. Delegado sindical. Inaplicável.**
>
> O delegado sindical não é beneficiário da estabilidade provisória prevista no art. 8º, VIII, da CF/1988, a qual é dirigida, exclusivamente, àqueles que exerçam ou ocupem cargos de direção nos sindicatos, submetidos a processo eletivo."

Quando se trata de empregado em categoria diferenciada, somente será estável caso preste serviços na empresa exercendo a atividade da categoria para a qual foi eleito.

Se o registro da candidatura se deu antes da notificação do aviso-prévio, haverá estabilidade.

A comunicação ao empregador do registro da candidatura ou da eleição e da posse é requisito essencial para adquirir a estabilidade. Pode ser feita fora do prazo legal de 24 horas, desde que ocorra na vigência do contrato de trabalho.

> **Súmula 369 do TST: "Dirigente sindical. Estabilidade provisória.**
>
> I – É assegurada a estabilidade provisória ao empregado dirigente sindical, ainda que a comunicação do registro da candidatura ou da eleição e da posse seja realizada fora do prazo previsto no art. 543, § 5º, da CLT, desde que a ciência ao empregador, por qualquer meio, ocorra na vigência do contrato de trabalho. II – O art. 522 da CLT foi recepcionado pela Constituição Federal de 1988. Fica limitada, assim, a estabilidade a que alude o art. 543, § 3º, da CLT a sete dirigentes sindicais e igual número de suplentes. III – O empregado de categoria diferenciada eleito dirigente sindical só goza de estabilidade se exercer na empresa atividade pertinente à categoria profissional do sindicato para o qual foi eleito dirigente. IV – Havendo extinção da atividade empresarial no âmbito da base territorial do sindicato, não há razão para subsistir a estabilidade. V – O registro da candidatura do empregado

a cargo de dirigente sindical durante o período de aviso prévio, ainda que indenizado, não lhe assegura a estabilidade, visto que inaplicável a regra do § 3º do art. 543 da Consolidação das Leis do Trabalho. **Observação:** (redação do item I alterada na sessão do Tribunal Pleno realizada em 14.09.2012) – Res. 185/2012, DEJT divulgado em 25, 26 e 27.09.2012."

O dirigente sindical somente poderá ser dispensado por falta grave mediante apuração em inquérito judicial (art. 853 da CLT).

Para as demais hipóteses de garantia de emprego, não há necessidade de ajuizamento prévio do inquérito a validar a dispensa por justa causa. A dispensa pode ser efetuada diretamente pelo empregador.

Quanto à necessidade de o sindicato possuir registro no MTE para que o dirigente seja portador da garantia de emprego: (a) sindicato com registro em cartório e com registro no MTE: há estabilidade provisória (devidamente regularizado); (b) sindicato com registro no cartório e com pedido de registro no MTE: há estabilidade provisória (sindicato ainda não regularizado); (c) sindicato apenas com registro no cartório e sem pedido de registro no MTE: dirigente não tem estabilidade.

b) **Estabilidade de empregado público** – a estabilidade prevista no art. 19 do ADCT não se estende aos empregados das empresas públicas e das sociedades de economia mista, já que a norma em comento é específica, dirigida exclusivamente à administração direta, autárquica e fundacional.

OJ 364 da SDI-1 do TST: "Estabilidade. Art. 19 do ADCT. Servidor público de fundação regido pela CLT.

Fundação instituída por lei e que recebe dotação ou subvenção do Poder Público para realizar atividades de interesse do Estado, ainda que tenha personalidade jurídica de direito privado, ostenta natureza de fundação pública. Assim, seus servidores regidos pela CLT são beneficiários da estabilidade excepcional prevista no art. 19 do ADCT."

OJ 247 da SDI-1 do TST: "Servidor público. Celetista concursado. Despedida imotivada. Empresa pública ou sociedade de economia mista. Possibilidade.

I – A despedida de empregados de empresa pública e de sociedade de economia mista, mesmo admitidos por concurso público, independe de ato motivado para sua validade; II – A validade do ato de despedida do empregado da Empresa Brasileira de Correios e Telégrafos (ECT) está condicionada à motivação, por gozar a empresa do mesmo tratamento destinado à Fazenda Pública em relação à imunidade tributária e à execução por precatório, além das prerrogativas de foro, prazos e custas processuais."

Súmula 390 do TST: "Estabilidade. Art. 41 da CF/1988. Celetista. Administração direta, autárquica ou fundacional. Aplicabilidade. Empregado de empresa pública e sociedade de economia mista. Inaplicável.

I – O servidor público celetista da administração direta, autárquica ou fundacional é beneficiário da estabilidade prevista no art. 41 da CF/1988. (ex-OJs nºˢ 265 da SBDI-1 – inserida em 27.09.2002 – e 22 da SBDI-2 – inserida em 20.09.2000) II – Ao empregado de empresa pública ou de sociedade de economia mista, ainda que admitido mediante aprovação em concurso público, não é garantida a estabilidade prevista no art. 41 da CF/1988. (ex-OJ nº 229 da SBDI-1 – inserida em 20.06.2001)"

c) **Gestante** – o art. 10, II, *b*, do ADCT dispõe que fica vedada a dispensa da empregada gestante desde a confirmação da gravidez até cinco meses após o parto.

Em que pese a lei mencione a confirmação da gravidez, a jurisprudência já firmou entendimento de que a estabilidade se dá com a gravidez, independentemente do conhecimento do estado gravídico pela empregada ou pelo empregador.

São requisitos para a estabilidade da gestante:

* anterioridade da gravidez ao término do contrato de trabalho;
* dispensa sem justa causa: a 4ª Turma do TST entendeu que o STF excluiu da estabilidade provisória da gestante outras formas de terminação do contrato, como pedido de demissão, a dispensa por justa causa, a terminação do contrato por prazo determinado, entre outras. Vale ressaltar que essa não é a posição do TST, mas somente da 4ª Turma do órgão.

"É inaplicável ao regime de trabalho temporário, disciplinado pela Lei n.º 6.019/1974, a garantia de estabilidade provisória à empregada gestante, prevista no art. 10, II, "b", do Ato das Disposições Constitucionais Transitórias" (TST, IAC-5639-31.2013.5.12.0051, Tribunal Pleno, j. 18.11.2019).

"A Quarta Turma do TST decidiu, por unanimidade, que é desnecessária a apresentação pela mãe da certidão de nascimento para garantir o direito à estabilidade da gestante. Com isso, condenou (...) ao pagamento da indenização substitutiva a uma atendente de caixa demitida no sétimo mês de gravidez. O TRT da 1ª Região (RJ) indeferiu a estabilidade da gestante, por entender que a ação fora ajuizada muito depois da data prevista para o nascimento da criança. Por isso, seria imprescindível a prova de que, de fato, houve o nascimento, a fim de limitar o período de garantia de emprego. Segundo o relator, para ter o direito assegurado, basta que a trabalhadora esteja grávida no momento da dispensa imotivada, sendo inexigível a juntada da certidão de nascimento como prova para a concessão da estabilidade."[2]

Um dos precedentes do acórdão anterior (RR – 100896-70.2016.5.01.0282) tem a seguinte passagem: "É inexigível a juntada da certidão de nascimento, que poderia servir de prova apenas para determinar o prazo final da estabilidade, a ser apurado em liquidação, especialmente em hipóteses como a presente, em que a ação foi proposta no curso da gestação. Precedentes. (...)" (RR – 731-03.2011.5.09.0012, Rel. Des. Conv. João Pedro Silvestrin, 8ª Turma, publicado em DEJT 15.08.2014)

No caso de trabalhadora temporária: "Diante do debate sobre o direito à estabilidade provisória da gestante contratada temporariamente, o Pleno do TST, em 18/11/2019, firmou o entendimento de que o reconhecimento da garantia de emprego à empregada gestante não é compatível com a finalidade da Lei 6.019/74, que é a de atender a situações excepcionais, em que não há expectativa de continuidade da relação de emprego. **O TST fixou, então, a seguinte tese jurídica: 'É inaplicável ao regime de trabalho temporário, disciplinado pela Lei 6.019/74, a garantia de estabilidade provisória à empregada gestante, prevista no artigo 10, II, 'b', do Ato das Disposições Constitucionais Transitórias'.**"[3]

Teste de gravidez: art. 373-A, IV, da CLT, arts. 1º e 2º da Lei 9.029/1995 e art. 391-A da CLT. Temos que não pode o empregador exigir da empregada no momento da contratação, ou qualquer outro período do contrato de trabalho (pelo menos de uma forma geral), que seja realizado teste de

---

[2] Disponível em: https://www.conjur.com.br/2020-mai-03/estabilidade-gravidez-reconhecida-certidao--nascimento#:~:text=Para%20garantir%20estabilidade%20decorrente%20de%20gravidez%2C%20certid%C3%A3o%20de%20nascimento%20%C3%A9%20dispens%C3%A1vel&text=A%20Quarta%20Turma%20do%20Tribunal,direito%20%C3%A0%20estabilidade%20da%20gestante. Acesso em: 3 mar. 2023.

[3] Disponível em: https://www.tst.jus.br/trabalho-temporario/-/asset_publisher/89Dk/content/id/26543297. Acesso em: 3 mar. 2023.

gravidez. O fundamento é não gerar discriminação da mulher no contexto empregatício.

No caso de aborto espontâneo, tendo sido interrompida a gravidez por aborto não criminoso, a empregada faz jus à licença de duas semanas, na forma do art. 395 da CLT.

Hipótese diversa é a do natimorto, quando há o parto, mas a criança nasce sem vida. Na hipótese de morte da criança após o parto, o direito à estabilidade é garantido até o quinto mês após o parto (não é hipótese de antecipação do *termo ad quem* da estabilidade). No caso de morte da mãe, com sobrevivência da criança, o direito à estabilidade provisória no emprego é assegurado a quem detiver a guarda do seu filho.

Após o parto, caso a internação perdure por mais de duas semanas, o período de licença-maternidade começa a contar da alta hospitalar, da mulher ou da criança, o que ocorrer por último, nos termos de tese recente do STF (ADI 6.327).[4]

d) **Empregado representante da CIPA** (art. 10, II, ADCT, arts. 164 e 165 da CLT) – a estabilidade provisória prevista no art. 10, II, *a*, do ADCT vai do registro da candidatura, e, se eleito, perdura até um ano após final do mandato e também se aplica ao suplente do cargo de direção de comissões internas de prevenção de acidentes e de assédio (CIPA).

Trata-se de estabilidade objetiva, ou seja, é ligada ao cargo e funções exercidas pelo trabalhador. Caso haja a extinção do estabelecimento não persistirá a garantia de emprego.

> **Súmula 339 do TST: "Cipa. Suplente. Garantia de emprego. CF/1988.**
>
> I – O suplente da CIPA goza da garantia de emprego prevista no art. 10, II, 'a', do ADCT a partir da promulgação da Constituição Federal de 1988. (ex-Súmula nº 339 – Res. 39/1994, DJ 22.12.1994 – e ex-OJ nº 25 da SBDI-1 – inserida em 29.03.1996) II – A estabilidade provisória do cipeiro não constitui vantagem pessoal, mas garantia para as atividades dos membros da CIPA, que somente tem razão de ser quando em atividade a empresa. Extinto o estabelecimento, não se verifica a despedida arbitrária, sendo impossível a reintegração e indevida a indenização do período estabilitário. (ex-OJ nº 329 da SBDI-1 – DJ 09.12.2003)"

---

[4] Disponível em: https://portal.stf.jus.br/noticias/verNoticiaDetalhe.asp?idConteudo=440791&ori=1. Acesso em: 3 mar. 2023.

Os membros eleitos da CIPA não podem sofrer despedida arbitrária, "entendendo-se como tal a que não se fundar em motivo disciplinar, técnico, econômico ou financeiro" (art. 165, *caput*, da CLT).

Esta garantia de emprego é dirigida ao membro da CIPA representante dos empregados, ou seja, o Vice-Presidente (CLT, art. 164, § 1º e § 5º).

e) Empregado que sofre acidente do trabalho ou é portador de doença profissional – a Súmula 378 do C. TST nos dita os requisitos para aquisição desta garantia de emprego, quais sejam: que o empregado fique afastado do trabalho por período superior a 15 (quinze) dias em razão do acidente ou da doença profissional e que o empregado receba o auxílio-doença acidentário (exceto no caso de constatação, após a despedida do empregado, de que ele é portador de doença profissional que guarde relação de causalidade com a execução do emprego).

Preenchidos os requisitos anteriores, o empregado fica com contrato garantido contra a dispensa injusta pelo prazo mínimo de 12 meses a partir da cessação do auxílio-doença acidentário, na forma do art. 118 da Lei 8.213/1991.

> **OJ 31 da SDC do TST:** "**Estabilidade do acidentado. Acordo homologado. Prevalência. Impossibilidade. Violação do art. 118 da Lei nº 8.213/91.**
>
> Não é possível a prevalência de acordo sobre legislação vigente, quando ele é menos benéfico do que a própria lei, porquanto o caráter imperativo dessa última restringe o campo de atuação da vontade das partes."

Entendemos que o exposto acima prevalece a despeito do elastecimento da flexibilização por norma coletiva.

f) Diretores membros de cooperativa

> **OJ 253 da SDI do TST:** "**Estabilidade provisória. Cooperativa. Lei nº 5.764/71. Conselho fiscal. Suplente. Não assegurada**
>
> O art. 55 da Lei nº 5.764/71 assegura a garantia de emprego apenas aos empregados eleitos diretores de Cooperativas, não abrangendo os membros suplentes."

A estabilidade não abrange os membros do Conselho Fiscal das sociedades cooperativas, sendo certo que a Lei faz referência apenas aos diretores dessas entidades.

g) **Membros de Comissão de Conciliação Prévia** – previsão no art. 625-B, § 1º, da CLT – a garantia de emprego tem início a partir da eleição por falta de disposição expressa e especial mais benéfica ao trabalhador, e se estenderá a até no mínimo um ano após o final do mandato.

h) **Estabilidade dos Membros do Conselho Curador do FGTS e do Conselho Nacional da Previdência Social** – os representantes dos trabalhadores e dos empregadores, e seus respectivos suplentes, serão indicados pelas centrais sindicais e confederações nacionais, nomeados pelo Ministro do Trabalho e da Previdência Social, e terão mandato de 2 (dois) anos, podendo ser reconduzidos uma única vez.

Aos membros do Conselho Curador, enquanto representantes dos trabalhadores, efetivos e suplentes, é assegurada a estabilidade no emprego, da nomeação até um ano após o término do mandato de representação, somente podendo ser demitidos por motivo de falta grave, regularmente comprovada por intermédio de processo sindical – art. 3º, § 9º, da Lei 8.036/1990 e art. 3º, § 7º, da Lei 8.213/1991.

Tal situação difere dos membros do **Conselho Nacional de Previdência Social (CNPS)** que somente podem ser demitidos por meio de *processo judicial*, conforme o art. 3º, § 7º, da Lei 8.213/1991.

i) **Membro da comissão de representantes dos empregados** – como regulamentação do art. 11 da CF/1988, e constante no art. 510-A da CLT, nas empresas com mais de 200 empregados é assegurada a eleição de uma comissão para representá-los, com a finalidade de promover-lhes o entendimento direto com os empregadores.

A garantia está prevista no art. 510-D, § 3º, da CLT, segundo o qual "§ 3º Desde o registro da candidatura até um ano após o fim do mandato, o membro da comissão de representantes dos empregados não poderá sofrer despedida arbitrária, entendendo-se como tal a que não se fundar em motivo disciplinar, técnico, econômico ou financeiro". Essa garantia não é contra a dispensa injusta, mas tão somente a arbitrária.

j) **Período da pandemia** – a Lei 14.020, de 6 de julho de 2020, que instituiu o Programa Emergencial de Manutenção do Emprego e da Renda para o enfrentamento do estado de calamidade pública reconhecido pelo Decreto Legislativo 6/2020 e da emergência de saúde pública internacional decorrente do coronavírus, de que tratou a Lei 13.979/2020, reconheceu garantia provisória no emprego ao empregado que receber o Benefício Emergencial de Preservação do Emprego e da Renda, em decorrência da redução da jornada de trabalho e do salário ou da suspensão temporária do contrato de trabalho (art. 10), nos seguintes termos: durante o período acordado de redução da jornada de trabalho e do salário ou de suspensão temporária do contrato; após o restabelecimento da jornada de trabalho e do salário ou do encerramento da suspensão temporária do contrato de trabalho, por período equivalente ao acordado para a redução ou a suspensão; no caso de empregada gestante, por período equivalente ao acordado para a redução da jornada de trabalho ou para a suspensão temporária do contrato de trabalho, contado a partir do término do período de garantia de emprego da gestante, prevista no art. 10, II, *b*, do ADCT.

Nesses casos, caso ocorra a dispensa sem justa causa no período, não seria hipóteses de reintegração, mas sim de o empregador pagar, além das parcelas rescisórias, uma indenização no valor de (§ 1º): (a) 50% do salário a que o empregado teria direito no período de garantia provisória no emprego, na hipótese de redução de jornada de trabalho e de salário igual ou superior a 25% e inferior a 50%; (b) 75% do salário a que o empregado teria direito no período de garantia provisória no emprego, na hipótese de redução de jornada de trabalho e de salário igual ou superior a 50% e inferior a 70%; (c) 100% do salário a que o empregado teria direito no período de garantia provisória no emprego, na hipótese de redução de jornada de trabalho e de salário em percentual igual ou superior a 70% ou de suspensão temporária do contrato de trabalho.

A garantia de emprego não se aplica às hipóteses de pedido de demissão ou dispensa por justa causa do empregado (§ 2º).

3 – CONSEQUÊNCIA PELA DISPENSA NO CURSO DA GARANTIA DE EMPREGO

Caso o empregado seja dispensado no período da estabilidade, deverá o empregador a princípio garantir seu imediato retorno ao trabalho, por intermédio da reintegração (que decorre da declaração de nulidade da dispensa com retorno forçado ao emprego). Além disso, é devido pagamento de todas as verbas do período do irregular afastamento.

Caso não seja possível, ou não recomendável, a reintegração, o empregado faz jus ao recebimento de uma indenização substitutiva da garantia de emprego e correspondente a todas as parcelas de natureza remuneratória do período de afastamento.

Há ainda que se ressaltar que há diferença de consequência no caso de extinção da empresa, a depender do tipo estabilidade. Assim, sendo uma estabilidade de cunho pessoal (gestante, acidentário), a mesma persistirá ainda no caso de extinção da empresa, quando deverá o empregador indenizar o empregado (pagamento das verbas rescisórias decorrentes de uma dispensa injusta mais a indenização substitutiva do período estabilitário remanescente). No entanto, se a estabilidade for de cunho objetivo (dirigente sindical, cipeiro), a estabilidade morre com o fim do estabelecimento, não fazendo jus à indenização (mas apenas ao pagamento das verbas rescisórias).

No caso de pedido de demissão os tribunais têm entendido que há uma renúncia à estabilidade (exceto para o caso de gestante, em que a empregada não poderia renunciar a direito que não é seu, e sim do nascituro).

De qualquer forma, para ser válido o pedido de demissão de emprego detentor de garantia de emprego há que se respeitar a assistência sindical, na forma do art. 500 da CLT.

4 – DECISÕES DOS TRIBUNAIS ACERCA DO TEMA

Estabilidade provisória. Representante sindical e suplente eleitos para o Conselho de Representantes de federação ou confederação. Incidência dos arts. 8º, VIII, da CF e 543, § 3º, da CLT. A diretriz da Orientação Jurisprudencial nº 369 da SBDI-I, que diz respeito a delegado sindical junto a empresas, não se aplica ao representante sindical eleito, e ao seu suplente, junto ao Conselho de Representantes de federaçao ou confederação (art. 538, "b", da CLT), uma vez que estes últimos gozam da estabilidade provisória disposta no inciso VIII do art. 8º da CF e no § 3º do art. 543 da CLT. Ademais, não há falar na incidência do limite quantitativo previsto no art. 522 da CLT e na Súmula nº 369, II, do TST, visto que aplicável tão somente aos cargos da Diretoria e do Conselho Fiscal da entidade sindical, pois o Conselho de Representantes dispõe de número fixo de membros de cada sindicato ou federação, quais sejam dois titulares e dois suplentes (CLT, art. 538, § 4º). Com esse entendimento, a SBDI-I, por maioria, conheceu e deu provimento aos embargos para restabelecer a decisão do TRT que reconheceu a estabilidade pleiteada e determinou a reintegração do reclamante com pagamento dos salários do período do afastamento. Vencida a Ministra Maria Cristina

Cap. 15 – GARANTIA DE EMPREGO | **231**

Irigoyen Peduzzi. (TST – E-ED-RR-125600-83.2003.5.10.0014, SBDI-I, Rel. Min. Delaíde Miranda Arantes, julgado em 22.03.2012 – Informativo 03 do TST)

Mandado de segurança. Ausência de comprovação do pedido de registro da entidade sindical perante o Ministério do Trabalho. Reconhecimento da garantia provisória de emprego. Impossibilidade. A ausência de comprovação do pedido de registro de entidade sindical perante o Ministério do Trabalho impede o reconhecimento da garantia provisória de emprego assegurada aos dirigentes sindicais, não sendo suficiente o depósito dos atos constitutivos do sindicato no cartório apropriado. Embora a jurisprudência do Supremo Tribunal Federal admita a concessão da estabilidade sindical durante o trâmite do processo de registro, no caso não houve sequer prova da formalização da postulação de aquisição da personalidade jurídica sindical junto à autoridade competente, circunstância que impede o reconhecimento do direito à reintegração. Sob esse entendimento, a SBDI-II, por unanimidade, conheceu do recurso ordinário e, no mérito, por maioria, negou-lhes provimento para manter a decisão que concedeu a segurança para cassar a tutela antecipatória que determinara a reintegração dos dirigentes sindicais dispensados sem prévio inquérito judicial. Vencidos os Ministros Maria Helena Mallmann, relatora, Delaíde Miranda Arantes e Lelio Bentes Corrêa. (TST – RO-293-31.2016.5.20.0000, SBDI-II, Rel. Min. Maria Helena Mallmann, red. p/ acórdão Min. Douglas Alencar Rodrigues, julgado em 19.03.2019 – Informativo 192 do TST)

STF confirma jurisprudência do TST sobre estabilidade da gestante – O Plenário do Supremo Tribunal Federal, na sessão plenária desta quarta-feira (10), assentou que o desconhecimento da gravidez no momento da dispensa da empregada não afasta a responsabilidade do empregador pelo pagamento da indenização por estabilidade. A decisão confirma o entendimento do Tribunal Superior do Trabalho sobre a matéria. O processo julgado foi o Recurso Extraordinário (RE) 629.053, com repercussão geral reconhecida, interposto (...) contra decisão do TST no mesmo sentido. Para o TST, a circunstância de o patrão desconhecer o estado gravídico da empregada, salvo previsão contrária em acordo coletivo, não afasta o pagamento de indenização decorrente da estabilidade. Segundo o voto do ministro Alexandre de Moraes, que prevaleceu no julgamento, a comunicação formal ou informal ao empregador não é necessária. No seu entendimento, o direito à estabilidade é instrumental e visa proteger a maternidade e garantir que a empregada gestante não seja dispensada imotivadamente. "O que o texto constitucional coloca como termo inicial é a gravidez. Constatado que esta ocorreu antes da dispensa arbitrária, incide a estabilidade", afirmou. O desconhecimento da gravidez pela empregada ou a ausência de comunicação ao empregador, segundo o ministro, não podem prejudicar a gestante, uma vez que a proteção à maternidade, como direito individual, é irrenunciável. A tese de repercussão geral aprovada pelo Plenário foi a seguinte: "A incidência da estabilidade prevista no artigo 10, inciso II, alínea 'b', do Ato das Disposições Constitucionais Transitórias (ADCT) somente exige a anterioridade da gravidez à dispensa sem justa causa".[5]

Recurso de revista regido Lei 13.467/2017. Estabilidade provisória. Gestante. Certidão de nascimento da criança. Desnecessidade. Transcendência política caracterizada. 1. De acordo com o artigo 896-A da CLT, o Tribunal Superior do Trabalho, no recurso de revista, deve examinar previamente se a causa oferece transcendência com relação aos reflexos gerais de natureza econômica, política, social ou jurídica. 2. No Presente caso o Tribunal Regional consignou que a Autora encontrava-se grávida por ocasião da rescisão contratual, contudo, manteve o indeferimento da estabilidade gestante, ao fundamento de que não houve apresentação da certidão de nascimento da criança. A estabilidade conferida à gestante pela Constituição Federal objetiva amparar o nascituro, a partir da preservação das condições econômicas mínimas necessárias à tutela de sua saúde e de seu bem-estar. Essa proteção constitui garantia constitucional a todas as trabalhadoras que mantêm vínculo de emprego, sendo certo que os dispositivos que a asseguram – artigos 7º, XVIII, da Constituição Federal e 10, II, "b", do ADCT – estabelecem como único requisito ao direito à estabilidade que a empregada esteja gestante no momento da dispensa imotivada. Logo, é inexigível a juntada da certidão de nascimento da criança para fins de concessão da estabilidade da empregada doméstica. Julgados. Nesse cenário, a decisão regional no sentido de condicionar a estabilidade [da] gestante à comprovação do nascimento da criança, mostra-se em dissonância com a atual e notória jurisprudência desta Corte Superior, bem como evidencia violação ao artigo 10, II, "b", do ADCT, restando, consequentemente, divisada a transcendência política do debate proposto. Recurso de revista conhecido e provido. (TST – RR-100896-70.2016.5.01.0282, Rel. Min. Douglas Alencar Rodrigues, 5ª Turma, julgado em 01.04.2020 – Informativo 217 do TST)

Ementa: Estabilidade gestante. Recusa injustificada à reintegração. Renúncia ao direito. A conduta da reclamada, em oferecer a retomada da vaga, caracteriza boa-fé e cumpre o disposto no art. 10, II, "b", do ADCT, que

---

[5] Disponível em: https://www.tst.jus.br/-/stf-confirma-jurisprudencia-do-tst-sobre-estabilidade-da-gestante#:~:text=Para%20o%20TST%2C%20a%20circunst%C3%A2ncia,de%20indeniza%C3%A7%-C3%A3o%20decorrente%20da%20estabilidade. Acesso em: 3 mar. 2023.

visa proteger a maternidade e o nascituro. De outra volta, o comportamento da autora em não aceitar o cargo denota comportamento contraditório da parte. Friso que o objetivo da norma constitucional é garantir o emprego à gestante, o qual seria atingido com o aceite da reintegração, não o pagamento de salários sem a devida contraprestação. Apelo obreiro a que se nega provimento, no ponto. (TRT-2 – RORSum 1001689-26.2019.5.02.0613 SP, Rel. Sonia Aparecida Costa Mascaro Nascimento, 9ª Turma, julgado em 12.11.2020, publicado em 17.11.2020)

Recurso ordinário – estabilidade da gestante. Recusa à reintegração. Indenização substitutiva. Cabimento. Não configura abuso de direito a recusa da reclamante à reintegração, uma vez que o objetivo da estabilidade provisória prevista no art. 10, inciso II, alínea *b*, do ADCT, desde a confirmação da gravidez até cinco meses após o parto, é a tutela irrenunciável do nascituro, assegurando-se à empregada grávida a segurança necessária durante a gestação e nos primeiros meses de vida da criança. Recurso parcialmente provido. (TRT-20 – 0000875-02.2019.5.20.0008, Rel. Jorge Antônio Andrade Cardoso, 2ª Turma, julgado em 14.07.2020, publicado em 10.08.2020)

Recurso ordinário em mandado de segurança. Dispensa coletiva. Tese vinculante do STF firmada no RE 999.435/SP. Tema 638 da tabela de repercussão geral. Necessidade de intervenção sindical. Inexistência de direito à reintegração dos trabalhadores. Ausência de previsão legal ou convencional de estabilidade. Direito líquido e certo não violado. No tema 638 da tabela de repercussão geral, o STF fixou tese vinculante de que "a intervenção sindical prévia é exigência procedimental imprescindível para dispensa em massa de trabalhadores", mas ressalvou que a intervenção "não se confunde com a autorização prévia por parte da entidade sindical ou celebração de convenção ou acordo coletivo". Nesse contexto, ante a ausência de qualquer previsão legal ou convencional de estabilidade, não viola direito líquido e certo, o indeferimento de pedido de reintegração de trabalhadores dispensados coletivamente, em sede de tutela provisória, haja vista que a intervenção sindical obrigatória no processo de dispensa coletiva não assegura estabilidade aos empregados dispensados. No mais, a não observância do diálogo sindical prévio traduz-se em dano moral coletivo e não a retomada de contratos de trabalho. Sob tais fundamentos, a SBDI-II, por maioria, vencido o Ministro Alberto Bastos Balazeiro, deu provimento ao recurso ordinário para denegar a segurança. (TST – RO-11778-65.2017.5.03.0000, SBDI-II, Rel. Min. Emmanoel Pereira, julgado em 09.08.2022 – Informativo 258 do TST)

> Recurso ordinário em mandado de segurança. Ato coator que declara a nulidade da dispensa imotivada e determina a reintegração da reclamante. Compromisso público firmado pelo banco reclamado no sentido de não demitir empregados nos primeiros meses da pandemia de Covid-19. Caráter puramente social do compromisso. Ausência de repercussão jurídica no contrato de trabalho. Violação do direito potestativo do empregador. Concessão da segurança.
>
> O compromisso público de não demissão, firmado pelo empregador, relativamente aos primeiros meses da pandemia de Covid-19, em especial abril e maio de 2020, representa apenas um acordo de intenções, com caráter puramente social, sem integrar juridicamente o contrato de trabalho. Nesse contexto, o ato coator, ao declarar a nulidade da dispensa imotivada ocorrida em 15/10/2020 e determinar a reintegração da reclamante, representa flagrante violação ao direito potestativo do empregador de gerir o próprio quadro de funcionários, uma vez que cria estabilidade no emprego sem qualquer previsão normativa. Sob esses fundamentos, a SBDI-II, por unanimidade, conheceu do recurso ordinário e, no mérito, deu-lhe provimento para, reformando o acórdão recorrido, cassar os efeitos do ato coator que, em sede de tutela provisória, determinou a reintegração da reclamante. (TST – ROT-104267-73.2020.5.01.0000, SBDI-II, Rel. Min. Evandro Pereira Valadão Lopes, julgado em 14.06.2022)

5 – QUESTÃO DE SEGUNDA FASE ACERCA DO TEMA

Durante o período de pandemia da covid-19 o empregador envia comunicado aos empregados informando que não efetuará qualquer dispensa sem justa causa. No entanto, cerca de três meses após tal comunicado, o empregador acaba por dispensar formalmente alguns empregados sem justa causa. Com base no documento acima menclonado, o empregado Antônio dos Santos ajuíza ação requerendo sua reintegração ao emprego, alegando ser portador da garantia de emprego criada pela empresa. Indaga-se ao candidato: qual seria sua decisão como Magistrado analisando o processo? Há base legal para o pedido formulado?

- **ASPECTOS IMPORTANTES PARA A RESPOSTA**

Podemos conceituar garantia provisória de emprego como vantagem de caráter transitório concedida ao empregado em virtude de circunstância especial, que impossibilita que o empregador exerça o seu direito potestativo de dispensar sem justa causa.

Isso quer dizer que, como regra, o empregador tem o direito potestativo de dispensa, podendo efetuar dispensas sem justa causa desde que garanta o pagamento das verbas devidas. No entanto, em alguns casos, a lei concede ao empregado determinada circunstância em que, durante certo período, ele não pode ser dispensado sem justa causa, ficando o empregador com seu direito potestativo de dispensa cerceado. É o que acontece durante o período de garantia provisória de emprego.

O próprio conceito do instituto deixa claro que para sua incidência há necessidade de previsão legal (por meio de norma jurídica propriamente dita, normas coletivas, sentença normativa ou regulamento de empresa), o que não ocorre no caso em tela.

Em verdade, o comunicado enviado pela Reclamada no caso em análise tem natureza apenas de compromisso público (um acordo de intenções de caráter social), mas não possui o condão de criar nova hipótese de estabilidade provisória ou garantia de emprego, conforme jurisprudência mais recente e dominante no TST. Até porque as garantias de emprego são criadas, conforme acima ressaltado, por previsão legal em sentido lato, o que não se aplica ao caso analisado.

Portanto, com base no acima exposto, e conforme vem decidindo o C. TST, não há base legal para o pedido formulado, motivo pelo qual o pedido de reintegração formulado por Antônio dos Santos deve ser julgado improcedente.

TÍTULO 2
DIREITO COLETIVO DO TRABALHO

CAPÍTULO

16

SINDICATO

1 – GARANTIAS SINDICAIS

Para a plena atuação do sindicato, o direito coletivo do trabalho prevê algumas garantias para que os princípios do direito sindical possam ser efetivados na prática.

Assim, são consideradas garantias sindicais: (a) livre associação; (b) autonomia sindical, aos candidatos a dirigentes; (c) garantia no emprego; e (d) garantia da inamovibilidade aos dirigentes.

As garantias dos dirigentes têm por objetivo evitar que esses sejam alvo de repressão ou de atos antissindicais, conseguindo, assim, desenvolver sua atividade e defender os interesses da classe sem pressão.

A principal garantia é a vedação à dispensa do empregado sindicalizado a partir do registro da candidatura a cargo de direção ou representação sindical e, se eleito, ainda que suplente, até um ano após o final do mandato, salvo se cometer falta grave nos termos da lei (art. 8º, VIII, da CF/1988), garantia essa acima já estudada.

Outra garantia é a inamovibilidade do dirigente, não podendo este ser transferido de sua base de atuação, especialmente para fora da base territorial do sindicato que representa. Aliás, a transferência solicitada pelo dirigente para fora da base territorial do sindicato indica renúncia à garantia de emprego, já que não mais estará à frente da categoria que o elegeu.

A Convenção 98 da Organização Internacional do Trabalho menciona que os trabalhadores deverão gozar de adequada proteção contra todo ato de discriminação tendente a limitar a liberdade sindical em relação ao seu emprego.

2 – ENQUADRAMENTO SINDICAL E CATEGORIA PROFISSIONAL DIFERENCIADA

Os sujeitos do Direito Coletivo são essencialmente os sindicatos, sendo estes de empregados ou de empregadores.

É por intermédio do sindicato que os trabalhadores ganham corpo e dimensão coletiva. O empregador já é ente coletivo por natureza, razão pela qual pode atuar sozinho (sem a presença do sindicato, o que ocorre nos acordos coletivos de trabalho), enquanto os empregados sempre devem estar representados por seu órgão de classe.

Os empregados são representados por seus sindicatos, *a priori*. As comissões de representação dos empregados em empresas com mais de 200 empregados possuem poderes de negociação coletiva trabalhista, que são peculiares aos sindicatos (art. 8º, III e VI, da CF/1988). Assim, não podem formalizar convenções e acordos coletivos de trabalho.

Categoria – é o conjunto de pessoas que possuem a mesma posição com relação aos direitos e deveres em razão da condição de igualdade ou semelhança em que se encontram.

Pressupostos para reunião em categoria: (a) **identidade** é a qualidade daquilo que tem paridade absoluta; (b) **similitude** é a qualidade daquilo que, embora não seja idêntico, é análogo, parecido, o que também permite a associação; e (c) **conexidade** é a qualidade daquilo que está logicamente ligado por elemento entendido como principal.

Havendo atividades idênticas, semelhantes ou conexas, temos a possibilidade de reunião em categoria.

A **categoria econômica** constitui o agrupamento daqueles que empreendem atividades idênticas, similares ou conexas e que, por tal motivo, possuem, na forma do § 1º do art. 511 da CLT, um vínculo social básico pautado na solidariedade de interesses econômicos. Aqui os empregadores visam ao lucro e ao desenvolvimento do negócio a partir de atividades idênticas, similares ou conexas.

A **categoria profissional** constitui-se do agrupamento daqueles com semelhança, conexão ou identidade de condições de vida advindas do trabalho. E que, além disso, atuam na mesma atividade econômica ou em atividades econômicas similares ou conexas, na forma do § 2º do art. 511 da CLT.

Como regra, o enquadramento sindical do empregado (ou seja, a categoria da qual ele fará parte) levará em consideração não aquilo que é por ele realizado, mas a atividade preponderantemente desenvolvida pelo empregador (chamada de enquadramento vertical). A exceção se encontra na categoria profissional diferenciada que veremos abaixo (chamada de enquadramento horizontal).

Categoria profissional diferenciada é o agrupamento daqueles que, pelo exercício de função especializada, mantêm, na forma do § 3º do art. 511 da CLT, um vínculo social básico pautado na solidariedade de interesses laborais.

Para que faça parte de uma categoria profissional diferenciada há necessidade da existência de estatuto profissional especial (lei regulamentando a profissão) ou da singularidade de suas condições de vida.

Os integrantes das categorias profissionais diferenciadas normalmente são regidos por lei ou, quando não contemplados por estatuto próprio, por norma coletiva.

Para que o empregador seja obrigado a aplicar a norma coletiva dos empregados de categoria diferenciada há necessidade de que dela o empregador tenha participado, por intermédio de sua entidade sindical.

Súmula 374 do TST: "NORMA COLETIVA. CATEGORIA DIFE-RENCIADA. ABRANGÊNCIA.

Empregado integrante de categoria profissional diferenciada não tem o direito de haver de seu empregador vantagens previstas em instrumento coletivo no qual a empresa não foi representada por órgão de classe de sua categoria. (ex-OJ nº 55 da SBDI-1 – inserida em 25.11.1996)"

3 - PIRÂMIDE DE ORGANIZAÇÃO SINDICAL

O sistema sindical brasileiro é piramidal, no qual na base ficam os sindicatos, e de forma escalonada têm-se as entidades de grau superior (federação e confederação). Após a alteração da lei em 2018, as entidades sindicais também passaram a fazer parte da pirâmide.

a) Associação Sindical de Grau Inferior: SINDICATOS

Segundo Godinho, os "sindicatos são entidades associativas permanentes, que representam trabalhadores vinculados por laços profissionais e laborativos comuns, visando tratar de problemas coletivos das respectivas bases representadas, defendendo seus interesses trabalhistas e conexos, com o objetivo de lhes alcançar melhores condições de labor e vida".

São pessoa jurídica de direito privado (art. 44, I, do CCB).

A jurisprudência do STF caminha no sentido de que a exigibilidade de registro da entidade sindical funciona apenas como protetora da regra constitucional da unicidade sindical, visando impedir a existência de mais de uma entidade sindical representativa de categoria profissional ou econômica na mesma base territorial. E, como vimos acima, também tem importância para que o dirigente sindical possua a garantia de emprego do art. 8º, VIII, da CF/1988.

Estrutura do sindicato:

* assembleia geral: é o órgão deliberativo responsável pela criação da entidade, bem como da regulação das matérias associativas mais importantes. Seu quórum normalmente é descrito no estatuto da entidade sindical;
* órgão de representação (composto por aqueles que falam em nome da entidade sindical perante terceiros) e direção (administra os assuntos do sindicato);
* membros do conselho fiscal (corresponde a órgão de fiscalização).

> CLT: "Art. 522. A administração do sindicato será exercida por uma diretoria constituída no máximo de sete e no mínimo de três membros e de um Conselho Fiscal composto de três membros, eleitos esses órgãos pela Assembleia Geral. (Vide ADPF 276)
>
> § 1º A diretoria elegerá, dentre os seus membros, o presidente do sindicato.
>
> § 2º A competência do Conselho Fiscal é limitada à fiscalização da gestão financeira do sindicato.

§ 3º Constituirão atribuição exclusiva da Diretoria do Sindicato e dos Delegados Sindicais, a que se refere o art. 523, a representação e a defesa dos interesses da entidade perante os poderes públicos e as empresas, salvo mandatário com poderes outorgados por procuração da Diretoria, ou associado investido em representação prevista em lei."

Deve sempre ser observado o procedimento eleitoral.

Delegados sindicais: são agentes incumbidos de representar a diretoria e dar apoio aos integrantes da categoria. Assim, atuam por delegação e não gozam de estabilidade.

CLT: "Art. 517. § 2º Dentro da base territorial que lhe for determinada é facultado ao sindicato instituir delegacias ou secções para melhor proteção dos associados e da categoria econômica ou profissional ou profissão liberal representada."

Dentro do sindicato, a função representativa é a mais importante, pois por meio dessa os representantes sindicais falam em nome dos integrantes da categoria perante órgãos e empregados, sempre na defesa de seus interesses. Esta atuação pode ser extrajudicial e judicial, sendo que nessa a atuação pode se dar em nome próprio ou como substituto processual.

Temos ainda as funções negocial (na elaboração de convenções e acordos coletivos após negociação com o sindicato patronal, ou diretamente com os empregadores), assistencial (assistência à categoria nos âmbitos judicial e administrativo) e política (na qual atuam as centrais sindicais – ressalto que o exercício dessa função é controvertido na doutrina e na jurisprudência).

b) **Associação Sindical de Grau Superior: Federações e Confederações**

No sistema brasileiro prevalece a forma piramidal da organização sindical. Na base os sindicatos, e acima as federações e confederações, estando estas últimas no ápice da pirâmide. Não há hierarquia entre as entidades, mas sim a possibilidade de agrupamento para melhor coordenarem seus interesses.

As associações sindicais de grau superior têm atuação representativa meramente supletiva, atuando apenas diante da inexistência da entidade menor. Assim, na inexistência de sindicato, atua a federação; já na ausência de federação, atua a confederação, na forma do § 2º do art. 611 da CLT.

Temos atuação de caráter exclusivo na legitimação das confederações sindicais para propor a ação direta de inconstitucionalidade e a ação declaratória de constitucionalidade, nos moldes do art. 103, IX, do texto constitucional.

Federações – são entidades sindicais formadas pela união voluntária de no mínimo cinco sindicatos. Sua constituição é facultativa, conforme o texto do art. 534 da CLT:

> "Art. 534. É facultado aos Sindicatos, quando em número não inferior a 5 (cinco), desde que representem a maioria absoluta de um grupo de atividades ou profissões idênticas, similares ou conexas, organizarem-se em federação.
>
> § 1º Se já existir federação no grupo de atividades ou profissões em que deva ser constituída a nova entidade, a criação desta não poderá reduzir a menos de 5 (cinco) o número de Sindicatos que àquela devam continuar filiados.
>
> § 2º As federações serão constituídas por Estados, podendo o Ministro do Trabalho, Indústria e Comércio autorizar a constituição de Federações interestaduais ou nacionais.
>
> § 3º É permitido a qualquer federação, para o fim de lhes coordenar os interesses, agrupar os Sindicatos de determinado município ou região a ela filiados; mas a união não terá direito de representação das atividades ou profissões agrupadas."

As federações podem ser formadas dentro de cada Estado, mas também no âmbito interestadual ou nacional, desde que respeitem a unicidade sindical.

Confederações – são entidades sindicais de cúpula, formadas pela união voluntária de no mínimo três federações, e possuem sede na Capital da República (art. 535 da CLT).

Centrais sindicais – são entidades associativas de direito privado compostas por organizações sindicais de trabalhadores e que têm o objetivo de coordenar a representação operária e de participar de negociações em espaços de diálogo social que possuam composição tripartite. Como são redes de organizações sindicais, podem ser plurais, não precisando de ligação com único sindicato.

As centrais sindicais são criadas a partir de sindicatos profissionais, não havendo previsão legal de criação de centrais sindicais de organizações patronais.

Conforme previsto em lei, para participar de negociações em fóruns, colegiados de órgãos públicos e demais espaços de diálogo social, a central sindical deverá cumprir os seguintes requisitos cumulativos: "I – filiação de no mínimo cem sindicatos distribuídos nas cinco regiões do País; II – filiação em pelo menos três regiões do País de, no mínimo, vinte sindicatos em cada uma; III – filiação de sindicatos em, no mínimo, cinco setores de atividade econômica; e IV – filiação de sindicatos que representem, no mínimo, sete por cento do total de empregados sindicalizados em âmbito nacional."

Do montante arrecadado a título de contribuição sindical, será efetuado o crédito de dez por cento para a central sindical a que as entidades sindicais operárias se tenham filiado. Na prática, observam-se os ditames do art. 589 e parágrafos da CLT.

4 – DECISÕES DOS TRIBUNAIS ACERCA DO TEMA

> Recurso de revista – violação à coisa julgada – acordo homologado em juízo – tríplice identidade – sindicato sucessor – manutenção dos direitos e deveres do sucedido. Entende-se por limites subjetivos da coisa julgada a determinação das pessoas sujeitas à imutabilidade e indiscutibilidade da sentença que, nos termos do art. 502 do Código de Processo Civil, caracterizam a eficácia de coisa julgada material. Estabelece o art. 506 do CPC que a sentença faz coisa julgada entre as partes às quais é dada, não beneficiando, nem prejudicando terceiro. A regra fundamental, pois, é no sentido de que a coisa julgada, com as características de imutabilidade e indiscutibilidade a que se refere o art. 502 do CPC, é restrita às partes. Entende-se, porém, como partes, para fins de determinação dos limites subjetivos da coisa julgada, não apenas as que se confrontaram no processo como autores e réus, mas também os sucessores das partes, a título universal, o substituído, no caso de substituição processual e, em certos casos, o sucessor a título singular, como o adquirente da coisa litigiosa. Na espécie, a sucessão de entidades sindicais revela exata hipótese de delimitação subjetiva da coisa julgada, eis que emerge do inequívoco estabelecimento de uma sucessão sindical, na qual a representação do sindicato mais antigo se transfere ao sindicato mais novo, ao menos em relação ao grupo desmembrado de trabalhadores, eis que a outorga do registro sindical, em detrimento da representação mais ampla anterior, resulta na obtenção de personalidade sindical que assume, em lugar da outrora mandatária, a representação da categoria, não eliminando do mundo jurídico as obrigações firmadas pela

representação anterior, que persistirão vigendo no prazo e nas condições estabelecidas pela coisa julgada formada pelo acordo judicial, em relação à categoria profissional, ainda que desmembrada, tudo como corolário da continuidade jurídica. Assim, a decisão regional, ao afastar o comando da coisa julgada por considerar o sindicato autor como terceiro estranho à lide, sendo este verdadeiro sucessor da entidade sindical signatária do acordo judicial, desatende os princípios da garantia da coisa julgada, encerrando mácula aos arts. 103, III, do CDC e 5º, XXXVI, da Constituição da República. Recurso de revista conhecido e provido. (TST – RR-1751-24.2017.5.17.0003, Rel. Des. Conv. Margareth Rodrigues Costa, 2ª Turma, julgado em 04.10.2022 – Informativo 262 do TST)

Contribuição sindical urbana. Ação de cobrança. Notificação pessoal do devedor. Desnecessidade. Na ação de cobrança de contribuição sindical urbana, não há necessidade de notificação pessoal do sujeito passivo para que ocorra a regular constituição do crédito, uma vez que os contribuintes da zona urbana não têm dificuldade de acesso aos meios de comunicação. Dessa forma, mostra-se suficiente a publicação do edital em jornais de maior circulação local, nos termos do art. 605 da CLT. Sob esses fundamentos, a SBDI-I, por unanimidade, deu provimento aos embargos para restabelecer o acórdão regional, que rejeitou o pedido de "declaração de inexistência de débito" em relação às contribuições sindicais dos exercícios de 2013, 2014 e 2015. (TST – E-RR-12179-66.2016.5.18.0005, SBDI-I, Rel. Min. Lelio Bentes Corrêa, julgado em 08.09.2022 – Informativo 260 do TST)

5 – QUESTÃO DE SEGUNDA FASE ACERCA DO TEMA

Conceitue e caracterize os chamados *yellow dog contracts* e *company unions*, e sua aceitação pela legislação brasileira.

- **ASPECTOS IMPORTANTES PARA A RESPOSTA**

Inicialmente, deve-se pontuar que a greve é um direito, na forma do art. 9º da CF/1988, e pode ser utilizado por todo e qualquer trabalhador. Além disso, o movimento será enquadrado como não abusivo desde que preencha os diversos requisitos previstos na Lei 7.783/1989.

Da mesma forma constitui direito de todo trabalhador a livre adesão à entidade sindical, tendo a liberdade sindical garantia também no âmbito internacional com esteio nas Convenções 87 e 98 da OIT, esta última devidamente ratificada pelo Brasil.

Ao revés dos direitos citados, nós temos, no direito coletivo do trabalho, as hipóteses configuradoras de condutas antissindicais, que são aquelas perpetradas pelo empregador com objetivo de não permitir que os empregados exerçam livremente suas atividades relacionadas ao direito coletivo, tais como adesão a movimento grevista, ou à sindicalização.

As condutas antissindicais têm por objetivo podar, vedar ou reduzir os direitos dos empregados a filiação ou adesão ao sindicato, bem como questões que limitariam ou impediriam o livre exercício do direito de greve.

Os *yellow dog contracts* e as *company unions* são algumas das condutas antissindicais vedadas pelo direito brasileiro. Sendo que a primeira seria cláusula ou compromisso em que o empregado se obrigaria a não aderir ou se filiar a nenhum sindicato após a contratação, e como condição para que fosse contratado, ou para que pudesse alcançar melhores oportunidades dentro da empresa.

Por certo que os *yellow dog contracts* se caracterizam como conduta antissindical, pois vão de encontro à regra constitucional de livre filiação e desfiliação sindical, bem como ao princípio da liberdade associativa sindical, na forma do art. 8º, V, da CF/1988.

Já as *company unions* são os chamados sindicatos de empresa ou sindicatos fantasma, em que o próprio empregador estimula e controla, ainda que indiretamente, o sindicato da categoria profissional para que este atue conforme seus interesses. É um sindicato que formalmente representa a categoria dos empregados, mas na realidade acaba sendo um "sindicato de empresa", pois é por essa controlado e regido.

Também se caracterizam como conduta antissindical, pois acabam por ludibriar a categoria profissional, vez que o sindicato seria controlado pelo empregador, e, por certo, procuraria atender a seus interesses em detrimentos dos destinados aos trabalhadores. Tal conduta acaba por violar a autonomia sindical.

A doutrina e a jurisprudência brasileiras não acatam ou aceitam qualquer uma das condutas acima, pois totalmente contrárias a princípios constitucionais de liberdade sindical e divisão de sindicatos entre categoria econômica e profissional. Podemos destacar a atuação do MPT, especialmente na esfera extrajudicial, para atacar as condutas antissindicais, por meio de inquérito civil e pactuação de Termo de Ajustamento de Conduta (TAC).

CAPÍTULO

17

NEGOCIAÇÃO COLETIVA

1 – CONVENÇÃO COLETIVA E ACORDO COLETIVO – DIFERENÇAS

A negociação coletiva é o ajuste formalizado entre empregados e empregadores, por intermédio dos respectivos sindicatos, para concessão de melhores condições de trabalho à categoria profissional. Uma vez formalizada, é de observância obrigatória pelas partes envolvidas durante o respectivo prazo de vigência.

São espécies de negociação coletiva o acordo e a convenção coletiva.

Na forma do art. 613 da CLT: "As Convenções e os Acordos deverão conter obrigatoriamente: I – Designação dos Sindicatos convenentes ou dos Sindicatos e empresas acordantes; II – Prazo de vigência; III – Categorias ou classes de trabalhadores abrangidas pelos respectivos dispositivos; IV – Condições ajustadas para reger as relações individuais de trabalho durante sua vigência; V – Normas para a conciliação das divergências sugeridas entre os convenentes por motivos da aplicação de seus dispositivos; VI – Disposições sobre o processo de sua prorrogação e de revisão total ou parcial de seus dispositivos; VII – Direitos e deveres dos empregados e empresas; VIII – Penalidades para os Sindicatos convenentes, os empregados e as empresas em caso de violação de seus dispositivos. Parágrafo único. As convenções e os Acordos serão celebrados por escrito, sem emendas nem rasuras, em tantas vias quantos forem os Sindicatos convenentes ou as empresas acordantes, além de uma destinada a registro."

Convenções coletivas: convenção coletiva de trabalho é "acordo de caráter normativo, pelo qual dois ou mais sindicatos representativos de categorias econômicas e profissionais estipulam condições de trabalho aplicáveis, no âmbito das respectivas representações, às relações individuais de trabalho" (art. 611, *caput*, da CLT).

As convenções criam regras jurídicas (normas autônomas) que aderem ao contrato de trabalho dos empregados de toda a categoria representada pelos sindicatos subscritores, durante seu prazo de vigência (art. 614, § 3º, da CLT).

São contratos privados que produzem regras jurídicas, e não apenas cláusulas obrigacionais.

Acordo coletivo – na previsão do art. 611, § 1º, da CLT: "é facultado aos sindicatos representativos de categorias profissionais celebrar acordos coletivos com uma ou mais empresas da correspondente categoria econômica, que estipulem condições de trabalho, aplicáveis no âmbito da empresa ou das acordantes respectivas relações de trabalho".

No acordo coletivo de trabalho não é necessária a presença do sindicato no polo empresarial, mas apenas representando os empregados.

Segundo Godinho:

> "hoje já se pacificou o entendimento de que a Constituição de 1988, ao considerar obrigatória a participação dos sindicatos nas negociações coletivas de trabalho (art. 8º, VI, CF/88), não se referiu a sindicato de empregadores, mas apenas à entidade sindical obreira. É que o empregador, por sua própria natureza, já é um ser coletivo (já estando, portanto, naturalmente encouraçado pela proteção coletiva), ao passo que os trabalhadores apenas adquirem essa qualidade mediante sua atuação coletiva mesmo. Portanto, não houve invalidação do instituto do acordo coletivo a contar da vigência da nova Constituição."[1]

Diversamente da convenção coletiva, que é mais ampla, os efeitos dos acordos coletivos somente são aplicáveis à(s) empresa(s) e aos trabalhadores envolvidos.

Da mesma forma, é de observância obrigatória pelas partes envolvidas durante o respectivo prazo de vigência.

2 – PRAZO DE VIGÊNCIA E ADERÊNCIA AO CONTRATO DE TRABALHO

Estipula a CLT que a vigência das normas coletivas terá início três dias após o depósito administrativo mencionado no art. 614, § 1º, da CLT.

---

[1] DELGADO, Mauricio Godinho. *Curso de Direito do Trabalho*. 18. ed. São Paulo: LTr, 2019.

Parte importante (e majoritária) da doutrina entende que tal requisito não foi recebido pela Constituição. Diz José Augusto Rodrigues Pinto, por exemplo, que "nenhuma formalidade se antepõe à eficácia da Convenção Coletiva, uma vez assinada pelas partes legitimadas a celebrá-la, nada impedindo seu registro público para efeitos de emprestar-lhe validade 'erga omnes', por efeito da publicidade".

Independentemente de se achar necessário o depósito ou não, a norma coletiva tem natureza de documento comum às partes. Assim, sua prova em juízo pode ser feita até mesmo em fotocópia simples, não autenticada, "desde que não haja impugnação ao seu conteúdo" (OJ 36 da SDI-I/TST).

Quanto ao prazo de vigência, estabelece o art. 614, § 3º, da CLT que "Não será permitido estipular duração de convenção coletiva ou acordo coletivo de trabalho superior a dois anos, sendo vedada a ultratividade".

Assim, o parágrafo alterado pela reforma trabalhista, vedando de forma expressa a ultratividade, entrou em divergência com a Súmula 277 do TST:

> **Súmula 277 do TST: "Convenção coletiva de trabalho ou acordo coletivo de trabalho. Eficácia. Ultratividade.**
>
> As cláusulas normativas dos acordos coletivos ou convenções coletivas integram os contratos individuais de trabalho e somente poderão ser modificados ou suprimidas mediante negociação coletiva de trabalho."

Registre-se que a referida súmula já estava sendo discutida no próprio STF, sendo declarada inconstitucional (ADPF 323).

Vigora, portanto, o princípio da aderência das normas coletivas ao contrato de trabalho limitado ao prazo de vigência da norma. Encerrada a vigência da norma coletiva, encerra-se também qualquer direito dela decorrente (exceto no tocante a reajuste salarial pelo princípio da irredutibilidade salarial previsto no art. 7º, VI, da CF/1988).

A CLT não prevê a extensão da convenção e do acordo coletivo do trabalho para fora das bases profissionais e econômicas representadas.

3 – NEGOCIADO *X* LEGISLADO/ADEQUAÇÃO SETORIAL NEGOCIADA

A negociação coletiva enquadra-se no grupo dos instrumentos de autocomposição, em que os interessados atuam de forma autônoma sem intervenção ou interferência de terceiros.

O objetivo da negociação coletiva é aproximar os litigantes para encerramento de conflito de forma pacífica, e também estipular condições de trabalho às relações individuais de trabalho da categoria em questão.

No entanto, também surge como forte instrumento de flexibilização de direitos e garantias, especialmente em momentos de crise, visando à preservação dos empregos. Assim, precisamos analisar até onde poderia a norma coletiva negociar e utilizar essa flexibilização.

Antes da reforma trabalhista, vigorava na doutrina e na jurisprudência o entendimento de que as negociações deveriam observar o princípio da adequação setorial negociada.

Pelo princípio da adequação setorial negociada a negociação deve prever melhores condições de trabalho, ampliando os direitos dos trabalhadores, apenas flexibilizando normas de disponibilidade relativa. Assim seriam intangíveis à negociação normas de indisponibilidade absoluta, que seriam as constantes do patamar mínimo civilizatório (art. 7º da CF/1988, com ressalvas para as exceções nele previstas), normas de saúde, segurança e medicina do trabalho, e aquelas advindas de normas internacionais ratificadas pelo Brasil.

Assim, tal princípio, criado pelo Ministro Mauricio Godinho Delgado, fixou limites à negociação, impedindo a precarização das relações de trabalho.

Ocorre que em 2017, com o advento da reforma trabalhista, o art. 611-A, *caput*, da CLT estipula de forma expressa que a negociação coletiva tem prevalência sobre a lei, exemplificando quais direitos poderiam ser objeto de negociação (o rol não é taxativo).

A reforma trabalhista ampliou o rol de direitos que pode ser negociado, flexibilizando direitos. Não poderiam ser objeto de flexibilização tão somente os direitos previstos de forma taxativa no art. 611-B da CLT.

A maior parte da doutrina entende que, em que pese o art. 611-A da CLT expressar quais direitos podem ser negociados, deve-se sempre observar o patamar mínimo estipulado na Constituição Federal, que contém direitos indisponíveis, e, portanto, irrenunciáveis. No entanto, o TST vem entendendo de forma mais elástica o alcance do dispositivo acima mencionado, e o STF fixou tese de repercussão geral sobre o assunto, o que veremos mais a seguir.

4 - REFORMA TRABALHISTA - ARTS. 611-A E 611-B DA CLT

CLT: "Art. 611-A. A convenção coletiva e o acordo coletivo de trabalho têm prevalência sobre a lei quando, entre outros, dispuserem sobre:

I – pacto quanto à jornada de trabalho, observados os limites constitucionais;

II – banco de horas anual;

III – intervalo intrajornada, respeitado o limite mínimo de trinta minutos para jornadas superiores a seis horas;

IV – adesão ao Programa Seguro-Emprego (PSE), de que trata a Lei nº 13.189, de 19 de novembro de 2015;

V – plano de cargos, salários e funções compatíveis com a condição pessoal do empregado, bem como identificação dos cargos que se enquadram como funções de confiança;

VI – regulamento empresarial;

VII – representante dos trabalhadores no local de trabalho;

VIII – teletrabalho, regime de sobreaviso, e trabalho intermitente;

IX – remuneração por produtividade, incluídas as gorjetas percebidas pelo empregado, e remuneração por desempenho individual;

X – modalidade de registro de jornada de trabalho;

XI – troca do dia de feriado;

XII – enquadramento do grau de insalubridade;

XIII – prorrogação de jornada em ambientes insalubres, sem licença prévia das autoridades competentes do Ministério do Trabalho;

XIV – prêmios de incentivo em bens ou serviços, eventualmente concedidos em programas de incentivo;

XV – participação nos lucros ou resultados da empresa.

§ 1º No exame da convenção coletiva ou do acordo coletivo de trabalho, a Justiça do Trabalho observará o disposto no § 3º do art. 8º desta Consolidação.

§ 2º A inexistência de expressa indicação de contrapartidas recíprocas em convenção coletiva ou acordo coletivo de trabalho não ensejará sua nulidade por não caracterizar um vício do negócio jurídico.

§ 3º Se for pactuada cláusula que reduza o salário ou a jornada, a convenção coletiva ou o acordo coletivo de trabalho deverão prever a proteção dos empregados contra dispensa imotivada durante o prazo de vigência do instrumento coletivo.

§ 4º Na hipótese de procedência de ação anulatória de cláusula de convenção coletiva ou de acordo coletivo de trabalho, quando houver a cláusula compensatória, esta deverá ser igualmente anulada, sem repetição do indébito.

§ 5º Os sindicatos subscritores de convenção coletiva ou de acordo coletivo de trabalho deverão participar, como litisconsortes necessários, em ação individual ou coletiva, que tenha como objeto a anulação de cláusulas desses instrumentos."

CLT: "Art. 611-B. Constituem objeto ilícito de convenção coletiva ou de acordo coletivo de trabalho, exclusivamente, a supressão ou a redução dos seguintes direitos:

I – normas de identificação profissional, inclusive as anotações na Carteira de Trabalho e Previdência Social;

II – seguro-desemprego, em caso de desemprego involuntário;

III – valor dos depósitos mensais e da indenização rescisória do Fundo de Garantia do Tempo de Serviço (FGTS);

IV – salário mínimo;

V – valor nominal do décimo terceiro salário;

VI – remuneração do trabalho noturno superior à do diurno;

VII – proteção do salário na forma da lei, constituindo crime sua retenção dolosa;

VIII – salário-família;

IX – repouso semanal remunerado;

X – remuneração do serviço extraordinário superior, no mínimo, em 50% (cinquenta por cento) à do normal;

XI – número de dias de férias devidas ao empregado;

XII – gozo de férias anuais remuneradas com, pelo menos, um terço a mais do que o salário normal;

XIII – licença-maternidade com a duração mínima de cento e vinte dias;

XIV – licença-paternidade nos termos fixados em lei;

XV – proteção do mercado de trabalho da mulher, mediante incentivos específicos, nos termos da lei;

XVI – aviso prévio proporcional ao tempo de serviço, sendo no mínimo de trinta dias, nos termos da lei;

XVII – normas de saúde, higiene e segurança do trabalho previstas em lei ou em normas regulamentadoras do Ministério do Trabalho;

XVIII – adicional de remuneração para as atividades penosas, insalubres ou perigosas;

XIX – aposentadoria;

XX – seguro contra acidentes de trabalho, a cargo do empregador;

XXI – ação, quanto aos créditos resultantes das relações de trabalho, com prazo prescricional de cinco anos para os trabalhadores urbanos e rurais, até o limite de dois anos após a extinção do contrato de trabalho;

XXII – proibição de qualquer discriminação no tocante a salário e critérios de admissão do trabalhador com deficiência;

XXIII – proibição de trabalho noturno, perigoso ou insalubre a menores de dezoito anos e de qualquer trabalho a menores de dezesseis anos, salvo na condição de aprendiz, a partir de quatorze anos;

XXIV – medidas de proteção legal de crianças e adolescentes;

XXV – igualdade de direitos entre o trabalhador com vínculo empregatício permanente e o trabalhador avulso;

XXVI – liberdade de associação profissional ou sindical do trabalhador, inclusive o direito de não sofrer, sem sua expressa e prévia anuência, qualquer cobrança ou desconto salarial estabelecidos em convenção coletiva ou acordo coletivo de trabalho;

XXVII – direito de greve, competindo aos trabalhadores decidir sobre a oportunidade de exercê-lo e sobre os interesses que devam por meio dele defender;

XXVIII – definição legal sobre os serviços ou atividades essenciais e disposições legais sobre o atendimento das necessidades inadiáveis da comunidade em caso de greve;

XXIX – tributos e outros créditos de terceiros;

XXX – as disposições previstas nos arts. 373-A, 390, 392, 392-A, 394, 394-A, 395, 396 e 400 desta Consolidação.

Parágrafo único. Regras sobre duração do trabalho e intervalos não são consideradas como normas de saúde, higiene e segurança do trabalho para os fins do disposto neste artigo."

Os artigos anteriores permitem que se observem os direitos que podem ser negociados e os que não podem. A doutrina entende que caso haja conflito entre os artigos, deve prevalecer o entendimento previsto no art. 611-B da CLT, por ser norma mais benéfica.

5 - DECISÕES DOS TRIBUNAIS ACERCA DO TEMA

O Pleno do STF, em 27/05/2022, concluiu o julgamento da Arguição de Descumprimento de Preceito Fundamental (ADPF) n. 323, de relatoria do Ministro Gilmar Mendes, pela procedência da Arguição, isto é, para declarar a **inconstitucionalidade da Súmula 277 do Tribunal Superior do Trabalho (TST) e das decisões dos Tribunais Regionais do Trabalho (TRTs) que autorizavam a aplicação do princípio da ultratividade de normas de acordos e convenções coletivas**, como resultado da interpretação jurisprudencial do artigo 114, § 2º, da Constituição Federal.

O princípio da ultratividade consiste na prolongação dos efeitos de uma norma – no caso, uma convenção ou um acordo coletivo de trabalho – para além do prazo de sua vigência. Com base nesse princípio, o TST, em sua súmula 277, e alguns TRTs firmaram entendimento no sentido de que os instrumentos coletivos deveriam integrar os contratos de trabalho, ou seja, deveriam ser observados, mesmo após o término de seu prazo de vigência, até que nova negociação entrasse em vigor, para garantir os direitos dos trabalhadores.

No entanto, para a maioria do STF, essa prática é inconstitucional, pois ofende a separação dos Poderes, já que configura uma sobreposição do Poder Judiciário ao Poder Legislativo. Isso porque, com a aprovação da Lei 13.467/2017 (reforma trabalhista), o Congresso Nacional vetou expressamente a ultratividade de negociações coletivas, por meio do art. 614, § 3º, da CLT, estabelecendo que *"Não será permitido estipular duração de convenção coletiva ou acordo coletivo de trabalho superior a dois anos, sendo vedada a ultratividade"*.

O Ministro Relator ainda salientou em seu voto que a eventual ausência de normas coletivas aplicáveis não implicaria perda de direitos trabalhistas da categoria, tendo em vista que os direitos fundamentais dos trabalhadores estão devidamente previstos pela Constituição Federal.

Assim, no entender da Suprema Corte, a vontade do legislador deve prevalecer, em respeito à separação dos Poderes, de modo a não se admitir a ultratividade das negociações coletivas.[2]

(...) II – Recurso de revista. Acórdão regional na vigência da Lei 13.467/2017. Compensação da gratificação de função com as horas extras. Previsão em norma coletiva. Transcendência jurídica. 1. A causa versa sobre a desconsideração da Cláusula 11 da CCT 2018/2020, que, a despeito do entendimento da Súmula 109/TST, prevê, para as ações trabalhistas

---

[2] Disponível em: https://conexaotrabalho.portaldaindustria.com.br/noticias/detalhe/trabalhista/modernizacao-e-desburocratizacao-trabalhista/ultratividade-de-norma-coletiva-e-declarada-inconstitucional/. Acesso em: 3 mar. 2023.

ajuizadas a partir de 1º/12/2018, a possibilidade de compensação das horas extras deferidas com a gratificação de função paga ao trabalhador bancário que, por força de decisão judicial, fora afastado do enquadramento no art. 224, § 2º, da CLT. 2. É entendimento desta Corte Superior que "o bancário não enquadrado no § 2º do art. 224 da CLT, que receba gratificação de função, não pode ter o salário relativo a horas extras compensado com o valor daquela vantagem" (Súmula 109/TST). 3. Contudo, não há como ser aplicado esse entendimento quando o Tribunal Regional evidencia que a Cláusula 11 da CCT 2018/2020 traz expressa previsão de que, para as ações trabalhistas ajuizadas a partir de 1º/12/2018, serão compensadas as horas extras deferidas com a gratificação de função paga ao trabalhador bancário que, por força de decisão judicial, fora afastado do enquadramento no art. 224, § 2º, da CLT. 4. Isso porque o caso em análise não diz respeito diretamente à restrição ou à redução de direito indisponível, aquele que resulta em afronta a patamar civilizatório mínimo a ser assegurado ao trabalhador, mas apenas à "compensação das horas extras deferidas com a gratificação de função percebida". 5. Também merece destaque o fato de que a matéria não se encontra elencada no art. 611-B da CLT, introduzido pela Lei 13.467/2017, que menciona os direitos que constituem objeto ilícito de negociação coletiva. 6. Impõe-se, assim, o dever de prestigiar a autonomia da vontade coletiva, sob pena de se vulnerar o art. 7º, XXVI, da CR e desrespeitar a tese jurídica fixada pela Suprema Corte, nos autos do ARE 1.121.633 (Tema 1.046 da Tabela de Repercussão Geral), de caráter vinculante: "São constitucionais os acordos e convenções coletivas que, ao considerarem a adequação setorial negociada, pactuam limitações ou afastamentos de direitos trabalhistas, independentemente da explicitação especificada de vantagens compensatórias, desde que respeitados os direitos absolutamente indisponíveis". 5. Ressalte-se que, nos termos do parágrafo segundo da Cláusula Coletiva 11 da CCT 2018/2020, "a dedução/compensação prevista no parágrafo acima deverá observar os seguintes quesitos, cumulativamente: a) será limitada aos meses de competência em que foram deferidas as horas extras e nos quais tenha havido o pagamento da gratificação prevista nesta cláusula; e b) o valor a ser deduzido/compensado não poderá ser superior ao auferido pelo empregado, limitado aos percentuais de 55% e 50%, mencionados no *caput*, de modo que não pode haver saldo negativo". Não representa, portanto, nenhum prejuízo ao empregado. 7. Reforma-se, assim, a decisão regional para restabelecer a r. sentença que autorizou a compensação das horas deferidas com a gratificação de função percebida, observados os termos e a vigência da Cláusula 11 da CCT 2018/2020. Recurso de revista conhecido por violação do art. 7º, XXVI, da CR e provido. (TST – RRAg-10178-89.2020.5.03.0004, Rel. Min. Alexandre de Souza Agra Belmonte, 8ª Turma, julgado em 05.10.2022 – Informativo 262 do TST)

Tema 1.046 – Validade de norma coletiva de trabalho que limita ou restringe direito trabalhista não assegurado constitucionalmente.

Relator(a): Min. Gilmar Mendes

Leading Case: ARE 1.121.633

Descrição: Recurso extraordinário com agravo em que se discute, à luz dos arts. 5º, incisos II, LV e XXXV; e 7º, incisos XIII e XXVI, da Constituição Federal, a manutenção de norma coletiva de trabalho que restringe direito trabalhista, desde que não seja absolutamente indisponível, independentemente da explicitação de vantagens compensatórias.

Tese: São constitucionais os acordos e as convenções coletivos que, ao considerarem a adequação setorial negociada, pactuam limitações ou afastamentos de direitos trabalhistas, independentemente da explicitação especificada de vantagens compensatórias, desde que respeitados os direitos absolutamente indisponíveis.

TST mantém nulidade de cláusulas que reduziam cota para pessoas com deficiência e aprendizes

De acordo com a decisão, a questão ultrapassa o interesse privado passível de negociação entre as partes.

04/11/21 – A Seção Especializada em Dissídios Coletivos (SDC) do Tribunal Superior do Trabalho rejeitou recurso do Sindicato das Empresas de Transporte de Passageiros no Estado de Minas Gerais (Sindpas) contra a invalidação de cláusulas de convenção coletiva que excluíam as funções de motorista e de auxiliar de viagem/trocador da base de cálculo da cota destinada, por lei, a pessoas com deficiência e a aprendizes. Segundo o colegiado, as cláusulas regulam direito não relacionado às condições de trabalho da categoria profissional e, portanto, não devem constar de instrumento normativo autônomo.

Exclusão

De acordo com a convenção coletiva de trabalho firmada entre o Sindpas e o Sindicato dos Trabalhadores em Transportes Rodoviários, Urbanos, Vias Internas e Públicas de Barbacena e Região, a função de motorista não integraria a base de cálculo da cota de pessoas com deficiência. A justificativa era a exigência legal de habilitação profissional específica.

No caso dos aprendizes, foi excluída, também, a função de trocador, com o argumento de que eles não poderiam manusear ou portar valores nem trabalhar em período noturno, em trajetos de longa distância.

Mascaramento

Em ação anulatória, o Ministério Público do Trabalho (MPT) sustentou que o detalhamento das cláusulas, com "pretensas justificativas", visava apenas mascarar a diminuição intencional do quantitativo de aprendizes e de pessoas com deficiência.

Habilitação

Ao anular as cláusulas, o Tribunal Regional do Trabalho da 3ª Região (MG) afirmou que as únicas funções excetuadas da base de cálculo da cota de aprendizes são as que demandam habilitação de nível técnico ou superior e cargos de direção, confiança ou gerência. Em relação às pessoas com deficiência, a decisão registra que a Lei 8.213/1991 não faz menção à exclusão de determinados cargos ou atividades para o cômputo do percentual.

Interesse difuso

A relatora do recurso do Sinpas, ministra Kátia Arruda, explicou que, ao excluir funções da base de cálculo das cotas, a convenção coletiva tratou de matéria que envolve interesse difuso – direito indivisível dos quais são titulares pessoas indeterminadas e ligadas por circunstâncias de fato (no caso, as pessoas com deficiência e os aprendizes). "Ou seja, a regra transpassa o interesse coletivo das categorias representadas, para alcançar e regular direito difuso", assinalou.

Ordem pública

Segundo a ministra, trata-se, também, de matéria de ordem e de políticas públicas, e, por isso, não é passível de regulação pela via da negociação coletiva. Ela observou que houve violação do artigo 611 da CLT, que autoriza a pactuação de instrumento normativo autônomo (convenção coletiva de trabalho) entre as categorias econômicas e profissionais, a fim de fixar condições aplicáveis às relações individuais de trabalho.

Falta de capacidade

Outro ponto observado foi que as cláusulas não atendem aos requisitos de validade estabelecidos no artigo 104 do Código Civil, sobretudo quanto à falta da capacidade das partes para tratar da questão. De acordo com a relatora, a SDC já se pronunciou algumas vezes para declarar a nulidade de cláusula que trata de matéria estranha ao âmbito das relações bilaterais de trabalho.

Proteção

Sobre os aprendizes, a relatora assinalou que a convenção coletiva foi firmada já na vigência da Reforma Trabalhista (Lei 13.467/2017), que considera objeto ilícito de negociação as medidas de proteção legal de crianças e adolescentes, que incluem as cotas de aprendizagem.

> A decisão foi unânime.
> (MC, CF)
> Processo: ROT-10139-07.2020.5.03.0000.[3]

6 – QUESTÃO DE SEGUNDA FASE ACERCA DO TEMA

Discorra sobre a validade de cláusula de norma coletiva que, fundamentando na adequação setorial negociada, flexibiliza cotas de aprendizes e pessoas com deficiência.

- **ASPECTOS IMPORTANTES PARA A RESPOSTA**

O Direito do Trabalho se insere no rol dos direitos sociais do art. 6º da CF/1988, e como tal pressupõe a atuação positiva do Estado para sua concretização, o que também se faz por meio de políticas públicas como as ações afirmativas como as cotas para pessoas com deficiência, na forma da Lei 8.213/1991, art. 93 (e também com base na Convenção Internacional sobre os Direitos da Pessoa com Deficiência).

Da mesma forma é direito social inserido no art. 6º a proteção à infância, sendo vedado o trabalho infantil (art. 7º, XXXIII, da CF/1988), estabelecendo-se como política pública o combate ao trabalho infantil e a garantia à profissionalização. Assim, o instituto da aprendizagem deve ser considerado como ação afirmativa para garantir a profissionalização de adolescentes (preparando para inserção no mercado de trabalho) e erradicar o trabalho infantil.

É certo, assim, que as ações afirmativas visam à promoção dos direitos sociais fundamentais e atendem ao comando constitucional para uma sociedade justa e livre de discriminação.

Desta forma, sendo as cotas espécies de ações afirmativas, e possuindo essas medidas adotadas pelo Estado e iniciativa privada o objetivo de promoção da igualdade de oportunidades para a correção de desigualdades históricas, por certo que se encontram no chamado patamar mínimo civilizatório, razão pela qual transcendem direitos individuais e atendem a interesse transindividual de toda uma sociedade. E justamente por isso devem ser

---

[3] Disponível em: https://www.tst.jus.br/-/tst-mant%C3%A9m-nulidade-de-cl%C3%A1usulas-que-re-duziam-cota-para--pessoas-com-defici%C3%AAncia- e-aprendizes%C2%A0#:~:text=pessoas%20com%20defici%C3%AAncia.-,Habilita%C3%A7%C3%A3o,de%20dire%C3%A7-C3%A3o%2C%20confian%C3%A7a%20ou%20ger%C3%AAncia. Acesso em: 3 mar. 2023.

consideradas normas de indisponibilidade absoluta, não sendo possível sua flexibilização, nem mesmo por norma coletiva.

Assim, com base no art. 611-B, XXIV, da CLT, que dispõe ser ilícito objeto de norma coletiva que flexibilize medidas de proteção legal de crianças e adolescentes, e por serem tais cláusulas de indisponibilidade absoluta, vem entendendo o C. TST que é nula qualquer cláusula de norma coletiva que flexibilize cotas de aprendizes e pessoas com deficiência (posicionamento com o qual concordamos).

Ressaltamos a redação do Tema de Repercussão Geral 1.046 do STF, que dispõe ser constitucional norma coletiva que, ao considerar a adequação setorial negociada, flexibiliza direitos trabalhistas, independentemente de contrapartida, mas desde que respeitados os direitos absolutamente indisponíveis, justamente o acima relatado.

CAPÍTULO

18

GREVE

1 – NATUREZA JURÍDICA E CARACTERIZAÇÃO

A greve é a paralisação temporária do trabalho, decidida por um conjunto de empregados com a finalidade de pressionar o empregador na defesa de seus interesses e obtenção de melhores condições de trabalho, conforme previsto no art. 2º da Lei 7.783/1989.

A greve possui caráter coletivo, é a sustação coletiva (podendo envolver todos os empregados da empresa, ou apenas de um setor ou estabelecimento) da prestação de serviços a favor do empregador, tem natureza de movimento temporário e não autoriza a prática de atos de violência contra o empregador ou terceiros, devendo sempre ser exercida de forma pacífica.

O instituto está previsto no próprio art. 9º da CF/1988, que é regulamentado pela Lei 7.783/1989, que institui que a greve possui natureza jurídica de direito, sendo modalidade de autotutela.

As greves podem ser consideradas **típicas** e **atípicas**:

São **típicas** quando observados os padrões clássicos e rotineiros, sendo caso clássico de suspensão da prestação de serviços.

As greves típicas podem se dar por prazo determinado, quando em seu início já é fixado pelos trabalhadores seu termo final, e também por prazo indeterminado, caso em que no início não há qualquer indicação ou fixação do seu termo final.

A greve pode ocorrer por paralisação total – quando não há execução de qualquer trabalho na empresa – ou por paralisação parcial – quando há prestação de trabalho em alguns setores ou estabelecimentos do empregador.

A doutrina nos traz alguns exemplos: greve de horas extraordinárias (os empregados recusam-se a fazer horas extras, sem prejuízo da regular prestação do trabalho durante a jornada normal); greve de curta duração (paralisação do trabalho apenas durante parte da jornada); greve intermitente (os empregados trabalham por um período, na sequência param por outro período, voltam a trabalhar por mais um período, assim por diante); greve rotativa ou articulada, também chamada de greve por turnos (empregados dos diversos setores da empresa se alternam na paralisação, atingindo um setor de cada vez); greve trombose, ou nevrálgica ou tampão (paralisação de parte dos trabalhadores, abrangendo apenas aqueles que trabalham nos setores estratégicos, mais importantes da empresa, inviabilizando seu funcionamento); greve geral — trata-se da forma de maior dimensão de greve, abrangendo toda a categoria na base territorial, ou toda a categoria no país inteiro, ou, ainda, todos os trabalhadores do país, independentemente da categoria a que pertençam (quase sempre tem forte motivação política); greve de solidariedade (paralisação de um grupo de trabalhadores sem uma pretensão específica sobre sua relação de trabalho, tendo por objetivo se solidarizarem com as pretensões apresentadas por outro grupo de trabalhadores).

São consideradas **greves atípicas** aquelas nas quais não são observados os padrões acima citados, pois não há paralisação do trabalho. Assim, os trabalhadores, embora continuem a trabalhar, o fazem de forma a prejudicar as atividades empresariais.

As greves atípicas são assim enumeradas pela doutrina: greve de zelo – os trabalhadores executam o trabalho de forma extremamente detalhada e minuciosa, gerando um atraso considerável e uma consequente desorganização na produção geral (também chamada de operação tartaruga); (b) greve de observância dos regulamentos – os trabalhadores seguem à risca todos os regulamentos da empresa, congestionando o andamento das atividades de produção; (c) greve de rendimento ou de braços cruzados – os trabalhadores diminuem propositadamente a produção, reduzindo o trabalho a níveis baixíssimos; (d) greve da mala – específica para alguns tipos de atividades, refere-se à não cobrança de tarifas (exemplo: liberação das catracas do metrô); (e) greve de amabilidade – ausência de cortesia por parte dos trabalhadores no atendimento aos clientes da empresa.

SERVIÇOS ESSENCIAIS

Os serviços considerados essenciais estão previstos no art. 10 da Lei 7.783/1989, e são relacionados à população e/ou comunidades que serão atingidas:

"I – tratamento e abastecimento de água; produção e distribuição de energia elétrica, gás e combustíveis;

II – assistência médica e hospitalar;

III – distribuição e comercialização de medicamentos e alimentos;

IV – funerários;

V – transporte coletivo;

VI – captação e tratamento de esgoto e lixo;

VII – telecomunicações;

VIII – guarda, uso e controle de substâncias radioativas, equipamentos e materiais nucleares;

IX – processamento de dados ligados a serviços essenciais;

X – controle de tráfego aéreo e navegação aérea;

XI – compensação bancária;

XII – atividades médico-periciais relacionadas com o regime geral de previdência social e a assistência social;

XIII – atividades médico-periciais relacionadas com a caracterização do impedimento físico, mental, intelectual ou sensorial da pessoa com deficiência, por meio da integração de equipes multiprofissionais e interdisciplinares, para fins de reconhecimento de direitos previstos em lei, em especial na Lei nº 13.146, de 6 de julho de 2015 (Estatuto da Pessoa com Deficiência);

XIV – outras prestações médico-periciais da carreira de Perito Médico Federal indispensáveis ao atendimento das necessidades inadiáveis da comunidade;

XV – atividades portuárias."

A greve em atividades ou serviços essenciais não é proibida, mas se submete a regras especiais, tal como previsto nos seguintes dispositivos da lei de greve:

"Art. 13. Na greve, em serviços ou atividades essenciais, ficam as entidades sindicais ou os trabalhadores, conforme o caso, obrigados a comunicar a decisão aos empregadores e aos usuários com antecedência mínima de 72 (setenta e duas) horas da paralisação.

Art. 14. Constitui abuso do direito de greve a inobservância das normas contidas na presente Lei, bem como a manutenção da paralisação após a celebração de acordo, convenção ou decisão da Justiça do Trabalho."

"Art. 11. Nos serviços ou atividades essenciais, os sindicatos, os empregadores e os trabalhadores ficam obrigados, de comum acordo, a garantir, durante a greve, a prestação dos serviços indispensáveis ao atendimento das necessidades inadiáveis da comunidade.

Parágrafo único. São necessidades inadiáveis da comunidade aquelas que, não atendidas, coloquem em perigo iminente a sobrevivência, a saúde ou a segurança da população.

Art. 12. No caso de inobservância do disposto no artigo anterior, o Poder Público assegurará a prestação dos serviços indispensáveis."

2 – REQUISITOS PARA NÃO ABUSIVIDADE NO MOVIMENTO GREVISTA

Devemos observar os requisitos previstos na Lei 7.783/1989, especialmente nos artigos abaixo:

"Art. 3º Frustrada a negociação ou verificada a impossibilidade de recursos via arbitral, é facultada a cessação coletiva do trabalho.

Parágrafo único. A entidade patronal correspondente ou os empregadores diretamente interessados serão notificados, com antecedência mínima de 48 (quarenta e oito) horas, da paralisação.

Art. 4º Caberá à entidade sindical correspondente convocar, na forma do seu estatuto, assembleia geral que definirá as reivindicações da categoria e deliberará sobre a paralisação coletiva da prestação de serviços.

(...)

Art. 6º, § 1º Em nenhuma hipótese, os meios adotados por empregados e empregadores poderão violar ou constranger os direitos e garantias fundamentais de outrem.

(...)

§ 3º As manifestações e atos de persuasão utilizados pelos grevistas não poderão impedir o acesso ao trabalho nem causar ameaça ou dano à propriedade ou pessoa.

(...)

Art. 9º Durante a greve, o sindicato ou a comissão de negociação, mediante acordo com a entidade patronal ou diretamente com o empregador, manterá em atividade equipes de empregados com o propósito de assegurar os serviços cuja paralisação resultem em prejuízo irreparável, pela deterioração irreversível de bens, máquinas e equipamentos, bem como a manutenção daqueles essenciais à retomada das atividades da empresa quando da cessação do movimento.

Parágrafo único. Não havendo acordo, é assegurado ao empregador, enquanto perdurar a greve, o direito de contratar diretamente os serviços necessários a que se refere este artigo.

(...)

Art. 14. Constitui abuso do direito de greve a inobservância das normas contidas na presente Lei, bem como a manutenção da paralisação após a celebração de acordo, convenção ou decisão da Justiça do Trabalho.

Parágrafo único. Na vigência de acordo, convenção ou sentença normativa não constitui abuso do exercício do direito de greve a paralisação que:

I – tenha por objetivo exigir o cumprimento de cláusula ou condição;

II – seja motivada pela superveniência de fatos novos ou acontecimento imprevisto que modifique substancialmente a relação de trabalho."

Assim, são requisitos para a greve não ser considerada abusiva:

1) prévia tentativa de negociação (por certo antes da efetiva paralisação) – trata-se de ato obrigatório, não sendo autorizado o início da paralisação se não constatada a frustração da negociação;

2) deliberação em assembleia – frustrada a negociação, deve ser convocada pela entidade sindical, na forma de seu estatuto, assembleia geral, que definirá as reivindicações da categoria e deliberará sobre a greve;

3) comunicação prévia à paralisação – a lei assegura ao empregador (diante dos compromissos da empresa em virtude de eventuais condições de atividade e de produção) e, no caso de serviços ou atividades

essenciais, também a população diretamente atingida (pois a paralisação total poderia colocar em risco sua sobrevivência, sua saúde
ou sua segurança), o direito de saber antecipadamente sobre a futura
paralisação dos serviços;

4) manutenção dos serviços indispensáveis à continuação da atividade
do empregador ou necessários à população (esse último no caso de
greve em atividades ou serviços essenciais).

3 – DIREITOS DOS GREVISTAS E EFEITOS NOS CONTRATOS DE TRABALHO

O art. 6º da Lei 7.783/1989 assegura aos grevistas, dentre outros direitos, os que seguem:

> "I – o emprego de meios pacíficos tendentes a persuadir ou aliciar os
> trabalhadores a aderirem à greve;
>
> II – a arrecadação de fundos e a livre divulgação do movimento.
>
> § 1º Em nenhuma hipótese, os meios adotados por empregados
> e empregadores poderão violar ou constranger os direitos e garantias
> fundamentais de outrem.
>
> § 2º É vedado às empresas adotar meios para constranger o empregado
> ao comparecimento ao trabalho, bem como capazes de frustrar a divulgação
> do movimento.
>
> § 3º As manifestações e atos de persuasão utilizados pelos grevistas
> não poderão impedir o acesso ao trabalho nem causar ameaça ou dano à
> propriedade ou pessoa."

A participação em greve tem o efeito de suspensão do contrato de trabalho,
exceto se algo for ajustado de forma diversa em acordo ou convenção coletivos,
ou se houve decisão diversa em laudo arbitral ou pela Justiça do Trabalho.

> "Art. 7º Observadas as condições previstas nesta Lei, a participação em
> greve suspende o contrato de trabalho, devendo as relações obrigacionais,
> durante o período, ser regidas pelo acordo, convenção, laudo arbitral ou
> decisão da Justiça do Trabalho."

Cabe ainda ressaltar que a responsabilidade por atos ou ilícitos praticados durante a greve será apurada nas searas competentes, e que é ilícito
o movimento denominado *lockout*, em que o empregador não permite que

os empregados trabalhem, com objetivo de frustrar negociação coletiva ou dificultar atendimento de reivindicações dos trabalhadores.

Caso o *lockout* seja verificado, o período de paralisação dos serviços será considerado como de interrupção contratual, fazendo os empregados jus ao pagamento dos salários.

> "Art. 15 A responsabilidade pelos atos praticados, ilícitos ou crimes cometidos, no curso da greve, será apurada, conforme o caso, segundo a legislação trabalhista, civil ou penal.
>
> Parágrafo único. Deverá o Ministério Público, de ofício, requisitar a abertura do competente inquérito e oferecer denúncia quando houver indício da prática de delito.
>
> (...)
>
> Art. 17. Fica vedada a paralisação das atividades, por iniciativa do empregador, com o objetivo de frustrar negociação ou dificultar o atendimento de reivindicações dos respectivos empregados (*lockout*).
>
> Parágrafo único. A prática referida no *caput* assegura aos trabalhadores o direito à percepção dos salários durante o período de paralisação."

4 – DECISÕES DOS TRIBUNAIS ACERCA DO TEMA

Recurso de revista. Lei nº 13.467/2017. Greve. Incidência do único dia de paralisação no descanso semanal remunerado. Desconto de três dias de remuneração. Restituição devida. Transcendência jurídica reconhecida. A controvérsia diz respeito aos efeitos da suspensão do contrato de trabalho em decorrência de paralisação, ocorrida em um único dia, no repouso semanal remunerado, a fim de justificar o desconto de três dias de remuneração. O TRT entendeu que, à luz do art. 6º da Lei nº 605/49, o empregado perde o direito ao descanso semanal remunerado na hipótese de ausência injustificada ao trabalho, ao passo que, no caso dos autos, a paralisação justifica o afastamento dos trabalhadores, não havendo, por isso, motivo para a perda do aludido repouso. Ficou consignado que a convocação foi de greve geral no dia 14/06/2019, e não a partir do dia 14/06/2019, inexistindo prova de que tenha ocorrido paralisação além do dia para o qual estava prevista. Há transcendência jurídica da causa, nos termos do art. 896-A, § 1º, IV, da CLT, uma vez que a questão atinente à validade do desconto da remuneração relativa também ao sábado e ao domingo quando há paralisação apenas na sexta-feira ainda não foi debatida do âmbito deste TST. Nos termos do art. 7º da Lei nº 7.783/89, que dispõe sobre o exercício do direito de greve, observadas as condições ali previstas, a participação em greve suspende o contrato de trabalho. Significa dizer que, em regra, durante a greve, o empregador fica autorizado a descontar os salários dos dias parados. O art. 6º da Lei nº 605/49 preconiza que não será devida a remuneração (do repouso semanal remunerado) quando, sem motivo justificado, o empregado não tiver trabalhado durante toda a semana anterior, cumprindo integralmente o seu horário de trabalho. Já o § 1º do citado artigo, ao listar os motivos justificados, faz referência, dentre outros, àqueles previstos no artigo 473 da CLT, contido no capítulo que trata da suspensão e interrupção do contrato de trabalho. Fazendo uma interpretação sistemática do art. 6º, *caput* e § 1º, da Lei nº 605, de 1949, em conjunto com o art. 7º da Lei nº 7.783, de 1989, entende-se que aquela norma, 40 anos mais velha do que essa, considera como motivo justificado para a manutenção do pagamento integral do repouso semanal remunerado as hipóteses de suspensão do contrato de trabalho, aí incluído os dias de paralisação em decorrência de greve. Em outras palavras, se a Lei da greve já estivesse em vigência quando do surgimento da Lei do RSR, os dias de paralização não iriam ser deduzidos do pagamento do descanso semanal remunerado, haja vista configurem suspensão do contrato de trabalho. Com efeito, registrado pelo TRT que a greve aconteceu somente na sexta-feira, não se há falar em subtração da remuneração correspondente ao sábado e ao domingo com arrimo no art. 6º da Lei nº 605/49. Deve ser mantida, portanto, a decisão que autoriza a ECT a descontar um único dia de trabalho dos empregados ausentes no dia 14/06/2019. Transcendência reconhecida. Recurso de revista conhecido e não provido. (TST – RR-450 – 82.2019.5.13.0003, Rel. Min. Aloysio Silva Corrêa da Veiga, 8ª Turma, julgado em 16.08.2022 – Informativo 259 do TST)

Habeas corpus. Ato coator praticado por particular que envolve exercício do direito de greve. Cabimento. Competência da Justiça do Trabalho. Incompetência funcional do TRT. A SBDI-II concluiu que o cabimento do *habeas corpus* não se restringe aos atos praticados por autoridade ou agentes públicos, podendo também ser impetrado contra ato de particular. Na hipótese, o *habeas corpus* fora impetrado sob a alegação de constrangimento ao direito de locomoção em decorrência de atos supostamente praticados por sindicato durante o exercício do direito de greve. Consignou-se que o inciso LXVIII do artigo 5º da Constituição Federal, que trata do *habeas corpus*, diferentemente dos incisos LXIX e LXXII, que tratam, respectivamente, do mandado de segurança e do *habeas data*, é silente quanto ao sujeito do ato coator e que a importância do direito à liberdade de ir e vir justifica não apenas a utilização da ação constitucional contra ato de particular, como também a sua legitimação ativa plena e a dispensa da capacidade postulatória. Salientou-se, ainda, que eventual constrangimento ao direito de locomoção, decorrente de ato praticado pelo sindicato, é passível de elisão por meio do *habeas corpus*, em razão do poder que lhe é legalmente outorgado para deflagrar a paralisação coletiva. Além disso, destacou-se que o cabimento do *habeas corpus* no âmbito de movimento grevista não implica enfraquecimento do livre exercício coletivo do direito fundamental de greve, pois não se discute a sua abusividade, mas, unicamente, a necessidade de se conceder ou não o salvo conduto em decorrência do constrangimento ilegal sobre o direito fundamental de locomoção provocado pela restrição da liberdade daqueles trabalhadores que, livremente, resolveram não aderir à greve. Em seguida, a SBDI-II, com fundamento no artigo 114, incisos II e IV, da Constituição Federal, afastou a alegação de incompetência desta Justiça Especializada suscitada pelo sindicato, deixando consignado que é da Justiça do Trabalho a competência para processar e julgar os *habeas corpus* contra atos vinculados ao exercício do direito de greve. Por fim, definiu-se que a competência funcional para apreciar e julgar *habeas corpus* impetrado contra ato praticado por particular é da Vara do Trabalho, e não do TRT. E, por se tratar a competência funcional de critério de competência absoluta, a consequência jurídica é a nulidade de todos os atos decisórios praticados. Assim, a SBDI-II, por unanimidade, conheceu do recurso ordinário interposto pelo sindicato e, no mérito, deu-lhe parcial provimento para declarar a incompetência funcional da Seção Especializada em Dissídios Coletivos do Tribunal Regional do Trabalho da 5ª Região para apreciar e julgar o *habeas corpus* e, com amparo no art. 113, § 2º, do CPC de 1973, declarou nulos todos os atos decisórios proferidos no feito, notadamente a liminar deferida, e determinou a baixa dos autos à Presidência do TRT da 5ª Região, para posterior remessa para uma das Varas do Trabalho de Santo Amaro/BA. (TST – RO-1031-70.2015.5.05.0000, SBDI-II, Rel. Min. Luiz José Dezena da Silva, julgado em 08.03.2022 – Informativo 251 do TST)

Agravo em agravo de instrumento em recurso de revista. Lei 13.015/14. Greve política. Deflagração em âmbito nacional. Abusividade. Descontos salariais. Legalidade. Discute-se nos autos a legalidade (ou não) dos descontos dos dias de paralisação noticiado nos autos, para a participação dos ora substituídos em manifestações contrárias às reformas trabalhista e previdenciária. Como se nota, a Corte Regional consignou que a greve aventada no v. acórdão recorrido ostentou caráter político, não tendo, portanto, objetivado efetivar direitos trabalhistas, razão pela qual a reputou ilegal e reconheceu a validade dos descontos salariais. Nessa linha, o v. acórdão recorrido guarda fina sintonia com a jurisprudência firmada no âmbito desta Corte Superior que entende que a paralisação constitui suspensão do contrato de trabalho, não sendo devido o pagamento do dia de paralisação, não estando presente, no caso *sub judice*, nenhuma das excepcionalidades prevista na lei. A jurisprudência uníssona desta Corte acerca da legitimação do desconto dos salários relativos aos dias de paralisação do movimento grevista firmou-se a partir da interpretação dos institutos da interrupção e da suspensão do contrato, os quais não se confundem: na interrupção há paralisação parcial das cláusulas contratuais, permanecendo o dever de assalariar; já na suspensão há total inexecução das cláusulas – nesta o empregado não trabalha e o empregador não precisa remunerá-lo nesse interregno. No caso da greve, a lei é taxativa ao determinar a suspensão do contrato durante o movimento paredista. E assim o faz para evitar que a greve termine sendo financiada pelo empregador, o que aconteceria se precisasse pagar os dias parados, fazendo com que, em última análise, arcasse duplamente com o ônus das reinvindicações do empregado: primeiro, com o prejuízo na produção imanente à falta do empregado ao trabalho e, segundo, com o próprio pagamento do dia de paralisação. Daí por que a jurisprudência somente excepciona do alcance da lei os casos em que há paralisação motivada em face do descumprimento de instrumento normativo coletivo vigente, não pagamento dos próprios salários e más condições de trabalho, que decorrem de inexecução do contrato provocadas pelo próprio empregador. Logo, não se enquadrando o caso *sub judice* em nenhuma dessas hipóteses excepcionais, os dias de paralisação, independentemente da legalidade ou ilegalidade da greve, devem ser objeto de negociação, a qual restou demonstrada, *in casu*. Precedentes. Incidentes, pois, os óbices do art. 896, § 7º, da CLT e das Súmulas 126 e 333 do c. TST ao destrancamento do recurso. Ilesos os preceitos indicados. Agravo conhecido e desprovido. (TST – Ag-AIRR-821-67.2017.5.09.0863, Rel.: Min. Alexandre de Souza Agra Belmonte, 3ª Turma, julgado em 23.06.2021 – Informativo 240 do TST)

5 – QUESTÃO DE SEGUNDA FASE ACERCA DO TEMA

Discorra sobre greve política: conceito, efeito contratual dos que aderem ao movimento, possibilidade dentro do sistema jurídico brasileiro.

- **ASPECTOS IMPORTANTES PARA A RESPOSTA**

Greve – direito constitucional com conceito previsto no art. 9º da CF/1988, e na Lei 7.783/1989 – paralisação total ou parcial dos serviços prestados por empregados, a fim de reivindicarem melhorias de condições ou direitos decorrentes do CT.

Para que a greve se mantenha não abusiva há que seguir as regras previstas na lei específica acima mencionada, como prévia tentativa de conciliação, comunicação ao empregador com determinada antecedência, dentre outras.

Já a **greve política** pode ser definida como manifestação dos trabalhadores frente a **políticas** públicas (não necessariamente com ligação a questões contratuais), como no caso de paralisação dos serviços pelo fato de os trabalhadores serem contrários à privatização, ou contra a reforma trabalhista.

Assim, é direcionada aos poderes públicos com objetivo de protesto ou pressão contra determinadas decisões governamentais. Não há na lei qualquer proibição expressa, razão pela qual temos divergência de entendimentos na doutrina e na jurisprudência.

Há entendimento minoritário defendendo a não abusividade da greve política quando houver alguma vinculação com o CT. Assim, faria parte da liberdade sindical o reconhecimento do direito fundamental de greve não somente para defesa de interesses profissionais, mas também econômicos e sociais, inclusive reivindicações coletivas decorrentes de políticas econômicas, desde que essas questões empresariais afetassem diretamente direitos inerentes ao CT. Tal visão encontra acolhida no MPT.

A tendência do TST, no entanto, é declarar a abusividade da greve política (independentemente da reivindicação ter ou não ligação com o CT), razão pela qual os participantes não receberiam qualquer vantagem ou garantia dela advinda, inclusive pagamento de salários do período, pois sua motivação não seria interesse contratual ou trabalhista na essência. O TST entende, portanto, que como o protesto é contra o poder público, não há como o empregador suportar prejuízos de conflitos que não foram por ele causados.

Assim, filio-me ao entendimento majoritário do C. TST para entender que é abusiva a greve deflagrada por motivação política, motivo pelo qual os trabalhadores que a ela aderem não devem receber qualquer vantagem dela advinda, na forma da OJ 10 da SDC/TST, caracterizando-se, portanto, como hipótese de suspensão contratual (na forma do art. 7º da Lei 7.783/1989).

REFERÊNCIAS

CARREIRO, Luciano Dorea Martinez. *Curso de Direito do Trabalho*. 12. ed. São Paulo: Saraiva Jur, 2021.

CARREIRO, Luciano Dorea Martinez. *Curso de Direito do Trabalho*. 13. ed. São Paulo: Saraiva Jur, 2022.

CARRION, Valentin Rosique. *CLT – Comentários a Consolidação das Leis Trabalhistas*. São Paulo: Saraiva, 2019.

CASSAR, Vólia Bomfim. *Direito do Trabalho*. 17. ed. São Paulo: Método, 2020.

CORREIA, Henrique. *Curso de Direito do Trabalho*. 6. ed. São Paulo: JusPodivm, 2021.

DALLEGRAVE NETO, José Affonso. *Contrato individual de trabalho – uma visão estrutural*. São Paulo: LTr, 1998.

DELGADO, Mauricio Godinho. *Curso de Direito do Trabalho*. 18. ed. São Paulo: LTr, 2019.

DELGADO, Mauricio Godinho. *Curso de Direito do Trabalho*. 19. ed. São Paulo: LTr, 2020.

GARCIA, Gustavo Filipe Barbosa. *Manual de Direito do Trabalho*. 15. ed. São Paulo: JusPodivm, 2021.

LEITE, Carlos Henrique Bezerra. *Curso de Direito do Trabalho*. 13. ed. São Paulo: Saraiva Jur, 2021.

MAGANO, Octávio Bueno. *Manual de Direito do Trabalho*. São Paulo: LTr, 1993.

MONTEIRO, Alice Barros. *Curso de Direito do Trabalho*. 2. ed. São Paulo: LTr, 2006.

NASCIMENTO, Amauri Mascaro. *Curso de Direito do Trabalho*. São Paulo: Saraiva, 2014.

RODRIGUEZ, Américo Plá. *Princípios de Direito do Trabalho*. São Paulo: LTr, 2015.

ROMAR, Carla Teresa Martins; LENZA, Pedro. *Direito do Trabalho esquematizado*. 7. ed. São Paulo: Saraiva Jur, 2021.

ROMAR, Carla Teresa Martins; LENZA, Pedro. *Direito do Trabalho esquematizado*. 5. ed. São Paulo: Saraiva Jur, 2018.